NELSON PEREIRA DOS SANTOS

Coleção Campo Imagético

Campos artísticos possuem uma dinâmica que extrapola tradições históricas. O Campo Imagético, *assim pensado, parece convergir, impulsionado pela presença de tecnologias digitais. Mas, para além de uma linha evolutiva tecnológica, podemos reconhecer territórios bem demarcados, campos de expressão artística. Esta coleção pretende mostrar a pesquisa histórica e a análise da imagem e do som no cinema, no vídeo, na fotografia, na internet, na televisão.*

Fernão Pessoa Ramos
Coordenador da coleção

Darlene J. Sadlier

tradução
Cid Vasconcelos

NELSON PEREIRA DOS SANTOS

PAPIRUS EDITORA

Título da edição original: *Nelson Pereira dos Santos*
Publicado por University of Illinois Press

Tradução: Cid Vasconcelos
Capa: Fernando Cornacchia
Coordenação: Ana Carolina Freitas e Beatriz Marchesini
Copidesque: Julio Cesar Camillo Dias Filho
Diagramação: DPG Editora
Revisão: Daniele Débora de Souza,
Isabel Petronilha Costa e Simone Ligabo

Dados Internacionais de Catalogação na Publicação (CIP)
(Câmara Brasileira do Livro, SP, Brasil)

Sadlier, Darlene J.
Nelson Pereira dos Santos/Darlene J. Sadlier; tradução Cid Vasconcelos – Campinas, SP: Papirus, 2012. – (Coleção Campo Imagético)

Título original: Nelson Pereira dos Santos
Bibliografia.
ISBN 978-85-308-0965-2

1. Cinema – Brasil 2. Cinema – Produtores e diretores – Brasil 3. Cinema Novo 4. Entrevistas 5. Filmografia 6. Santos, Nelson Pereira dos, 1928 – Crítica e interpretação I. Título. II. Série.

12-11422 CDD-791.430233092

Índice para catálogo sistemático:

1. Cinema: Diretores: Vida e obra 791.430233092

Exceto no caso de citações, a grafia deste livro está atualizada segundo o Acordo Ortográfico da Língua Portuguesa adotado no Brasil a partir de 2009.

R. Dr. Gabriel Penteado, 253 – CEP 13041-305 – Vila João Jorge
Fone/fax: (19) 3272-4500 – Campinas – São Paulo – Brasil
E-mail: editora@papirus.com.br – www.papirus.com.br

Em memória de Helena Salem.

SUMÁRIO

PREFÁCIO E AGRADECIMENTOS*

Na análise que se segue, procurei obter uma visão cronológica ampla dos filmes de Nelson Pereira dos Santos e uma compreensão de como seu trabalho tem evoluído e sido um fruto de várias influências históricas, políticas e culturais. Ainda que tenha comentado cada longa-metragem, dei maior atenção a alguns do que a outros. O leitor perceberá, por exemplo, que devotei uma análise mais detida sobre *Vidas secas* (1963) e *Como era gostoso meu francês* (1972), que me parecem especialmente proveitosos para uma discussão mais aprofundada. Enfatizo, entretanto, que o trabalho de Nelson Pereira é rico e complexo, e espero que a minha introdução de sua carreira incentive futuros estudos sobre os filmes que não foram abordados em detalhe.

Até hoje, nenhum livro sobre Nelson Pereira dos Santos, seja de crítica, seja de qualquer outra perspectiva, havia sido escrito em inglês. O mais completo estudo em português é *Nelson Pereira dos Santos: O sonho possível do cinema brasileiro* (1987), de Helena Salem, que proporcionou uma inestimável fonte de informações. Como todos os críticos de Nelson Pereira, eu me beneficiei dos trabalhos fundamentais dos estudiosos norte-americanos Randal Johnson e Robert Stam, cujos escritos são contemplados em diversos trechos do meu texto.

Gostaria de agradecer ao Centro de Estudos Latino-Americanos e Caribenhos da Universidade de Indiana pelo auxílio financeiro que me possibilitou consultar arquivos cinematográficos e especialistas no Rio de Janeiro. No Rio, Silviano Santiago foi extremamente generoso com seu tempo e prestativo ao conseguir uma

* Este texto foi escrito em 2002 para a edição americana do livro, como o leitor poderá notar. (N.E.)

entrevista com Nelson Pereira. Márcia dos Santos me proporcionou o acesso a diversos catálogos e vídeos raros que foram essenciais para a escrita do livro. Recebi importante apoio da equipe da Cinemateca de São Paulo e, no Rio, da Cinemateca do Museu de Arte Moderna e dos arquivos da Funarte. Carmen Teixeira, da Cinemateca de São Paulo, foi particularmente atenciosa e gentil em me oferecer um acesso pessoal com impressionante facilidade. Marisa Leão, da Comissão Fullbright, no Rio de Janeiro, tem sido extremamente solícita sempre que necessito pesquisar no Brasil. Sou especialmente grata a Nelson Pereira dos Santos, que despendeu tempo de sua agitada agenda para responder a uma entrevista por *e-mail* e que simpaticamente se prontificou a responder às muitas questões que eu tive enquanto escrevia este livro.

Nos Estados Unidos, agradeço a Heitor Martins, meu colega da Universidade de Indiana, que leu o manuscrito e me auxiliou com seus comentários e seu profundo conhecimento do Brasil. Sou grata a Gerald O'Grady por ter me permitido republicar um longo trecho de sua entrevista com Nelson Pereira para a coleção que edita, *Nelson Pereira dos Santos: Cinema Novo "espírito da luz"* (1995). Randal Johnson me respondeu imediatamente às minhas dúvidas sobre o *Manifesto por um cinema popular* e eu lhe agradeço por ter me enviado uma fotocópia deste. A equipe do Museu de Arte Moderna foi bastante prestativa em localizar ilustrações para o livro. Robert Stam e Martin D'Lugo me deram várias e valiosas sugestões. Sou grata a Joan Catapano e James Naremore por seu apoio nos estudos sobre a América Latina.

Em 1994, encontrei Helena Salem em um almoço em Ipanema, e esse encontro logo se transformou em uma amizade imediata que girava em torno de nossos interesses por cinema e literatura. Em 1995, eu a convidei para Bloomington, onde ela deu uma palestra sobre *Memórias do cárcere* (1984), de Nelson Pereira, para estudantes e professores do Departamento de Espanhol e Português. Acredito que Helena apreciou bastante sua rápida visita a nossa cidade universitária – particularmente o jantar chinês com colegas brasileiros (mineiros), Heitor e Marlene Martins, que foram coanfitriões e com quem ela imediatamente se sentiu identificada. Eu admirava Helena como escritora e como pessoa, e senti profundamente sua perda. Este livro é dedicado à sua memória.

Uma versão inicial do material sobre *Como era gostoso o meu francês* (1972) apareceu como "The politics of adaptation: How tasty was my little Frenchman" [Sadlier (2000), em *Film adaptation*, de organização de James Naremore, New Brunswick: Rutgers University Press, pp. 190-205].

INTRODUÇÃO À EDIÇÃO BRASILEIRA

Enquanto este livro estava sendo preparado, sob os auspícios da Papirus Editora, Nelson Pereira dos Santos desfrutava um renovado sucesso no cinema com seu documentário *A música segundo Tom Jobim*. Sua carreira extraordinária continua a oferecer análises e reflexões sobre a rica herança cultural brasileira – evidenciada por suas homenagens no século XXI a Gilberto Freyre, Sérgio Buarque de Holanda e Tom Jobim. Com esses documentários, Nelson Pereira acrescenta, aos seus interesses amplos e seu estilo versátil, produções satíricas e alegóricas como *Azyllo muito louco* e *Como era gostoso o meu francês*; filmes cômicos e excêntricos, tais como *Estrada da vida*; adaptações de clássicos literários, sendo *Vidas secas* e *Memórias do cárcere* os mais notáveis; o melodrama e o *neonoir* de *Cinema de lágrimas* e *Brasília 18%*. Mesmo explorando gêneros e assuntos diversos, ele permanece fiel à sua visão de um cinema nacional politizado, mas nunca ostensivamente tendencioso, contribuindo com o melhor da literatura, da história, da música e da arte do país.

Nelson Pereira dos Santos foi um dos primeiros livros da série editada por James Naremore sobre diretores de cinema contemporâneos, publicada pela Universidade de Illinois. Sinto-me grandemente honrada por esta publicação pela Papirus e acrescentei material para esta edição que inclui uma longa análise do rico material de arquivo de *Cinema de lágrimas*, assim como comentários sobre *Brasília 18%* e *A música segundo Tom Jobim*.

Sou especialmente grata a Nelson Pereira dos Santos por ter me permitido ver o documentário sobre Jobim no mesmo momento em que estreava no Rio, assim como por suas respostas às minhas questões que surgem em uma nova entrevista para este livro. Gostaria igualmente de agradecer a Fernão Ramos, Beatriz Marchesini e Ana Carolina Freitas, da Papirus, por terem tornado o projeto possível e a Cid Vasconcelos por sua bela tradução.

1
UM CINEMA DO POVO

Mais de meio século se passou desde que Nelson Pereira dos Santos fez seu primeiro filme, porém ele continua a trabalhar com entusiasmo juvenil em novos projetos. Sua carreira é extensa e bastante diversificada. Nelson Pereira a iniciou com um filme neorrealista divisor de águas no cinema brasileiro, que foi seguido por uma série de filmes socialmente engajados, em sua maior parte filmados em locações e geralmente focalizados nas classes pobres e marginais. Posteriormente ele experimentou uma espécie de contracinema que demonstrou a influência de Jean-Luc Godard e, ultimamente, retornou à forma realista que obtém certos elementos do entretenimento popular. Seus vários projetos possuem em comum uma perspectiva política esquerdista e um desejo de fazer o público pensar e sentir ao mesmo tempo. Ainda que ele tenha recebido muito reconhecimento crítico e numerosos prêmios – mais recentemente o prêmio Gabriel Figueroa do Festival Internacional de Cinema Latino de Los Angeles –, ele também tem tido sua dose de obstáculos e desapontamentos. Particularmente notável é o grande número de filmes que realizou em um país onde os recursos para os realizadores são tão poucos ou mesmo inexistentes. Nelson Pereira levou mais de dois anos para arrecadar fundos para realizar o documentário sobre Freyre, cujo formato original de 13 episódios foi reduzido para 4 por conta da limitação de recursos. Porém, em uma entrevista com Tonico Mercador, em abril de 2000, Nelson Pereira foi não apenas entusiasta como também otimista a respeito do futuro do cinema brasileiro:

> Para que o cinema brasileiro exista deve haver uma política de apoio. As pessoas sabem que existe um cinema, que somente necessita de um pouco de água para florescer, de um pouco de dinheiro para ajudar que os filmes surjam. Não nos é

permitido ter um mercado nosso. As salas de exibição no Brasil são completamente dominadas pelo cinema norte-americano. É impossível para o cinema brasileiro se tornar autossuficiente nesse contexto. Nós temos um cinema de grande vitalidade, porém eu acredito que as filmagens continuarão a ser uma atividade oprimida. Quando a maior parcela dos brasileiros que não possui sequer calçados – e que se encontra sem recursos para comprar um ingresso para entrar em um cinema –, tornar-se parte do mercado consumidor, então nosso cinema explodirá e será o preferido pelo povo, porque ele é nosso, porque ele fala nossa língua e reflete nossas interioridades e nossa realidade. Será como um renascimento. (P. 16)

Dada a sua orientação e dado o amor por sua atividade, é interessante contemplar quais os tipos de filmes Nelson Pereira efetivou com uma fração dos multimilionários orçamentos propiciados aos diretores dos países mais industrializados. No entanto, o que mais tendemos a apreciar em seus filmes – sua consciência política, seu uso da história e da literatura para comentar e criticar a situação presente, sua fascinação pela cultura popular e pela religião brasileiras, sua ênfase na raça e nas classes sociais – tem menos a ver com valores de produção que com uma perspicaz, humana e totalmente descompromissada visão de uma nação enorme, frequentemente instável, porém culturalmente rica e etnicamente complexa. Nelson Pereira tem realizado filmes em tempos bons e ruins no Brasil; muito frequentemente seus filmes foram atacados, pela censura do governo, e alguns poucos dentre eles, como o hoje clássico *Como era gostoso o meu francês*, foram censurados na íntegra. Mesmo sem levar em consideração as dificuldades de se realizarem filmes em uma ditadura militar de extrema-direita ou a busca ininterrupta por financiadores e distribuidores, sua notável carreira lhe garantiu um lugar entre os mais importantes diretores do mundo. Ao nos debruçarmos em seus diferentes períodos estilísticos e em suas tendências temáticas, teremos também o prazer de lançar um olhar para os filmes que ainda estão por vir.

Os anos de aprendizado: São Paulo, Paris, Rio

Nelson Pereira dos Santos, a quarta criança de uma família de ávidos espectadores de cinema, nasceu em 22 de outubro de 1928. Apesar de sua mãe desejar chamá-lo de Marco Antônio, em homenagem ao santo padroeiro do Brasil, Santo Antônio, seu pai insistiu em chamá-lo de Nelson graças ao personagem do Lorde Almirante Nelson do filme mudo *The divine lady* (1927), de Frank Lloyd. Em entrevista conduzida por Helena Salem (1987, p. 29), Nelson Pereira credita a seus pais, e especialmente a seu pai, seu interesse pelo cinema:

> (...) meus pais eram cinéfilos. Meu pai, principalmente, conhecia o cinema mudo inteirinho. Sabia de tudo. (...) Eles eram espectadores, consumidores, não eram cinéfilos eruditos não. Eram daqueles que vão ao cinema por prazer, que reconhecem os seus ídolos, os atores. A minha primeira relação com o cinema foi essa, aos 10 anos eu já estava recebendo.

O irmão mais velho de Nelson, Saturnino, concorda: "Eu acho que foi nessas matinês que o Nelson começou a gostar de cinema" (*ibidem*). Ele descreve a tradicional saída da família aos domingos:

> Papai alugava um camarote no Cine Teatro Colombo, no Brás, um cinema com ares de Teatro Municipal, decorado com arabescos, flores-de-lis, pintura dourada, sensacional. O Nelson ia desde bebê, mamãe levava até a mamadeira dele para o cinema. E também a garrafa de água, leite, queijo, o pão, o salame, guaraná. Quatro horas de sessão, de uma às cinco, durante anos. Vimos todos aqueles filmes considerados hoje os grandes clássicos da época, e todos os grandes atores. Sempre começava com um documentário, depois apareciam as comédias – O Gordo e o Magro, Harold Lloyd, Charlie Chaplin – e por aí ia. (*Ibidem*)

Como essa descrição sugere, o período que ficou conhecido como a Bela Época do cinema brasileiro, caracterizado por um cinema nacional forte, há muito havia acabado: por volta do final dos anos 1920, aproximadamente 85% dos filmes vistos por brasileiros eram produzidos em Hollywood. As maiores plateias do país se situavam em São Paulo, cidade natal de Nelson Pereira, que vivenciava um pós-guerra economicamente dinâmico. As salas de cinema sofriam reformas para acomodar públicos maiores, e cinemas novos e mais luxuosos foram construídos para atrair as classes média e alta. Uma literatura de cinema mais sofisticada também começou a surgir. A revista *Cinearte*, por exemplo, oferecia aos leitores informações recentes sobre a indústria de cinema brasileira, dando especial atenção a pequenas companhias cinematográficas regionais no Rio Grande do Sul (Porto Alegre), em São Paulo (Campinas), em Minas Gerais (Belo Horizonte, Pouso Alegre e Cataguazes) e em Pernambuco (Recife). Os críticos de cinema também começavam a escrever resenhas assinadas, tornando-se conhecidos e respeitados por suas opiniões. Alguns poucos, como Guilherme de Almeida, que tivera uma grande acolhida por mais de 15 anos em *O Estado de S. Paulo*, encontravam-se entre as figuras mais populares que escreviam para jornais (Machado 1987, pp. 107-108).

Tão importante para o aprendizado de Nelson Pereira quanto as matinês de domingo foi o período que ele vivenciou como estudante secundarista no Colégio de Estado Presidente Roosevelt. Ali ele teve contato com um grupo de jovens estudantes radicais que sentiam um crescente interesse por muitos dos problemas econômicos e sociais do país – especialmente em áreas não industrializadas como o Nordeste. Em 1945, o engajamento de Nelson Pereira com o progresso social e a revolução se tornou tão agudo que ele se uniu ao Partido Comunista Brasileiro (PCB). O período do pós-guerra foi uma época particularmente excitante para os ativistas de extrema-esquerda no Brasil. Banido por Getúlio Vargas, o "presidente-tornado-ditador", em 1935, após sua sanguinária tentativa de golpe de estado, o PCB se tornou apto a iniciar um retorno à legalidade sob as hostes de um novo código eleitoral. As eleições de 1945 resultaram em grandes vitórias para candidatos do PCB, 14 dos quais foram eleitos para a Câmara dos Deputados. Depois de ser anistiado e liberto da prisão, o célebre líder do partido, Luís Carlos Prestes, que se encontrava preso desde o golpe de 1935, ganhou uma cadeira no Senado (*ibidem*, p. 206).

Nelson Pereira fora um leitor voraz ainda no curso secundário, e foi nesse período que ele leu os romances de Jorge Amado e Graciliano Ramos, dois dos mais influentes escritores brasileiros, ambos nordestinos. Eles escreviam de modo notável sobre a pobre população rural, o operariado urbano e a pobreza que era endêmica nessa grande região do país. Ambos os escritores haviam também sido perseguidos e presos durante a ditadura de Vargas nos anos 1930, sendo os livros de Amado, até mesmo, queimados. Nelson Pereira simpatizava com os dois escritores, particularmente com Amado, e, ao longo de sua carreira, retornaria a eles como inspiração e como material para as telas.

O envolvimento de Nelson Pereira continuou nos seus anos de universitário. Apesar de ter decidido possuir um diploma de direito, seu ativismo de extrema-esquerda e sua paixão pelo cinema acabaram por obscurecer quaisquer aspirações de praticá-lo que ele tivesse. Passou boa parte de seu tempo, então, editando a seção literária da publicação do Partido Comunista na escola de direito, *Hoje*, para a qual também escreveu resenhas sobre filmes. Também participaria de manifestações políticas no *campus*, tendo sido preso em mais de uma ocasião. A popularidade do PCB em cidades como São Paulo estava crescendo – tanto que o governo do presidente Eurico Gaspar Dutra (1946-1951) a considerou uma ameaça. Em 1947, os partidários de Dutra se aproveitaram de uma cláusula na Constituição que dizia respeito a partidos "antidemocráticos", e o Congresso baniu o PCB de participações futuras no processo político (Skidmore 1967, p. 66). Apesar de tudo, encontros clandestinos e tentativas de publicações continuaram a se suceder em São Paulo e em outros locais, gerando novamente uma atmosfera de tensão política e repressão semelhante ao período pós-1935.

Ao mesmo tempo, São Paulo estava vivenciando uma excitante transformação que a tornaria culturalmente moderna e um dos pesos-pesados da indústria latino-americana. Como a historiadora de cinema Maria Rita Galvão apontou, nos anos imediatamente posteriores à Segunda Guerra Mundial, São Paulo se tornou o local escolhido para algumas das mais significativas instituições culturais do país, incluindo o Museu de Arte de São Paulo, o Museu de Arte Moderna, a Bienal de artes plásticas, e o Teatro Brasileiro de Comédia (*ibidem*, p. 273). Nelson Pereira se beneficiou dessas oportunidades. Além de suas atividades no PCB, ele se tornou membro de grupos teatrais e cineclubes, participou dos primeiros congressos nacionais sobre cinema no Brasil e resenhou filmes para o jornal comunista *Fundamentos*.

A pujança econômica do pós-guerra em São Paulo alimentava o desejo da elite brasileira por um cinema de padrão mundial que produziria filmes tecnicamente superiores, nos moldes das produções hollywoodianas. Pensou-se que tais filmes iriam rivalizar e, por fim, obscurecer as chanchadas (as versões baratas das comédias musicais hollywoodianas produzidas no Brasil), um gênero que era desdenhado pela maior parte dos críticos, ainda que tenha se mantido extremamente popular entre o público. É importante destacar que as chanchadas foram sucessos comerciais em uma época em que muitos dos produtores e diretores brasileiros achavam que era difícil, senão impossível, fazer filmes. As chanchadas foram tremendo sucesso de bilheteria – especialmente as produzidas no Rio pela Atlântida, estreladas pela brilhante dupla de comediantes Oscarito e Grande Otelo. Como o historiador e diretor de cinema Alex Viany observou: "Oscarito e Grande Otelo foram os primeiros grandes sucessos de bilheteria, nomes que levavam as pessoas ao cinema, nomes que garantiam o sucesso de um filme. De uma maneira ou de outra, eles colocavam na tela algo com que as pessoas podiam se identificar" (*apud* Gomes 1980, p. 193).[1]

Em 1949, a Companhia Cinematográfica Vera Cruz se estabeleceu em São Paulo por alguns dos mesmos industriais que haviam anteriormente fundado o Museu de Arte Moderna e o Teatro Brasileiro de Comédia. Construída de acordo com os moldes do sistema de estúdio hollywoodiano, a Vera Cruz foi uma empreitada moderna e altamente ambiciosa, cujo principal objetivo era produzir um cinema de qualidade que pudesse atrair um público amplo e revigorar a indústria cinematográfica nacional. O diretor brasileiro Alberto Cavalcanti foi trazido da Europa, onde havia realizado filmes, para comandar o estúdio. Entre 1950 e 1953, a Vera Cruz produziu 18 longas-metragens assim como diversos documentários que se encontram tecnicamente entre os melhores filmes jamais realizados no país – um fato que deve ser creditado à equipe técnica composta de experientes diretores e técnicos estrangeiros, incluindo o realizador Adolfo Celi, o fotógrafo Chick Fowle e o montador Oswald Haffenrichter. Mas, como Galvão (1995) apontou, a despeito da perícia técnica que emprestou às suas produções, a

1. Em seu estudo *Cinema: Trajetória no subdesenvolvimento*, o crítico e historiador de cinema Paulo Emílio Salles Gomes chama a atenção para a importância social e histórica da chanchada, que foi a única alternativa que podia se contrapor aos filmes de Hollywood por duas décadas, e a louva como uma forma genuinamente brasileira.

companhia foi atacada por sua "qualidade estrangeira, proveniente não somente de seus diretores e técnicos estrangeiros, mas igualmente de sua tentativa de imitar os 'padrões internacionais'". Galvão complementa, entretanto, que, em retrospecto, "até mesmo os mais 'estrangeiros' dos filmes da Vera Cruz eram mais brasileiros que muitos críticos podiam pensar na época. Porém, muito frequentemente a 'brasilidade' conscientemente forjada pelos realizadores foi limitada ao exotismo e ao folclore, ainda que os problemas reais do país fossem ignorados" (p. 275). Essa tendência de exotizar a nação e seus habitantes, negligenciando a pouco aprazível realidade social, se tornou uma fonte de frequente censura dos críticos – incluindo o jovem Nelson Pereira. Posteriormente, a Vera Cruz produziu *O cangaceiro* de Lima Barreto, um *western* ou "nordestern" inspirado no lendário bandido Lampião, que se tornou um sucesso nacional e internacional. Porém, por essa época, a companhia já se encontrava com sérios problemas financeiros.[2] Apenas quatro anos depois de sua fundação, a primeira tentativa mais elaborada de se consolidar um sistema de estúdios no modelo de Hollywood chegou à bancarrota, e a companhia fechou suas portas.

Enquanto ainda era estudante de direito, Nelson Pereira decidiu ir para Paris estudar cinema no renomado Institut Supérieur d'Études Cinématographiques. Seja por questões de tempo, seja porque não tinha recursos suficientes, ele nunca se inscreveu no instituto; ainda que ele tivesse planejado ficar um ano em Paris, viu-se forçado a retornar ao Brasil apenas dois meses depois para o serviço militar obrigatório. (Ele também descobriu que ia se tornar pai.) Em uma entrevista com Alex Viany (1999, p. 486), Nelson Pereira relembra esse curto, mas importante período em Paris:

> (...) nessa época em Paris eu fiz um "curso de cinema" na Cinemateca. O [Carlos] Scliar era o "professor": "Tem de ver o filme tal e o filme tal". Tinha uma lista de obrigações. (...) Na época saiu *Ladrões de bicicleta*, de Vittorio de Sica (1948), em Paris. Enfim, foi um treinamento rapidíssimo, intensivo, de cinemateca.

Depois de retornar ao Brasil, ele completou seu serviço militar e o curso de direito, apesar de nunca tê-lo praticado. Em sua entrevista com Viany, Nelson Pereira comenta ironicamente que foi somente porque assegurou ao seu professor que ele não tinha intenção de praticar direito ou prestar concurso para ser juiz, e sim de fazer filmes, que ele passou no exame oral e conseguiu o diploma (*ibidem*, p. 487).

---

2. Como Mariarosaria Fabris (1994) observou em *Nelson Pereira dos Santos: Um olhar neo-realista?*, a Vera Cruz nunca se preocupou com os aspectos de distribuição e exibição de seus filmes. A companhia praticamente assumiu sua falência quando cedeu à Columbia Pictures e à Universal International os direitos de distribuir suas produções.

Enquanto ainda cursava sua graduação, Nelson Pereira fez seu primeiro filme, encomendado por um comitê do PCB, um documentário de 45 minutos sobre jovens operários na cidade de São Paulo intitulado *Juventude*. O PCB enviou o filme a um festival da juventude em Berlim, mas ele nunca retornou, e a cópia foi dada como perdida. De acordo com Nelson Pereira, o único negativo foi cortado em pedaços que foram utilizados em diversos documentários do PCB. A despeito das condições adversas de trabalho e da perda da cópia, Nelson Pereira permaneceu otimista sobre sua primeira experiência concreta de realização de um filme, constatando que ela lhe proporcionara uma importante lição de montagem (citado em Salem 1987, p. 62). Um ano depois, ele realizou um segundo documentário para o partido, sobre a divisão do trabalho. "Era uma coisa em que eu misturava o antimalthusianismo, a produção da riqueza e o anti-imperialismo, todas as idéias da juventude de esquerda da época, tão mal digeridas" (*apud* Salem 1987, p. 63).

Em 1951, Nelson Pereira trabalhou com Ruy Santos e Alex Viany em uma adaptação de *O saci*, um conto de Monteiro Lobato. Filmado no interior do estado de São Paulo, o filme descreve as aventuras de saci-pererê, um garoto negro de uma perna só que é um famoso personagem do folclore brasileiro. O filme não foi bem-sucedido nem crítica, nem comercialmente; mas a decisão de adaptar uma obra de Monteiro Lobato, que fora ativo no que se tornou a campanha da esquerda, "O petróleo é nosso", trouxe à tona o compromisso de realizadores radicalmente envolvidos com temas e personagens representativos da classe operária brasileira e suas tradições. Como consequência de seu trabalho em *O saci*, Nelson Pereira foi convidado por Ruy Santos para trabalhar em outra produção, *Aglaia*, que estava ocorrendo no Rio. Nelson Pereira se mudou para o Rio, porém o filme nunca foi finalizado. Depois do hiato de um ano em sua produção, a criança que interpretava o protagonista não mais se assemelhava ao jovem personagem que aparecia no início do filme; então, o projeto teve que ser abandonado (Amâncio 1999, p. 14). Apesar de tudo, a mudança temporária de Nelson Pereira para o Rio foi ao mesmo tempo acidental e oportuna. Alex Viany imediatamente lhe ofereceu a oportunidade para se tornar assistente de direção no drama urbano *Agulha no palheiro* (1953). Bráulio Pedroso, que participou de *O saci* e foi amigo de Nelson em São Paulo – e um companheiro de partido do PCB –, comentou a decisão de Nelson Pereira de permanecer no Rio:

> Acho que o Rio para o Nelson foi uma escolha. Talvez tenha sido também uma grande libertação: da máfia daquele nosso grupo do Partido, da família. Mas, para nós, naquela época, ir para o Rio era uma bobagem, a gente achava São Paulo culturalmente uma coisa tão melhor, com a Vera Cruz, o TBC [Teatro Brasileiro de Comédia], a Bienal. Nós desprezávamos o cinema do Rio, as chanchadas da Atlântida. Dizíamos: coitado do Nelson. Mas, ao contrário, ele teve a coragem de romper com o cordão umbilical, e daí a criatividade dele pôde aparecer logo. Enquanto nós, lá, levamos anos para nos libertar. (Citado em Salem 1987, p. 78)

Rumo a um cinema socialmente engajado: Rio, 40 graus

Acabadas as filmagens de *Agulha no palheiro*, Nelson Pereira foi convidado a trabalhar em uma chanchada baseada no popular programa de rádio *Balança, mas não cai*, que estava sendo adaptado igualmente para a televisão. Mesmo longe de estar entusiasmado com o projeto, *Balança, mas não cai* foi outra forma de ganhar experiência no *set* de filmagem. Como muitos outros filmes em que ele trabalhou durante sua carreira, esse também foi afetado por problemas financeiros, e a produção acabou sendo interrompida. Nesse período, Nelson Pereira havia mudado com sua jovem família para um subúrbio do Rio próximo ao estúdio e a um passo do que era então a maior favela da cidade. Muitas pessoas da equipe viviam na favela, e Nelson Pereira passou a conhecer o morro e seus habitantes de modo bem próximo. Foi durante esse período que a ideia para seu primeiro filme de longa-metragem se materializou:

> Então eu pensei: "Isso aí é um filme". Escrevi a história e tentei filmar, mas não consegui. Ninguém gostava da ideia, essa coisa de favela, diziam, não interessa isso não. Um repúdio geral. Mas, enfim, era o Rio de Janeiro, essa coisa muito presente da questão social, porque a favela é vertical. Evidentemente que em São Paulo tinha tanta favela quanto no Rio, as favelas eram chamadas de cortiços. Mas, por se espalharem horizontalmente, não dava para ver, você passava na avenida e não conseguia vê-las. Mas no Rio não, aquela favela em cima de um morro era muito visível. Agora quem vive lá não tem o menor problema, fica habituado. Mas quando a favela aparecia no cinema, diziam, indignados: "Isso é mentira". (Citado em Amâncio 1999, p. 16)

De acordo com Nelson Pereira, até mesmo o Partido Comunista se opunha à ideia, e seus membros lhe diziam para realizar o filme somente depois da revolução, quando o povo estaria no controle do governo. A ideia, porém, de realizar um filme sobre os moradores de favelas do Rio se encontrava de acordo com as considerações de Nelson Pereira na revista *Fundamentos*, assim como nas conferências sobre cinema nacional, onde ele mencionava a necessidade urgente da indústria de realizar filmes sobre vidas, lutas e esperanças reais do povo da nação.[3] Apesar das fortes objeções do PCB, ele prosseguiu com seu projeto. Sua negação em seguir as diretivas do partido, no entanto, teve suas consequências: ele foi removido do comitê nacional para assuntos culturais e transferido para uma pequena célula nas vizinhanças da Lapa e de Santa Teresa (Salem 1987, p. 86).

Não conseguindo fazer com que os produtores de cinema se interessassem por seu filme, Nelson Pereira levantou fundos para criar uma cooperativa e vender

3. Ver, por exemplo, revista *Fundamentos*, jan. 1951.

cotas do filme aos investidores. Até mesmo o elenco e a equipe técnica trabalharam por cotas. Para tornar o filme o menos dispendioso possível, os gastos foram minimizados ou evitados. Por exemplo, a película virgem foi importada diretamente da indústria para tirar vantagem de uma lei brasileira de curta vida que desobrigava o comprador de pagar impostos ou taxas de serviços. Humberto Mauro, um dos grandes realizadores dos anos 1930 – que se tornou diretor do Instituto Nacional de Cinema Educativo –, soube, por meio do cinegrafista de Nelson Pereira, Hélio Silva, que a equipe não possuía equipamento para a filmagem e concordou em emprestar uma câmera que teve que ser reconstruída (*ibidem*, pp. 86-87).

Rio, 40 graus agregava ao engajamento de Nelson Pereira as classes trabalhadoras e pobres e seus principais interesses teóricos que, por essa época, eram delineados pelo neorrealismo italiano e pelo marxismo (ver Fabris 1994). Com a exceção de um par de cenas, o filme foi inteiramente rodado em locações, utilizando um elenco majoritariamente amador. O filme destaca algumas das mais famosas atrações turísticas do Rio, incluindo Copacabana, o Pão de Açúcar, o Corcovado e o Maracanã, mas ele também apresenta a cidade de uma maneira inteiramente nova, mapeando sua estrutura de classes. Na sua abertura se observa a seguinte cartela: "Nelson Pereira dos Santos apresenta a cidade de São Sebastião do Rio de Janeiro". Seguem-se, então, deslumbrantes vistas aéreas do Pão de Açúcar, de Copacabana e da elegante área litorânea conhecida como zona sul, acompanhados pelo popular samba do compositor brasileiro Zé Kéti, "A voz do morro". Quase imediatamente, entretanto, o filme estabelece uma dialética entre cartões postais do Rio como "Cidade Maravilhosa" e os posteriores planos fechados da favela, na qual observamos o vaivém de seus moradores. Em contraste com as tomadas aéreas dos pontos turísticos, a câmera toma uma posição inferior ao nível do chão para fotografar a favela de sua base até o topo do morro. Esse ângulo permite a Nelson Pereira proporcionar aos espectadores um senso mais acurado de quão íngreme é o morro, assim como a proximidade entre eles e a pobreza dos barracos de madeira, destituídos até mesmo de água encanada. Observamos um garoto subindo o morro, com uma lata de água na cabeça, e diversos outros fazendo o caminho inverso em direção às ruas pavimentadas da cidade, repletas de mercados, cafés e palmeiras. Esses poucos planos demonstram que a favela é bastante próxima da cidade; mas a vida na cidade é tão desproporcionalmente rica que mais se assemelha a outro planeta.

Rio, 40 graus é primeiramente, e antes de tudo, uma afirmação da crença de Nelson Pereira em que os filmes brasileiros poderiam descrever a sociedade em geral, não apenas as classes média e alta. Se olharmos para os escritos de *Fundamentos*, perceberemos que as duas críticas mais contundentes contra os filmes realizados pela Vera Cruz foram a de que eles seguiam o modelo hollywoodiano de destacar somente brancos nos papéis principais e, depois, a de que faziam uso de um português acadêmico nos diálogos. Em oposição às produções da Vera Cruz, *Rio, 40 graus* reuniu histórias de homens, mulheres e crianças que representam a escala completa da sociedade brasileira, incluindo os negros e mestiços; os diálogos, em sua maior parte, são uma aproximação da linguagem falada pelo povo.

Figura 1. Vendedores de amendoim em *Rio, 40 graus*.
(Coleção Nelson Pereira dos Santos)

O enredo relativamente simples de *Rio, 40 graus* enfoca as aventuras de cinco jovens negros que descem o morro em uma manhã de domingo para conseguir dinheiro vendendo amendoins na cidade (ver Figura 1). Suas trajetórias individuais ocorrem em lugares turísticos e em seus arredores, apresentados na abertura do filme, levando-os a uma aproximação com membros das classes média e alta, que tendem a tratá-los de modo cauteloso ou mesmo duro, frequentemente sem nenhum motivo. Um bom exemplo desse tipo de interação ocorre no início do filme, quando Paulo, o mais jovem dos cinco garotos, segue sua pequena lagartixa de estimação, Catarina, que escapou de sua mão e correu para o terreno da Quinta da Boa Vista, um belo parque e zoológico, que é outra famosa atração turística. Sem conseguir ingressar no parque, o garoto pula uma cerca e corre atrás de Catarina, que se refugia na jaula das cegonhas e fica próxima de ser vítima de um dos pássaros. Paulo ansiosamente a chama, e, como um animal de estimação fiel, ela retorna ao seu dono. Nesse momento, o filme se detém no quanto Paulo se encontra maravilhado com a beleza da Quinta – um local bucólico repleto de árvores, pássaros e outros animais que se encontra em profundo contraste com o ascetismo e a pobreza da favela. O que torna a cena particularmente comovente são os *closes* no rosto angelical de Paulo, que parece dotado de um brilho interior. Nelson Pereira também usa uma câmera subjetiva para enfatizar o senso de admiração do garoto. Esse momento de rara quietude e grandemente subjetivo no filme é bruscamente interrompido com a chegada do segurança, que trata a criança como um vagabundo e passa a retirá-lo do parque. Quando o garoto tenta explicar sobre Catarina e abre sua mão para mostrar o lagarto, o guarda a pega e a joga em uma jaula próxima repleta de cobras. A cena finaliza com uma das cobras deslizando rumo a uma indefesa e insuspeita lagartixa – uma imagem que é espelhada por ações igualmente "predatórias" do guarda, que retira, de modo truculento, Paulo do parque.

As histórias dos cinco vendedores de amendoins são intercaladas com episódios envolvendo outros personagens, incluindo um segmento que tematiza jogadores de futebol, dirigentes de clubes e torcedores. Em sua maior parte, a montagem cruzada ou paralela entre histórias é conduzida de um modo sutil, apresentando as disparidades entre os que têm posses e os que não as têm. Em certo momento, entretanto, duas narrativas se cruzam de modo especialmente dramático. Ameaçado por uma gangue de rapazes que tentam roubá-lo, Jorge corre atrás de um bonde na esperança de escapar de seus perseguidores, mas acaba atropelado por outro veículo que se aproxima. Exatamente no momento do impacto, ocorre um corte abrupto para os rostos excitados e vibrantes de torcedores no Maracanã, onde um inseguro jogador reserva acabara de marcar um gol. Ao justapor essas duas cenas dessa maneira, Nelson Pereira não somente enfatiza a tragédia da morte do jovem rapaz, que se torna ainda mais horrenda quando os torcedores movimentam suas mãos e comemoram, como também sugere que o sofrimento e a morte de pessoas como Jorge demonstram ter pouco ou nenhum impacto na sociedade.

Em outros trechos do filme, Nelson Pereira tende a exagerar um pouco nas tintas com que descreve a burguesia e os indivíduos afluentes como Durão, um grande latifundiário de Minas Gerais que foi eleito para o Senado. Acompanhado em sua viagem ao Rio por seus jagunços, ele reluta em discutir política e prefere ir atrás de mulheres. Eduardo, um extravagante homem de meia-idade, gosta de fofocar com as jovens sobre os atributos físicos de Bebeto, um atraente e galanteador malandro de praia que está interessado no dinheiro de sua mais recente conquista, Maria Helena (Ana Beatriz). Esse grupo de personagens de perfil bastante diverso inclui Francisco, o pai de Maria Helena, que oferece a filha ao latifundiário-senador para conseguir favores políticos. Enquanto isso, turistas americanas se tornam alvo da crítica social de Nelson Pereira. Duas americanas se encontram sentadas no terraço de um hotel próximo ao mar, quando uma se volta para a outra e diz: "País maravilhoso, não?". A outra replica: "Sim, mas tão primitivo".

Nelson Pereira consegue, no entanto, ser bem-sucedido ao apresentar os contrastes que apontam para a disparidade econômica entre os vendedores de amendoim e aqueles com quem eles fazem contato. Na cena da praia, Bebeto chuta na água o balde de Jorge repleto de pacotes de amendoins. Jorge o enfrenta e exige ser recompensado por sua perda. Bebeto, mais velho e mais forte, agarra o garoto enquanto uma transeunte bem-vestida, que acredita que Jorge seja o agressor, para e afirma em tom de desaprovação: "Esses pais que deixam essas crianças se perderem nas ruas são criminosos". A "criminosa", nesse caso, é a mãe de Jorge, Dona Elvira (Arinda Serafim), e a próxima sequência se deterá na sua situação de miséria e na sua grata aceitação do auxílio de uma vizinha, Ana, que lhe oferece um prato de comida. Como em outros momentos, o foco aqui é a solidariedade entre os moradores de favelas. Quando Dona Elvira demonstra contentamento por Ana ter levado a roupa de seus clientes para lavar até que ela possa ficar de pé, Ana replica: "Para aqueles que estão acostumados, nunca há trabalho demais. Além do que, Dona Elvira, uma mão lava a outra. O dia em que eu precisarei de sua ajuda virá".

Como muitos filmes neorrealistas realizados ao redor do mundo no final dos anos 1940 e nos anos 1950, *Rio, 40 graus* é, em parte, uma alegoria sentimental, ou mesmo melodramática, sobre o sistema de classes. Ele tende a retratar as classes média e alta como autocentradas, julgadoras, insensíveis ou amorais e o povo pobre como essencialmente bom e piedoso. Por exemplo, o malandro de rua e durão Waldomiro (Jece Valadão) tira dinheiro dos vendedores de amendoins e ameaça diversas vezes sua antiga namorada, Alice (Cláudia Moreno), que é noiva de outro homem. A tensão dramática provocada por seu personagem ao longo do filme chega ao seu auge no final, quando Waldomiro se encontra face a face com Alice e seu noivo, Alberto (Antônio Novaes). Entretanto, justamente no momento de maior tensão, Waldomiro sorri e aperta a mão de Alberto. Sua surpreendente mudança de atitude se dá somente depois que ele descobre que o homem fora seu antigo companheiro em uma greve contra uma fábrica têxtil. A mensagem aqui, assim como em todo o filme, tal como expressa por Alberto em um momento anterior do filme, é a da importância da solidariedade entre as pessoas como um modo de assegurar uma vida melhor para todos na favela.

Apropriadamente, muito tem sido escrito sobre a semelhança entre o filme de Nelson Pereira e alguns clássicos neorrealistas tais como *Roma, cidade aberta* (1945), de Roberto Rossellini e *Vítimas da tormenta* (1946), de Vittorio De Sica (ver Fabris 1994, pp. 91-147). Mas a ideologia específica de *Rio, 40 graus*, assim como sua tendência em algo como uma melodramática e retórica forma de cinema, pode ser mais bem compreendida quando nós o comparamos com um tipo diferente de filme, *Os esquecidos* (1950), de Luis Buñuel, que se detém sobre um grupo de jovens pobres crescendo nas ruas da Cidade do México. Em ambos os casos, os realizadores eram artistas de esquerda interessados em fazer um filme que chamasse a atenção para os segmentos pobres da sociedade e, especificamente, para as crianças pobres, que eram as mais vulneráveis e, presumivelmente, inocentes vítimas do sistema. Entretanto, a despeito das muitas semelhanças entre os dois filmes, existem diferenças significativas que ajudam a tornar a proposta de Nelson Pereira mais nítida. Buñuel é impiedoso em sua representação da melancolia das vidas infantis e totalmente pessimista sobre suas chances de sobrevivência. Nelson Pereira, de outro modo, é basicamente otimista. Nenhum dos garotos em *Rio, 40 graus* (incluindo os membros da gangue que insultam Jorge) se comparam com o Jaibo de Buñuel, um delinquente mais velho que lidera o grupo que persegue e assassina o jovem Pedro. Nenhum ato associado a vício é perpetrado pelos vendedores de amendoins de Nelson Pereira; pelo contrário, a ênfase ao longo de todo o filme é em sua camaradagem e em sua solidariedade. O tratamento da vida familiar é outra diferença gritante. Nelson Pereira demonstra a importância da casa e da benevolência dos moradores de favelas como um contraponto na sua luta contra a pobreza. A enferma Dona Elvira é generosa com seu filho Jorge, e ele busca arranjar dinheiro para comprar seus remédios. Quando seu estoque de amendoins é destruído por Bebeto, ele pede por comida e até rouba. Dona Elvira também funciona como figura materna para outros. Quando um policial leva o órfão Jerônimo de volta para a favela, Dona Elvira o assume como seu, apesar de nós sabermos que ela possui poucas condições para sustentá-lo. O policial deixa o garoto aos cuidados dela – uma das poucas vezes no filme em que um indivíduo de fora da favela e em posição de autoridade demonstra alguma boa vontade ou compreensão.

Em *Os esquecidos*, Buñuel dá outra visão da vida familiar, talvez menos sentimental. Igualmente vitimada pelas circunstâncias econômicas, a mãe nesse filme é dura com seu filho, Pedro, e acaba expulsando-o de sua casa. Ao mesmo tempo, ela se apaixona pelo delinquente Jaibo, provocando uma batalha edipiana entre os dois jovens, que é desenvolvida em uma violenta sequência onírica. Esse é o único momento verdadeiramente surrealista nesse filme de Buñuel que, ao contrário, é (atipicamente) realista. Pedro sonha que sua mãe se aproxima com um pedaço de carne crua nas mãos; mas, antes que ele possa tocar a carne, uma mão atinge a cama e agarra a carne. A mão pertence a Jaibo. A sequência final de *Os esquecidos* mostra o corpo de Pedro sendo transportado para um depósito de lixo, onde é jogado de um morro. *Rio, 40 graus*, ao contrário, encerra-se com uma festa celebrando a coroação da rainha da escola de samba e um retorno aos planos aéreos do Rio. A despeito de suas semelhanças como filmes radicais realizados nos anos 1950, *Os esquecidos* é bem mais sombrio que *Rio, 40 graus*, envolvendo Freud tanto quanto Marx e oferecendo pouca esperança para as crianças pobres. *Rio, 40 graus* é o produto de um realismo social mais direto e utópico – o trabalho de um realizador comunista cujo foco se encontra nas disparidades econômicas entre as classes sociais, a integridade e a solidariedade dos moradores de favelas, assim como a possibilidade de mudança social e de uma vida melhor.

As filmagens de *Rio, 40 graus* se iniciaram em março de 1954, mas tiveram inúmeros atrasos por causa do mau tempo e da falta de película virgem. Um ano depois, o filme foi terminado e foi aprovado para todos pelos censores, exceto crianças menores de dez anos. Nelson Pereira assinou um contrato com o braço brasileiro da Columbia Pictures para a distribuição do filme, e tudo parecia acertado para seu lançamento nacional. Apenas um mês depois de os censores terem aprovado o filme, entretanto, o chefe do Departamento de Segurança Pública, coronel Geraldo de Menezes Cortes, o baniu. Como Robert Stam (1997) demonstrou, a decisão de Cortes de censurar o filme resultou provavelmente do tratamento simpático dado por Nelson Pereira às crianças negras brasileiras (p. 161), ainda que publicamente Cortes tenha anunciado que sua decisão tenha se baseado nas informações de que o filme fora uma obra de comunistas que haviam recebido um financiamento diretamente da então União Soviética. Ele também sentiu indignação pelo filme não retratar brasileiros no trabalho. Nelson Pereira explicou que todos os eventos no filme ocorriam em um domingo e que, portanto, somente os vendedores de amendoim e os jogadores de futebol estavam trabalhando; ele também se demonstrou aberto para a sugestão de que uma cartela fosse introduzida ao início do filme para informar aos espectadores que a ação ocorria em um domingo. No entanto, o coronel se recusou a lançar o filme, comparecendo até mesmo a uma coletiva da imprensa na qual condenou o filme como obra de comunistas que apresentavam uma visão negativa da cidade. Ele declarou, entre outras coisas, que o título do filme era mentiroso e que nunca fazia mais do que 30 graus no Rio, que a caracterização do senador era uma afronta aos que serviam ao Senado e que os diálogos eram ofensivos por estarem repletos de erros gramaticais e gírias.

As objeções públicas de Cortes foram reunidas e ironizadas por Pompeu de Sousa, editor do *Diário Carioca*, e iniciou-se uma batalha pela liberação do filme. Mesmo não existindo nenhuma lei que banisse exibições privadas, Cortes impediu uma tentativa de apresentar o filme para quase mil pessoas que esperavam nas dependências da Associação Brasileira de Imprensa. Após essa ação inédita, cartas de protesto foram enviadas ao presidente Café Filho assim como ao Ministro da Justiça Prado Kelly. Entre os mais sinceros críticos da censura se encontrava Jorge Amado, que escreveu um longo editorial para o *Imprensa Popular*, no qual atacava o governo pela tentativa de transformar o país em uma prisão: "Começam com o filme de Nelson Pereira dos Santos para se lançarem, em seguida, contra o teatro e o livro, os quadros e a música. Não estamos longe do tempo do Estado Novo quando os livros não podiam circular e os pintores não podiam fixar num quadro a figura de um negro" (*apud* Salem 1987, p. 118).

A intervenção de Amado no debate foi importante e compreensível. Membro leal do Partido Comunista que foi eleito no Congresso em 1945, ele simpatizava com o projeto de Nelson Pereira e se sentiu indignado pela animosidade dos censores. A decisão de censurar um filme sobre as agruras dos pobres nas mãos dos ricos o levou de volta às suas próprias experiências com os censores que haviam condenado seus livros de serem esquerdistas e uma ameaça à segurança nacional. Outro aspecto, porém, tornou seu protesto ainda mais audível. Amado foi um dos primeiros romancistas a retratar um afro-brasileiro como protagonista e herói na literatura brasileira. Entre seus melhores trabalhos se encontram *Jubiabá* (1935) e *Capitães da areia* (1937) – ambos retratando as aventuras de jovens mulatos e negros que viviam na pobreza e sua luta pela sobrevivência. Em *Jubiabá*, a ênfase é na busca de construir uma consciência política entre as pessoas que sofrem desigualdades sociais. O herói do romance, Antônio Balduíno, não somente assume uma tomada de consciência como acaba se tornando mais importante para o futuro da comunidade que o poderoso líder religioso Jubiabá, que reverencia Balduíno em reconhecimento de sua importância. *Capitães da areia* centra-se na solidariedade de um grupo de jovens rapazes e torna clara a importância do esforço político comum entre os pobres como superação das injustiças e dos sofrimentos sociais. Alguém poderia provavelmente afirmar com segurança que *Rio, 40 graus* foi inspirado não somente no engajamento de Nelson Pereira com o povo da favela e em sua admiração pelo neorrealismo italiano como também na leitura de Amado, cujas obras ele viria a adaptar posteriormente para as telas.

A poderosa e eloquente crítica de Amado foi seguida por uma carta com mais de 300 assinaturas, incluindo as de 35 senadores, que foi enviada ao Rio. Ao mesmo tempo, exibições privadas do filme foram realizadas com maior frequência. O filme se tornou uma causa célebre – tanto que um jornal imprimiu a manchete galhofeira: "Cortes é o maior propagandista de *Rio, 40 graus*" (Salem 1987, p. 119). Nelson Pereira recebeu apoio de um grupo de artistas e intelectuais franceses, incluindo Yves Montand, George Sadoul e Simone Signoret, que haviam sabido da censura e que foram convidados para o lançamento do filme. O que decisivamente interrompeu a censura foi uma fracassada tentativa de golpe de estado de direita que tentara impedir a posse do presidente eleito Juscelino Kubitschek. Com a posse do novo governo, Cortes se viu forçado a abandonar o posto; o filme foi lançado em dezembro de 1955 e exibido em circuito nacional no ano seguinte.

Quando *Rio, 40 graus* finalmente chegou às grandes e pequenas cidades ao redor do país, longas filas se formaram nas bilheterias. Os brasileiros estavam ansiosos por ver esse filme, publicamente condenado. Mas o interesse do público em ver o filme teve vida curta. Nelson Pereira explicou: "As pessoas achavam que o filme tinha sido proibido porque tinha mulher nua, coisas incríveis. Então, saíam decepcionadas do cinema, dizendo que o filme era ruim, um documentário" (citado em Salem 1987, p. 122). Apesar da desapontadora recepção do público, *Rio, 40 graus* sem dúvida nenhuma teve um impressionante impacto na vida política e cultural brasileira que certamente ultrapassou qualquer expectativa que um jovem realizador pudesse ter tido. Nelson Pereira também recebeu o primeiro reconhecimento de sua importância internacional como realizador. Em 1956, receberia o prêmio de melhor realizador jovem em um festival na Tchecoslováquia, e seu filme foi resenhado entusiasticamente pelo crítico francês Louis Marcorelles no *Le Monde*. No Brasil, os críticos foram quase unânimes na sua admiração pelo filme. Como Glauber Rocha (1981) observou, muitos anos depois, em seu livro *Revolução do Cinema Novo*, *Rio, 40 graus* pode ser considerado o primeiro filme revolucionário do mundo em desenvolvimento, já que sua explosão em cena se deu antes da Revolução Cubana (p. 394). Apesar de a atenção e o sucesso do filme entre os críticos terem sido importantes para Nelson Pereira, ainda mais importante foi sua habilidade para capitalizar seu sucesso para a realização de um segundo longa-metragem, *Rio, Zona Norte* (1957) e produção de um terceiro filme, *O grande momento* (1958), de Roberto Santos.

Rio, Zona Norte, Mandacaru Vermelho, Boca de Ouro *e o início do movimento Cinema Novo*

O samba que já havia tido destaque em *Rio, 40 graus* é o tema do segundo filme de Nelson Pereira, *Rio, Zona Norte*, também ambientado em uma favela. Ao contrário de seu primeiro longa, que retrata múltiplos personagens de diferentes faixas etárias, raças e classes sociais, *Rio, Zona Norte* é a história de um personagem individual compositor de sambas, Espírito da Luz Soares (Grande Otelo), cuja pobreza o força a vender suas músicas para quem tem meios financeiros de gravá-las. Como Randal Johnson (1984, p. 169) observa: "Como alguns dos filmes posteriores de Nelson Pereira – particularmente *O amuleto de Ogum* –, *Rio, Zona Norte* diz respeito à cultura popular e à expropriação dela pela indústria cultural (capitalista), principalmente os meios de comunicação de massa (rádio) e a indústria fonográfica, grandemente dominada pelo capital internacional". O filme é mais convencionalmente estruturado que *Rio, 40 graus*; com exceção das sequências inicial e final, a narrativa inteira é contada em *flashback* por Espírito, que caiu de um trem e foi encontrado ferido à margem dos trilhos da Central do Brasil. Delirante, ele passa a relembrar pessoas e fatos do passado, incluindo o apresentador de rádio que roubou sua música; seu filho que abandonou a escola, tornando-se ladrão e sendo assassinado por uma gangue; e a mulher que o abandonou. Ele igualmente fantasia um encontro com a cantora Ângela Maria, que promete gravar um de seus sambas.[4]

Filmado em locações assim como nos Estúdios Flama, *Rio, Zona Norte* foi completado no tempo recorde de três meses, sendo lançado em novembro de 1957. As expectativas sobre o filme foram grandes por conta da aclamação por *Rio, 40 graus*. Além disso, o filme apresentava o famoso astro das chanchadas e do teatro de

4. Os leitores podem consultar tanto Johnson (1984) quanto Stam (1997) para comentários mais extensos sobre esse filme.

revista Grande Otelo (ver Figura 2), assim como Ângela Maria, que era uma cantora popular conhecida como "Rainha do Rádio". No entanto, as críticas, assim como o retorno de bilheteria, foram desapontadoras. Entre as críticas feitas ao filme estavam a de que, apesar do título, não havia nada que dissesse respeito aos subúrbios do Rio, conhecidos como zona norte, e a de que, ao contrário de *Rio, 40 graus*, que reúne os aspectos da vida na cidade e no morro, concentra-se exclusivamente na favela. Talvez injustamente, o filme foi também considerado um projeto neorrealista fracassado. Paulo Emílio Salles Gomes (1981) em seu artigo "Rascunhos e exercícios", que surgiu na edição de 21 de junho de 1958 do *Suplemento Literário de São Paulo*, foi particularmente enfático nessa perspectiva:

> Adepto de uma escola cinematográfica que procurou fugir do artístico facilitado pelo uso do estúdio, e a inspirar-se nos ambientes, personagens e situações de uma realidade mais imediata, Nelson Pereira dos Santos foi talvez vítima da ilusão de que esse estilo [neorrealista] o dispensasse da necessidade laboriosa de estilização e da procura cuidadosa das convenções mais adequadas aos seus propósitos. Ele simplesmente dispôs numa certa ordem os materiais, quase em estado bruto, de uma realidade pouco trabalhada, na esperança de que a poesia e a beleza nela contidas se comunicassem espontaneamente ao espectador pelo milagre da fotogênia e da sonogênia. Na realidade, as exigências do chamado neorrealismo são mais imperiosas do que as de outras escolas cinematográficas. (...) A maior dificuldade do cineasta, cujo propósito é dar a impressão de realidade objetiva absoluta é, por um lado, a necessidade de utilizar todos os artifícios inerentes à criação artística e, por outro, ser obrigado a manter rigorosamente invisíveis os recursos de que lança mão, a fim de conseguir essa ilusão de transparência, de completa adesão à realidade, que é a característica do gênero. (P. 351)

Nelson Pereira respondeu particularmente a essas críticas muito tempo depois, em uma publicação de 1975, intitulada *Manifesto por um cinema popular*, que é geralmente atribuída a ele:

> Durante esse período, a crítica possuía uma orientação neorrealista, mas o filme não era neorrealista. A crítica exigia que o filme apresentasse paisagens dos subúrbios da zona norte, quando não havia nada disso. Era um filme muito mais psicológico, sendo que [quase] tudo era filtrado pela mente do compositor. É ele contando sua própria história. (P. 9)

Aparentemente, o diretor estava tentando fazer uma distinção entre a superfície relativamente neorrealista de seu filme, que envolve pseudodocumentário, fotografia em locação e sua estrutura narrativa, que é subjetiva e "psicológica". (Novamente aqui pode ser percebido que a psicologia é diferente da que nós encontramos nos filmes de Buñuel.) No entanto, em entrevista dada ao *Diário de*

Notícias, quatro anos depois do lançamento de *Rio, Zona Norte*, reconheceu que os filmes realizados por ele e por outros à época possuíam falhas artísticas definitivas e, por isso, não fizeram sucesso com o público. Ele centrou sua queixa principalmente na situação econômica, que o havia levado a esperar dois anos entre os projetos (*Rio, 40 graus* foi filmado entre 1953 e 1954), o que tornou difícil aperfeiçoar sua arte:

> Queríamos enfrentar a realidade brasileira com nossos próprios olhos, com nossa maneira de ver o mundo, como se isso fosse original. Mas daí até fazer cinema existe uma grande distância (...). Queremos fazer filmes comunicáveis. Todo cineasta do mundo deseja isso e mais uma outra coisa: originalidade no modo de ver o mundo. Mas poucos conseguem essas coisas juntas. (...) No Brasil, o realizador faz um filme e espera diversos anos até que surja uma nova oportunidade. Isso é prejudicial para o nosso cinema. A melhor hora para se começar um filme é logo depois de outro [o que permitiria uma autocrítica imediata e] uma correção dos defeitos mais evidentes ou mesmo dos mais sutis. Mas isso não acontece no Brasil. (Citado em Fabris 1994, p. 201)

Figura 2. Grande Otelo como Espírito da Luz Soares em *Rio, Zona Norte*. (Coleção Nelson Pereira dos Santos)

Os fracassos nas bilheterias, tanto de *Rio, Zona Norte* quanto de *O grande momento* – um filme sobre uma família de imigrantes em São Paulo produzido por Nelson Pereira e dirigido por Roberto Santos –, deixou Nelson Pereira fortemente endividado. Ele se voltou para o jornalismo para poder pagar suas contas, trabalhando primeiro no *Diário Carioca* e depois no *Jornal do Brasil*. Apesar de não conseguir fazer outro filme por outros três anos, manteve-se na ativa no meio como realizador de documentários. Foi no momento em que estava realizando um documentário "encomendado" no Nordeste, em 1958, que decidiu realizar uma adaptação de *Vidas secas* (1938), romance clássico de Graciliano Ramos sobre uma família de nordestinos que se vê forçada a migrar pelo sertão para sobreviver à seca. Vários problemas no *set* o forçaram a postergá-lo para 1960. Enquanto isso, ele filmou *Mandacaru Vermelho* (1961), um "nordestern" genérico com roteiro dele, no qual também interpretava o galã romântico.

Figura 3. Nelson Pereira dos Santos como o boiadeiro e Sônia Pereira como a sobrinha em *Mandacaru Vermelho.* (Cinemateca Brasileira, São Paulo)

Qualquer pessoa que tenha visto *Mandacaru Vermelho* dificilmente esquecerá a sequência inicial com uma mulher com uma arma, em cima de um rochedo, atirando para um alvo que não é visualizado e que está abaixo dela. Existe uma qualidade surrealista ou talvez primitiva na imagem; de fato, o comportamento maníaco da mulher aqui como em qualquer parte é evocativo da interpretação carregada de Mercedes McCambridge em *Johnny Guitar* (1954). O enredo, entretanto, é uma história de amor mais tipicamente convencional. Prometida a outro homem, a jovem (Sônia Pereira) se apaixona por um boiadeiro (Nelson Pereira) que trabalha para a tia dela (Jurema Penna) (ver Figura 3). Quando a garota descobre que a tia é responsável pela morte de seus pais (a cena do crime que abre o filme), ela decide fugir com o boiadeiro, cujo irmão, uma figura robusta e pouco simpática, os ajuda a cruzar o sertão à procura de um padre que os case. O plano é descoberto, e a tia, o irmão e os dois filhos da jovem perseguem o trio através dos sertões até um lugar conhecido como Mandacaru Vermelho, onde são surpreendidos e mortos. Um eremita religioso vive lá agora, e, em uma das cenas mais bizarras do filme, realiza uma cerimônia para unir o casal enquanto as balas voam próximo às suas cabeças. O casal é o único a sobreviver ao tiroteio e segue adiante, chegando a um pequeno vilarejo somente em tempo de eles serem casados por um padre que está realizando uma cerimônia de casamento ao ar livre para os jovens casais do lugarejo.

As filmagens de *Mandacaru Vermelho* ocorreram em um período de dois meses, e o filme foi lançado em 1961. Em uma entrevista concedida pouco tempo depois de sua estreia, a fala de Nelson Pereira soa quase em tom de desculpa, talvez adivinhando como o filme seria recebido:

> *Mandacaru* é uma experiência inteiramente nova, para mim, e inesperada. Não fosse a enchente que interrompeu e inutilizou a produção [de *Vidas secas*] creio que dificilmente eu chegaria a fazer um filme como *Mandacaru Vermelho*. Isso não significa subestimação, nem esboço de desculpa antecipada. Quero dizer simplesmente que, na perspectiva de meu programa de produção, não havia um filme que buscasse a fantasia, a impostação apenas dramática de uma história, sem a preocupação da pesquisa social. (*Apud* Salem 1987, p. 150)

Ainda que *Mandacaru Vermelho* tenha fracassado sofrivelmente nas bilheterias, o filme recebeu algumas boas críticas da imprensa – particularmente a de Cláudio Mello e Souza para o *Jornal do Brasil*. Um ponto importante tocado por ele é que o filme evita totalmente o exotismo geralmente associado com o Nordeste. "Pelo contrário", ele escreve "é um filme que devassa o Nordeste brasileiro e constata a sua realidade primitiva trágica, às vezes, grotesca, dando-lhe uma dimensão dramática, ainda que precária" (*apud* Salem 1987, p. 151). Johnson mais recentemente observou que o filme não somente antecipa *Deus e o Diabo na terra do sol*, de Glauber Rocha (1963, p. 172) como também funciona como uma "prévia" do "universo violento do sertão" que se tornaria uma marca registrada do Cinema Novo.

De fato, foi durante as filmagens de *Mandacaru Vermelho* que Nelson Pereira veio a conhecer Glauber Rocha, um jovem realizador baiano que trabalhou com ele no filme. Essa amizade e essa colaboração continuariam depois que eles retornaram ao Rio, onde Glauber fazia planos de montar seu primeiro longa-metragem, *Barravento* (1961), sobre a luta de uma vila de pescadores contra a exploração comercial e a alienação religiosa. Trabalhando em condições adversas há tempos, Nelson Pereira supervisionou a montagem de *Barravento*. De acordo com Glauber, foi com Nelson Pereira que ele aprendeu a usar e a controlar a linguagem cinematográfica (Viany 1965, p. 188). Nelson Pereira também dividiu com outros jovens diretores sua maestria na montagem. Por exemplo, no mesmo ano ele ajudou o novato Sérgio Ricardo em *O menino da calça branca* e, no ano seguinte, ele montou *Pedreira de São Diogo*. O último era um episódio do longa-metragem *Cinco vezes favela*, um esforço coletivo produzido pelo Centro Popular de Cultura, que reuniu os realizadores Marcos Farias, Miguel Borges, Carlos Diegues, Leon Hirszman e Joaquim Pedro de Andrade. Pouco tempo depois, Hirszman, Diegues, Joaquim Pedro, Nelson Pereira e Glauber se tornariam alguns dos mais conhecidos diretores do país, assim como figuras centrais no movimento do Cinema Novo.

Como Glauber Rocha (1963) apontou em *Revisão crítica do cinema brasileiro*, 1962 foi um ano emblemático para o cinema brasileiro. Entre as obras terminadas ou em execução, estavam filmes como *A grande feira* e *Tocaia no asfalto*, de Roberto Pires, *Os cafajestes*, de Ruy Guerra, *Cinco vezes favela*, do Centro Popular de Cultura, *O pagador de promessas*, de Anselmo Duarte, *Porto das caixas*, de Paulo Saraceni, *Sol sobre a lama*, de Alex Viany, e *Boca de Ouro* e *Vidas secas*, ambos de Nelson Pereira (p. 50). De acordo com as reportagens dos jornais da época, *A grande feira*, de Pires, sobre um protesto contra uma tentativa do poder público de banir um mercado popular para contemplar empresários locais, foi tão bem-sucedido nas bilheterias brasileiras quanto a refilmagem do épico *Ben-Hur*, com Charlton Heston (Ramos 1987, p. 332). *O pagador de promessas*, a respeito de um pobre peão de fazenda que carrega uma grande cruz de madeira para Salvador para cumprir a promessa a santa Bárbara e Iansã pela cura de seu burro doente, ganhou a Palma de Ouro no Festival de Cannes. *Os cafajestes*, que expôs a depravação de homens da classe média à custa de mulheres jovens e inocentes, ultrapassou todas as receitas anteriores para um filme brasileiro – em boa parte, em virtude do furor dos censores sobre o anêmico retrato da burguesia e das cenas de nudez da popular Norma Benguell.

O quarto filme de Nelson Pereira, *Boca de Ouro*, encontra-se entre os maiores sucessos comerciais do ano. O filme foi um projeto pouco comum para um cineasta de esquerda, em razão de ser baseado na obra do bem conhecido e ultraconservador dramaturgo Nelson Rodrigues. Nelson Pereira afirma que ele enfrentou uma pressão e uma oposição consideráveis quando falou que iria realizar o filme justamente porque Rodrigues era considerado tabu pela esquerda (Amâncio 1999, p. 26). No entanto, Nelson Pereira dos Santos havia se aproximado de Jece Valadão (cunhado de Nelson Rodrigues), que tinha trabalhado como ator e assistente de direção em *Rio, 40 graus* e estava ansioso por dar continuidade à sua recente interpretação bem-sucedida como um dos "desclassificados" de *Os cafajestes*, de Guerra. Talvez Nelson Pereira tenha concordado com o projeto, que foi produzido em sistema cooperativo, apenas para continuar dirigindo, mas era como se ele igualmente estivesse testando sua mão para adaptar bem-sucedidas obras da literatura para o cinema. (A peça havia sido tão bem-sucedida no Teatro Nacional de Comédia, no Rio, que uma companhia a levara em turnê por todo o Brasil.) Apesar da visão política distinta de Rodrigues, Nelson Pereira apreciava a peça como um fascinante estudo psicológico de um segmento social marginalizado que vivia nos subúrbios da zona norte carioca (ver Xavier 2002).

O personagem-título (Jece Valadão) é um criminoso que rouba e mata e consegue se safar subornando os homens da justiça. Seu apelido pouco comum é resultado de sua decisão de remover todos os seus dentes para colocar uma dentadura de ouro. Obcecado pela riqueza e pela fama, proclama orgulhosamente que, quando morrer, será sepultado em um caixão de ouro. Construído de modo semelhante às narrativas de *Rashomon* (1950), de Akira Kurosawa, o enredo se centra nas três diferentes versões de uma mesma história, todas elas contadas pela ex-namorada de Boca, Guigui (Odete Lara), para um repórter de jornal (Ivan Cândido), enviado a sua casa para conseguir um furo de reportagem sobre o recente assassinato do criminoso. Naquele momento uma dona de casa com duas crianças, Guigui, que não sabe da morte de Boca, conta que este é um cachorro assassino e começa a contar um dos mais hediondos crimes dele. O filme volta ao passado quando Guigui inicia sua história.

Em troca de uma dívida com Boca, um jovem marido, Leleco (Daniel Filho), aceita entregar sua esposa, Celeste (Maria Lúcia Monteiro), quando Boca começa a pressioná-lo por dinheiro. Quando Celeste chega e refuta as investidas sexuais de Boca, este chama o marido, que fica sentado na sala ao lado. Boca fala ao marido que, se sua esposa não concordar com seus desejos, ele será morto e põe a arma em sua boca. Trêmulo e chorando, Leleco pede a sua esposa que vá para o quarto com Boca. Apesar da cumplicidade resistente do marido, Boca lhe dá uma coronhada na cabeça com a pistola e bate nele até matá-lo no chão.

Ao contar sua história, Guigui fica feliz em saber que os crimes de Boca estão se tornando públicos pelos jornais; até que ela sabe da notícia de que Boca havia sido assassinado. Chocada com a notícia, ela chora histericamente e corre atrás do repórter, que havia levado sua história para a redação. Conseguindo alcançá-lo na rua, ela modifica suas considerações anteriores e passa a contar outra versão do incidente, que então passamos a acompanhar na tela. Dessa vez, Boca é retratado como um benevolente protetor quando Celeste procura dinheiro (ver Figura 4). Celeste é louca pelo dinheiro de Boca, assim como ele é pelos seios dela, os quais expõe a ele para ganhar um cordão de diamantes. Seguindo Celeste até a casa de Boca, Leleco puxa a arma e o ameaça. Em uma tentativa de proteger Boca, cuja riqueza ela prefere à pobreza do marido, Celeste esfaqueia as costas de Leleco.

Depois dessa história, Guigui conta ainda ao repórter uma outra versão para atenuar o desconforto de seu marido (Adriano Lisboa), que acredita que Guigui nutria mais que sentimentos carinhosos por Boca. Nessa história, Leleco sabe que Celeste está tendo um caso com Boca. Celeste vai até Boca e afirma que seu marido agora sabe da relação entre eles. Leleco chega e procura extorquir Boca, que puxa a arma enquanto Celeste o acerta pelas costas. Boca termina o trabalho, acertando Leleco na cabeça com sua arma. Depois disso, Boca corta a garganta de Celeste e faz investidas sexuais a uma garota mais sofisticada e rica, Maria Luíza (Geórgia Quental). Ao final do filme, nós descobrimos que Maria Luíza é a única responsável pelo assassinato de Boca.

Figura 4. Jece Valadão como Boca de Ouro e Maria Lúcia Monteiro como Celeste em *Boca de Ouro*. (Arquivo Museum of Modern Art/Film Stills)

Como muitas das peças de Nelson Rodrigues, *Boca de Ouro* fala sobre a depravação de indivíduos que demonstram ser incapazes ou pouco dispostos a mudar. O filme, como a peça, enfatiza as motivações sórdidas dos personagens e o rumo incerto de suas ações. As diferentes versões que Guigui explora de Boca fazem com que o filme se torne um *tour de force* psicológico com ênfase no sexo, na ganância e no ciúme. No final das contas, nós nunca poderemos saber qual das três histórias sobre Boca é verdadeira, assim como nós nunca estaremos certos sobre qual das três Guiguis (a irada, a terna, a culpada) apresentaria seu verdadeiro caráter. A ideia do engodo e da mentira se encontra em todo o filme. Mesmo o nome de Boca não permanece verdadeiro quando se descobre que ele se encontra desdentado no caixão, que não passa de um modesto caixão de pinho.

Ainda que o filme seja fiel ao sensacionalismo da peça – a ponto de incluir uma particularmente escandalosa cena em que Celeste e três mulheres da classe média alta realizam uma competição de seios para Boca, buscando o colar de diamantes –, Nelson Rodrigues sentiu que Nelson Pereira havia tornado a história mais "puritana". Nelson Pereira reivindicou que não havia mudado uma palavra do texto de Rodrigues, mas decidiu não contratar alguns dos atores que haviam sido parte do sucesso da peça; ele contratou, em vez disso, atores que não possuíam qualquer experiência teatral, tais como Odete Lara, que já era considerada popular estrela de cinema e símbolo sexual e cuja interpretação camaleônica como Guigui é um dos pontos altos do filme. Embora Nelson Pereira tenha filmado sua maior parte em estúdio, ele também filmou algumas sequências em locações, em certa medida para fugir um pouco do enclausuramento cênico associado ao teatro, mas, principalmente, para proporcionar às plateias uma melhor compreensão da zona norte. O filme inicia com uns poucos planos em locação que compõem uma magistral montagem, apresentando Boca em vários momentos de sua carreira de bicheiro, assassino impiedoso e liderança política municipal. Esse prólogo repleto de ação, sobre o qual os créditos são apresentados, dura alguns minutos sem uma linha sequer de diálogo. As imagens de banditismo, de policiais, de roubo e tiroteios, tendo ao fundo uma trilha sonora de acordes jazzísticos, dão ao filme uma aparência e uma sonoridade de cinema *noir* hollywoodiano, sejam as intenções de Nelson Pereira as de prestar um tributo, sejam as de parodiar os filmes de gângsteres de baixo orçamento, algo que continua aberto à especulação.

Apesar de *Boca de Ouro* ter feito sucesso com o público e se tornado o primeiro sucesso comercial de Nelson Pereira, as críticas em geral não foram favoráveis. A divisão ideológica entre os críticos de cinema, que eram esquerdistas e neorrealistas, e Nelson Rodrigues, que era um dramaturgo e esteta conservador, era por demais incisiva. O comentário de Hugo Barcellos, no *Diário de Notícias*, exemplifica o tipo de crítica que o filme recebeu: "Nelson com Nelson não deu certo. E não deu, porque Nelson Pereira dos Santos, fidelíssimo (segundo dizem) ao texto original de Nelson Rodrigues, deixou-se embair pelo artificialismo do autor" (*apud* Salem 1987, p. 157). Uma crítica menos ácida foi escrita por Luiz Alberto Sanz, que parece ter sido sensível ao que havia de político na recepção crítica desfavorável do filme. Escrevendo no *Jornal do Commercio*, Sanz defende que *Boca de Ouro* era um filme adulto que "merece uma visão calma e cuidada, onde não caberão os preconceitos com o nascente Cinema Novo" (*apud* Salem 1987, p. 158). Em consideração mais recente, o historiador de cinema Fernão Ramos (1987, p. 348) também sentiu que Nelson Pereira necessitava ser visto como único em relação ao Cinema Novo: "Apesar de sua identidade com os 'meninos', o diretor mantém uma produção que, se às vezes conflui no sentido do movimento como um todo, possui o traço pessoal de um cineasta de outra geração. *Boca de Ouro* é (...) exemplo dessa dualidade".

Como havíamos visto, os diretores brasileiros estavam recebendo uma atenção mais ampla da crítica em 1962 e seus filmes eram exibidos no Brasil e no exterior, onde alguns foram premiados. A expressão *Cinema Novo* foi cunhada nesse período pelo crítico Ely Azeredo para descrever a onda de filmes, em sua maior parte realizados com baixo orçamento e com comprometimento político, que passaram a surgir nas telas no começo dos anos 1960. Azeredo (1966) atribui especial importância a *Rio, 40 graus* por sua "coragem de romper com as limitações de um cinema aprisionado ao sistema de estúdios... e por sua chocante e crua visão da realidade que o cinema italiano havia vivenciado com *Roma, cidade aberta* (1945) e *Paisá* (1946)" (p. 7). Ele também creditava a *Agulha no palheiro*, de Alex Viany (o qual Nelson Pereira ajudou a dirigir), e a *O grande momento*, de Roberto Santos (produzido por Nelson), a qualidade de outros importantes precursores do movimento.

De acordo com Glauber Rocha, o líder teórico do movimento, o termo *Cinema Novo* surgiu em um dos encontros da Associação Brasileira de Cronistas Cinematográficos, sediada no Rio, que foi comandada por Azeredo e outros. Esse grupo desejava um maior contato com os realizadores e a fomentação de um diálogo entre os próprios realizadores, discutindo-se inclusive a possibilidade de um jornal sobre cinema denominado *Cinema Novo* (Viany 1965, p. 186). No entanto, os princípios do movimento remontam a 1959-1960, quando uma nova geração de entusiastas de cinema se encontrava nos cineclubes e no Grupo de Estudos Cinematográficos (associados com a União Metropolitana dos Estudantes) e passou a escrever sobre filmes para o *Jornal do Brasil* e *O Metropolitano*, que era um jornal da União. Alguns desses jovens se tornariam críticos de cinema, outros passariam a filmar; e alguns poucos, como Glauber Rocha, faziam as duas coisas. Como Azeredo percebeu, com a falência da Vera Cruz e a mudança das chanchadas do cinema para a televisão, a ideia de um novo e audacioso cinema passou a intrigar alguns produtores. *Os cafajestes*, de Ruy Guerra, foi um filme de baixo orçamento no estilo dos franceses da *Nouvelle Vague*; *O pagador de promessas* foi uma empreitada mais cara e ambiciosa que demonstra o ecletismo do movimento: "Não é à toa que *O pagador de promessas* juntou um diretor paulista (Anselmo Duarte), que fora um antigo galã na Atlântida e Vera Cruz, com um escritor baiano (Dias Gomes), que possuía experiência no rádio-teatro e um ator paulista (Leonardo Villar) do TBC" (Viany, citado em Azeredo 1966, p. 10). Em um ensaio sobre o Cinema Novo, Azeredo (1966) listou Cesare Zavattini, Sergei Eisenstein, René Clair e o cinema-verdade como influências dos jovens diretores brasileiros (p. 10). Na opinião de Glauber, o contato que ele tinha com a Europa, por meio das cartas enviadas para ele por Joaquim Pedro de Andrade, Gustavo Dahl e Saraceni, que foram à Itália estudar cinema, foi vital para sua orientação teórica, ao passo que seu trabalho com Nelson Pereira, na montagem, preparou-o para o seu longa seguinte, *Deus e o Diabo na terra do sol* (Viany 1965, p. 188).

Vale frisar que a agenda do Cinema Novo por um cinema nacional remonta aos idos dos anos 1950 (se não antes), quando Nelson Pereira, Alex Viany e outros proclamaram publicamente quanto o mercado local era dependente da importação indiscriminada de filmes estrangeiros e quão dependente a maioria dos diretores eram das influências reinantes em Hollywood. Como Nelson Pereira apontou, em entrevista de 1965:

> No tempo da Vera Cruz, qualquer pessoa que falasse em produção independente cometeria uma heresia. O cinema era para ser feito somente tendo como base o estúdio, a grande indústria, os grandes capitais investidos nessa indústria, sobre a base de grandes estrelas de cinema e por aí ia. A mentalidade do cinema brasileiro era exatamente essa e isso arruinou uma geração inteira. (Citado em Viany 1965, p. 190)

Na mesma entrevista, Rocha aponta para o fato de que não era somente a realização independente que era marginal, mas os próprios críticos de cinema brasileiros. A maior diferença entre os filmes do início dos anos 1950 e os da década seguinte era que uma quantidade muito maior de críticos estava escrevendo sobre cinema nos anos 1960 e eles provocaram um grande impacto na cultura; em outras palavras, os filmes não eram mais considerados marginais ou inferiores às outras artes. Viany (1965) acrescenta em sua entrevista (e sua visão hoje se tornou lugar-comum) que as chanchadas contribuíram significativamente para o Cinema Novo como a primeira tentativa legítima do cinema brasileiro de retratar diferentes tipos sociais e modos de falar. Havia uma comunicação entre os realizadores das chanchadas e o público, ele considera (p. 193), e essa comunicação foi igualmente importante para os diretores do Cinema Novo, que estavam interessados em despertar a consciência do *povo* com filmes realistas sobre pobreza e luta de classes, assim como filmes que focassem em tópicos como a religião afro-brasileira ou a cultura popular nordestina. A despeito do sucesso com os festivais e com a aclamação crítica, entretanto, os filmes associados ao Cinema Novo raramente tiveram o apelo do grande público, sendo descritos por Glauber Rocha em seu manifesto "Uma estética da fome" (1965) como um cinema "triste, feio... desesperado, de filmes gritados" – versão brasileira daquilo a que o crítico Benedito J. Duarte se referiu em 1947, a respeito do cinema italiano, como "cinema da fome", continuando a preferir o bem produzido entretenimento hollywoodiano.

O comentário de Fernão Ramos sobre *Boca de Ouro*, que percebeu a singularidade do trabalho de Nelson Pereira em relação ao Cinema Novo, levanta uma importante questão. Escolas e movimentos cinematográficos são geralmente mais heterogêneos do que os críticos percebem. Estes buscam uma publicidade coletiva ou identidade nacional e suas posições são frequentemente simplificadas. Como o próprio Nelson Pereira explicou em uma entrevista em 1999, ele já estava trabalhando no seu quinto filme quando o movimento do Cinema Novo estourou, e ele modestamente alega ter sido "cooptado" pelo grupo.

> A onda do Cinema Novo é o Glauber, de um lado, é o Leon [Hirszman], o Joaquim Pedro [de Andrade]. O Joaquim Pedro na Escola de Filosofia, o Leon na Escola de Engenharia. Então, tinha movimento estudantil mais cinema, e do outro lado o Cacá [Carlos Diegues], depois o [Arnaldo] Jabor. Escola de Direito, a PUC, etc. Mas todos se uniram. São pessoas que têm formações bastante diferentes. (...) E todo mundo pergunta: a ideologia de Cinema Novo? Não existia a ideologia do Cinema Novo, cada um tinha a sua formação. Alguns tinham uma relação com a esquerda, que na época era o Partido Comunista. E outros tinham uma relação com uma outra visão política do mundo, mais centrada, mais ligada à igreja, como é o caso do Cacá. Não era uma coisa sólida, um pensamento só. E ninguém tinha obrigação de fazer cinema com a visão social. (...) A idéia era fazer filmes, os melhores e tal. (...) Mas, enfim, como eu disse, eu fui cooptado. E também uma questão importante: tenho dez anos a mais que eles. (Amâncio 1999, pp. 34-35)

Vidas secas

Os melhores filmes de Nelson Pereira algumas vezes oferecem brilhantes traduções da literatura em outro meio, porém, ele não é nem um ilustrador de clássicos, nem um defensor daquilo a que François Truffaut uma vez se referiu como uma "tradição de qualidade". Diretor engajado, tende a ter fontes originais de esquerda para seus filmes e adota em grande parte temas proletários. Muitas de suas adaptações podem ser vistas como respostas às décadas turbulentas nas quais o Brasil passou de um instável governo trabalhista de esquerda para uma ditadura militar de direita e, finalmente, para uma nascente redemocratização. Ao longo dos anos 1960 e princípios de 1970, Nelson Pereira fez uso da literatura canônica como um modo indireto de mencionar os problemas sociais contemporâneos. Ele escolheu livremente textos históricos, mas os textos continham temas que falavam diretamente às suas platéias.

Um caso óbvio a ser apontado, e um dos filmes mais importantes da carreira de Nelson Pereira, é *Vidas secas*, uma espécie de versão brasileira de *As vinhas da ira* (ainda que uma narrativa muito mais crua e menos sentimental do que encontramos tanto em John Steinbeck quanto em John Ford). O corrupto sistema latifundiário e o campesinato brutalmente empobrecido descrito no romance de 1938 por Graciliano Ramos ainda estavam presentes no momento em que o filme foi lançado; o governo trabalhista de João Goulart, entretanto, propunha um sistema parcial de reforma agrária nesse mesmo ano, e uma revolta da classe média contra reformas dessa natureza, que incluía a nacionalização das refinarias de petróleo de grupos privados, acabou levando a um novo regime conservador em 1964 (Poppino 1968, p. 280). Ainda que Nelson Pereira tenha incluído uma cartela no início de *Vidas secas* informando que a ação se passava em 1941, muitos brasileiros e virtualmente qualquer viajante aos estados do Nordeste do país perceberiam que o filme era uma espécie de "docudrama" sobre as condições contemporâneas e uma intervenção direta nos debates políticos do momento.

Como foi dito anteriormente, Nelson Pereira viajou do Rio para a Bahia e para Pernambuco em 1958 para realizar um documentário sobre a seca que assolava o sertão desde o ano anterior. Na época, havia uma forte discussão sobre a reforma agrária, e os camponeses desafiavam a autoridade dos latifundiários ao reivindicar o direito de se fixarem nas propriedades onde eles viviam e trabalhavam, assim como a posse legal das terras (Tavares 1995, p. 24). Nelson Pereira estava ansioso por participar da discussão por meio de um filme que pudesse apresentar um retrato honesto e antissentimental do Nordeste. *Vidas secas* foi uma escolha ideal para um projeto desse gênero; era uma obra-prima da literatura brasileira que ele estava ansioso por adaptar para as telas (Cárdenas e Tessier 1972, pp. 64-65).

Os trabalhos nos locais de filmagem estavam previstos para serem iniciados no início de 1960 em um vilarejo baiano. No entanto, apesar de encontrar um tempo seco, quente e ensolarado que era costumeiro nos meses de verão, também havia um céu repleto de nuvens, e a filmagem teve que ser adiada. Chuvas inesperadas que inundaram o vilarejo provocaram outros adiamentos posteriores, e a equipe técnica e o elenco começaram a fazer piada de que o filme havia passado de *Vidas secas* para *Vidas molhadas*. Foi nesse momento que Nelson Pereira decidiu realizar *Mandacaru Vermelho*. Um ano depois, em 1962, ele retornou ao projeto de *Vidas secas*. Nessa época, ele havia deslocado as locações ainda mais ao norte, em Palmeira dos Índios, cidade no estado do Alagoas na qual Graciliano Ramos havia sido prefeito e escrito seus primeiros romances. O tempo cooperou, assim como os personagens locais, muitos dos quais, incluindo Jofre Soares, em sua primeira atuação como latifundiário, e a cadela Baleia, apareceram no filme.

Lançado em 1963, *Vidas secas* provocou considerável repercussão crítica e foi especialmente elogiado pela fotografia de Luiz Carlos Barreto, que havia em grande parte abandonado a utilização de filtros para capturar a iluminação e a intensidade do sol nordestino.[5] Apesar de as primeiras notícias terem sido favoráveis, o filme teve distribuição limitada no Brasil. O jornalista e crítico de cinema Ely Azeredo acusou a Metro Goldwyn Mayer Studios (MGM), que tinha contratos com os cinemas do Rio em que o filme foi brevemente exibido, de haver propositalmente tornado curta sua permanência nas salas, temendo que seu sucesso pudesse provocar algo como uma abertura para uma indústria cinematográfica brasileira mais competitiva. Herbert Richers, o produtor executivo de *Vidas secas*, disse apenas que, embora o filme tivesse sido um sucesso de crítica, não foi especialmente popular entre os espectadores. De acordo com Richers, o filme apenas recuperou seus gastos, e isso somente ocorreu

5. Em uma entrevista de 2001, Nelson Pereira afirmou que inicialmente pensara em um trabalho de câmera que fosse evocativo do mestre mexicano Gabriel Figueroa. Ele, porém, complementou: "Sabendo das minhas intenções de apresentar o verdadeiro sertão, ele [Barreto] decidiu remover os filtros e deixar as lentes descobertas" (citado em Margarido 2001).

por causa de um prêmio em dinheiro concedido por Carlos Lacerda, que havia visto o filme e ficado profundamente impressionado (Salem 1987, pp. 174-175).

Em 1964, um ano após seu lançamento, *Vidas secas* foi selecionado, com *Deus e o Diabo na terra do sol,* de Glauber Rocha, no Festival de Cinema de Cannes, onde foi considerado um forte candidato a levar a Palma de Ouro (prêmio que acabaria sendo concedido a *Os guarda-chuvas do amor*, de Jacques Demy). Cinco anos depois, *Vidas secas* foi finalmente premiado nos Estados Unidos e recebeu uma resenha de Vincent Canby, do *The New York Times*, que ficou comovido com o retrato da pobreza "tão absoluto, tão desesperançado que é não somente um estado do ser, mas também algo tão incompreensível (para alguém que não conhece a realidade descrita) como outra dimensão no tempo". Canby (1995) foi particularmente tocado pelo foco nas "pequenas misérias decorrentes da pobreza" e acertadamente descreveu o filme como uma cinematográfica "chamada para as armas" (p. 30). Ao longo dos anos, o filme acabou se tornando sinônimo do Cinema Novo e até os dias de hoje continua a ser uma poderosa narrativa sobre o subdesenvolvimento e as grandes disparidades socioeconômicas que grassam pelo Nordeste (ver Figura 5).

Figura 5. Átila Iório como Fabiano e Maria Ribeiro como Sinhá Vitória em *Vidas secas*. (Arquivo Museum of Modern Art/Film Stills)

Vidas secas foi a primeira adaptação de uma obra de Graciliano Ramos, que morreu em 1953. Como Nelson Pereira constatou, quase 20 anos após realizá-lo:

> Nenhum outro dos nossos romancistas tinha tão grande senso dos valores dramáticos, nem uma penetração psicológica tão admirável e segura. Os

> personagens que ele criou não eram títeres, criaturas inventadas, simples sombras saídas da imaginação de um ficcionista. Eram, ao contrário, seres vivos, de carne e osso, sangue e nervos, com reações lógicas e atos que obedeciam, sempre, a motivações profundas. Não há tipos inconseqüentes ou artificiais em seus livros. Por isso mesmo, eles seduzem a imaginação de um cineasta, porquanto estão no plano dos personagens criados por um Tolstoi ou Dostoiewski. (*Apud* Salem 1987, pp. 173-174)

Nelson Pereira havia escrito para Graciliano Ramos no começo dos anos 1950 para discutir a filmagem da adaptação de seu primeiro romance, *São Bernardo* (1934), uma comovente história sobre um fazendeiro cuja violência e ciúme acabam forçando sua esposa a cometer o suicídio e, finalmente, torná-lo consciente de sua própria morte. Em sua carta, Nelson Pereira perguntou a Graciliano como ele se sentiria se a esposa abandonasse o marido em vez de tirar sua própria vida. Graciliano rejeitou a mudança, afirmando que seria historicamente inconsistente com a sociedade e o período sobre os quais escrevera; ele também enfatizou a importância de manter a estrutura da história e aquilo a que ele se referiu como a "essência" de sua obra.

Quase 20 anos após o lançamento de *Vidas secas*, as ideias de Nelson Pereira sobre adaptação pareciam coincidir com a resposta de Graciliano: "A adaptação não é uma cadeia, é uma referência que faz chegar a grandes descobertas (...) a essência do livro e sua estrutura narrativa – é um grande estímulo que me leva a encontrar soluções que não desvirtuem nem ocultem o universo do autor" (*apud* Salem 1987, pp. 171-172). No período em que *Vidas secas* foi lançado, entretanto, Nelson Pereira disse pouco ou nada sobre "grandes descobertas" e "soluções", algumas das quais o haviam feito se afastar do texto original, sendo que todas haviam dado ao filme uma maior eficácia política. Para evitar qualquer problema com os censores, ele iniciou o filme com uma cartela enfatizando a "transposição fiel" de "uma obra imortal da literatura brasileira". Entretanto, sua adaptação envolveu diversas mudanças importantes na estrutura do enredo, da narração e da linguagem.

O romance de Graciliano sobre o camponês Fabiano (Átila Iório) e sua família se desenvolveu com base em um conto publicado anteriormente, "Baleia", sobre a morte da cadela da família: essa e algumas outras histórias foram utilizadas para unir os 13 capítulos relativamente independentes do livro. Os críticos têm comentado com frequência sobre a estrutura modular de "narrativas nucleares" do romance, algumas das quais se movem em relação umas às outras sem modificarem ou prejudicarem seu sentido mais amplo. Nelson Pereira tomou certas liberdades na ordem dos eventos – de modo mais significativo ao mover a cena altamente emocional da morte da cadela Baleia para próximo do final da narrativa e logo antes da nova tentativa da família de fugir da seca. Mesmo no romance, a cena é particularmente comovente por causa do amor de todos da família de pela cadela, que anteriormente os havia salvado da inanição ao matar um pequeno preá. Baleia é uma constante companhia para Fabiano, ajudando-o a cercar cabras para as crianças, que gesticulam e gritam seguindo a tradição do pai vaqueiro. Por volta de metade do romance, Baleia é vítima do que parece ser raiva, e Fabiano decide pôr um fim ao seu sofrimento. Assim que Fabiano apanha o rifle, Baleia tenta se salvar, escondendo-se por trás das árvores e dos arbustos. A nervosa mulher de Fabiano, Sinhá Vitória (Maria Ribeiro), traz as duas crianças para junto de si, tentando, ao cobrir os ouvidos delas, poupá-las de ouvirem a bala inevitável.

Ao mover essa sequência para próximo do final do filme, Nelson Pereira aumentou seu impacto emocional. Sua adaptação também revelou uma diferença básica entre a prosa e o cinema, já que dramatiza algumas ações que são somente descritas no romance, utilizando atores reais. A cena da morte lenta da cachorra por um tiro a apresenta contemplando calmamente alguns preás para os quais normalmente ela latiria e os quais perseguiria; quando o sol se põe ao fundo, nós percebemos seus olhos se fecharem lentamente. Esse plano produziu um efeito tão profundo que, quando o filme foi exibido no Festival de Cannes, a morte de Baleia foi considerada tão realista que muitos estavam convencidos de que a cadela havia sido realmente sacrificada. A questão sobre o destino da cadela foi tão polêmico que acabou gerando um protesto formal da Associação dos Direitos dos Animais da França. Um crítico francês se referiu à cena da morte da cadela como "abominável". Para calar as crescentes críticas e protestos, Nelson Pereira levou consigo Baleia, que voou do Rio para Cannes, onde rapidamente assumiu o *status* de celebridade. De acordo com o fotógrafo Luiz Carlos Barreto, ele e Nelson Pereira eram obrigados a levar a cadela aonde quer que fossem. Pouco depois da chegada de Baleia a Cannes, eles foram convidados a posar com ela para uma sessão de fotos próxima à entrada do festival. Barreto relembra o pandemônio desse dia, em consequência da legião de fotógrafos que haviam se interessado em tirar uma foto de Baleia (Salem 1987, pp. 178-179).

Como Johnson apontou em seu importante ensaio de 1981, "*Vidas secas* e a política da adaptação cinematográfica", Nelson Pereira também tomou liberdades com a frequência dos eventos no romance, agrupando em uma única longa sequência três capítulos que descrevem três visitas à vila feitas por Fabiano, sozinho ou acompanhado pela família. Os três capítulos são importantes porque eles nos possibilitam perceber a distinção do campo em relação à cidade, assim como proporcionam uma espécie de cartografia cognitiva das classes sociais e do poder político. Nelson Pereira decidiu mesclá-las por razões econômicas ou em consideração à duração do filme – especialmente depois que ele acrescentou um novo material registrando o bumba meu boi (uma popular celebração que ocorre durante o período natalino), assim como o encontro de Fabiano com um jovem que posteriormente o convida para fazer parte de um bando de jagunços armados. Ainda que pareça pouco claro onde a síntese das três cenas na cidade em uma só tenha proporcionado o que Johnson observou como maior linearidade e coerência à narrativa, a mudança, sem dúvida alguma, altera a sugestão de repetição do romance de que a cidade não guarda nada de positivo para o retirante.

Os três capítulos, separados um do outro, no livro, descrevem Fabiano passando mal em locais fechados e cheios de gente e nas ruas, sendo humilhado por seu patrão latifundiário (Jofre Soares) e por vendedores, sendo ameaçado e, ao final, preso por curto tempo por uma autoridade local referida apenas como "o soldado amarelo" (Orlando Macedo). Aqui se pode perceber uma referência à própria prisão de Graciliano Ramos, em março de 1936, quando ele era diretor de instruções públicas do Alagoas e, suspeito de ser comunista, tornou-se prisioneiro do governo de direita de Getúlio Vargas. Graciliano Ramos nunca viria a ser formalmente acusado durante seus dez meses na prisão, onde escreveu *Memórias do cárcere*, que só viria a ser publicado postumamente (1953) e que Nelson Pereira adaptaria para as telas em 1984. Não há dúvida de que as perturbadoras experiências sofridas por Graciliano na prisão também influenciaram na escrita de *Vidas secas*. Em uma das passagens mais perturbadoras do romance, o soldado amarelo convida Fabiano para um jogo de cartas no qual ambos perdem dinheiro. O soldado amarelo demonstra sua raiva por haver perdido, seguindo e punindo Fabiano, que havia abandonado o jogo e se encontrava a caminho de casa. Quando Fabiano reage ao soldado amarelo, que o provoca com o calcanhar de sua bota nas sandálias do retirante, o soldado amarelo o arrasta para a prisão. Fabiano é injustamente acusado de algo "odioso" – uma acusação que ele não compreende e à qual não consegue responder. A polícia o espanca impiedosamente nas costas e no peito com um grande facão cego e então o coloca em uma escura cela de prisão. Confinado em sua cela, Fabiano luta para compreender o motivo pelo qual veio a ser preso: "Era bruto, sim senhor, nunca havia aprendido, não sabia explicar-se. Estava preso por isso. Como era? Então, mete-se um homem na cadeia porque ele não sabe falar direito? Que mal fazia a brutalidade dele?" (Ramos 1938, p. 35).

A cidade também invoca medo em Sinhá Vitória e em seus filhos, que acompanham Fabiano para irem à missa. No capítulo do livro intitulado ironicamente "Celebração", Sinhá Vitória, ao sair da igreja com suas crianças, sente uma iminente vontade de urinar. Pouco familiarizada com a cidade, ela não tem ideia de onde poderá se aliviar. Embaraçada e humilhada, finalmente levanta sua saia e urina na rua tentando não molhar seu único par de sapatos em bom estado. Sentimentos igualmente perplexos e angustiantes são vivenciados pelos dois garotos. Acostumados à vida extremamente solitária do campo, eles são surpreendidos pelas multidões e pelos vários objetos oferecidos nas ruas e nas vitrinas das lojas; eles estão particularmente preocupados com que Baleia, sua frequente fonte de conforto e companhia, suma.

Ainda que o livro enfatize as várias dificuldades com que os retirantes defrontam durante suas breves estadias na cidade (uma questão que possui sua significação evidente quando a família decide, ao final do romance, migrar para a cidade), o filme, que dispensa o uso dos títulos dos capítulos, proporciona um retrato realista de uma área do campo que é frequentemente vista de fora como estranha. O bumba meu boi é um bom exemplo de um fenômeno cultural popular que se transformou em uma diversão nas cidades provincianas e nas grandes. As plateias pagam para assistir à celebração ser encenada e, conscientes ou não, apresentam-se para a classe latifundiária para quem trabalham de modo tão opressivo. O público assiste à "interpretação" de suas vidas cotidianas e à simbólica matança do boi. Nelson Pereira representa o bumba meu boi em um contexto que reafirma a origem popular e feudal deste. Entre o grupo de trabalhadores em trajes cerimoniais, encontra-se um arlequim de face negra, reminiscente de um bobo da corte, cantando versos cômicos para entreter os proprietários e outras lideranças da cidade. Embora a cerimônia seja encenada pelos trabalhadores na rua, também podemos observar a elite da cidade sentando-se em suas varandas para observar a festa. Apesar das roupas, das canções e das danças do bumba, a cerimônia parece aborrecer os líderes da cidade tanto quanto os entretém – particularmente no início, quando eles se encontram passivamente prostrados em suas cadeiras, apenas ocasionalmente se dirigindo a uma ou outra pessoa. Talvez Nelson Pereira tenha chamado a atenção para seus espectadores não se divertirem de modo igualmente passivo. Apesar de apresentar o evento do início ao final, ele entremeia planos do bumba meu boi com planos de Fabiano, que está sofrendo as dores no chão da cela da cadeia, e de Sinhá Vitória, que não tem ideia do que aconteceu com o marido e que espera ansiosamente por ele nas escadarias da igreja.

A técnica que Nelson Pereira utiliza nessa sequência, que se move consecutivamente entre a representação pública do simbólico sacrifício do boi e a ação dos camponeses "reais", é evocativa da montagem dialética de Eisenstein em *A greve* (1924), no qual planos de trabalhadores sendo massacrados pelos soldados são intercalados com planos do rebanho indo ao abatedouro. Em *A greve*, a metáfora visual, ou associação entre os diferentes objetos da montagem, é o ato de abater sangrentamente. Em *Vidas secas*, a associação não é da morte em si mesma, mas antes a ideia de poder e subserviência. Na cerimônia do bumba meu boi, os trabalhadores se servem entre si e servem o produto de seu trabalho (o boi) ao proprietário. A despeito de sua submissão, Fabiano é aprisionado pela polícia para ser punido por causa de um relatado desacato à autoridade; Sinhá Vitória aguarda, em ansioso silêncio, pelo retorno de Fabiano. A sequência se torna ainda mais perturbadora pela festiva música do bumba meu boi que é executada, assim como pela montagem que se move dos planos dos intérpretes do bumba para os primeiros planos de Fabiano sofrendo e para a quase invisível figura de Sinhá Vitória, que está esperando com suas crianças em uma rua escura. (A significação política e socioeconômica do bumba meu boi também se amplia para as duas últimas sequências do filme: a primeira é uma pequena cena que Nelson Pereira acrescentou ao filme em que o novilho que está sendo encurralado por Fabiano e marcado pelo proprietário, como o boi sacrificado, é fruto do trabalho de Fabiano; a segunda é a cena próxima ao final do filme na qual Fabiano servilmente abdica de seu cavalo para o latifundiário, que se encontra acima dele, montado em um cavalo.)

O filme dramatiza o encarceramento de Fabiano de modo relativamente fiel, porém acrescenta um grupo de homens armados na ação. Em certo momento do livro, Fabiano pensa brevemente na possibilidade de se unir aos cangaceiros para se vingar do soldado amarelo que o humilhara e o aprisionara. Como muitos dos pensamentos de Fabiano, entretanto, sua ideia de vingança rapidamente se dilui e ele não faz nada para pô-la em prática. No filme, Nelson Pereira modifica a cena da prisão ao incluir um jovem que ajuda o ferido Fabiano a se deitar. Nenhuma indicação da identidade do jovem é revelada até a manhã seguinte, quando ele se diz afilhado do líder de um bando de jagunços. Presumivelmente sobre o comando de um latifundiário ou "coronel", os jagunços atravessam a cidade a galope, vão até a casa do vigário e reivindicam que o jovem seja solto. Depois de sua libertação, Fabiano e sua família param para cuidar de seus ferimentos e seguir o caminho de casa. Os homens montados em seus cavalos se aproximam, e o mesmo jovem que ajudara Fabiano na prisão oferece a este o seu cavalo, enquanto caminha atrás com Sinhá Vitória e os filhos dela.

Dois aspectos dessas inclusões merecem considerações: ainda que os jagunços tenham conseguido intimidar as autoridades da cidade, eles também assustam Sinhá Vitória, que se afasta da rua e nervosamente observa a aproximação deles. Não há absolutamente nada que sugira que os jagunços de algum modo servem para ajudar os mais necessitados ou, pelo contrário, a elite dominante. (Suas funções sociais são ambíguas; assim, algumas vezes eles são considerados bandidos e outras vezes, a milícia de um latifundiário.) Depois de cavalgar no cavalo do jovem jagunço, Fabiano e sua família chegam a uma encruzilhada, onde o jovem o convida a se juntar a ele, enfatizando que "o coronel paga muito bem". A próxima tomada é um primeiro plano captado por uma câmera baixa de Fabiano, que é filmado montado no cavalo com o rifle do jovem em suas mãos. Esse é um dos diversos planos do filme que dão uma dimensão épica do vaqueiro, fotografado contra o céu à maneira de Eisenstein ou Ford. No entanto, quando Fabiano se senta e pondera sobre o convite do jovem jagunço, o sino de uma vaca ecoa a distância. O som do sino visivelmente mexe com Fabiano, que desmonta do cavalo e o entrega novamente, assim como o rifle, ao jovem. A sequência termina com o jagunço seguindo na estrada enquanto Fabiano e sua família, que haviam encontrado Baleia, seguem outra trilha.

No livro, Fabiano utiliza sua família e a necessidade que ela possui dele como desculpa para não se unir ao bando. No filme, quando é dada a Fabiano a possibilidade de se unir ao bando de jagunços, ele desiste graças ao sino da vaca, que indica sua relação inextrincável com a terra. Um episódio posterior no filme reafirma esse vínculo, porém seu efeito é totalmente diverso. Fabiano procura um novilho perdido quando acaba se encontrando face a face com o soldado amarelo, que está perdido na mata e procurando pela trilha que leva de volta à cidade. Um capítulo inteiro do romance descreve os pensamentos de Fabiano que pega uma pequena faca e faz gestos ameaçadores na direção do soldado. O filme consegue captar de maneira excelente o sentido de tempo real do livro, ou *la durée*, que acentua o suspense, como os dois homens observando-se entre si na mata, seus papéis anteriores de vítima e agressor agora invertidos. No livro Fabiano, de maneira relutante, embainha sua faca, tendo se convencido de que, apesar da humilhação que o soldado lhe fez, "o governo é o governo" (Ramos 1938, p. 163). O filme parte de uma perspectiva diferente. Fabiano se dirige indignado em direção ao soldado, que permanece ainda com força até ele escutar o sino do novilho perdido. Como o sino da vaca, o sino do novilho possui um evidente efeito psicológico, e Fabiano guarda sua faca, permitindo subservientemente que o soldado passe. Seu comentário – "O governo é o governo" – aqui parece ser menos convincente, mas uma vez mais seu propósito imediato e evidente é sua conexão com a terra.

O filme também modifica a narrativa do livro de formas menos óbvias. O que torna *Vidas secas* diferente das obras anteriores de Graciliano é a decisão deste de escrever sobre uma família de retirantes analfabetos que raramente falam uns com os outros. Ao longo de todo o romance, entretanto, temos acesso aos pensamentos de Fabiano, Sinhá Vitória, suas duas crianças e até mesmo Baleia. Graciliano faz uso considerável do discurso indireto livre – uma técnica na qual a narração em terceira pessoa simula um monólogo interior ou fluxo de consciência. Algumas críticas de *Vidas secas* tocaram nesse ponto, reclamando que Graciliano havia dado uma falsa profundidade psicológica a tipos "rudes". Curiosamente, a mesma técnica narrativa que foi utilizada para fornecer profundidade psicológica a Baleia pareceu menos problemática aos críticos, que aparentemente poderiam imaginar um animal refletindo sobre o mundo, mas tinham dificuldade em acreditar que Fabiano possuísse inteligência suficiente para comparar sua existência nômade com a de um judeu errante.

Por intermédio do artifício do discurso interior, Sinhá Vitória é apresentada desde cedo no romance como uma mulher obcecada em adquirir uma cama decente como a que fora comprada pelo Seu Tomás, um homem para quem Fabiano trabalhara. No capítulo "Sinhá Vitória", ela está contrariada com Fabiano e o incita a conseguir dinheiro que pudesse ser usado para adquirir os utensílios para a cama. Demonstra ficar igualmente perturbada pelo comentário de Fabiano de que ela estaria andando como um papagaio, após se vestir para ir à cidade. A zombaria dele sobre seu modo desajeitado de andar a fez se lembrar do papagaio da família, que ela se viu forçada a matar – uma triste memória associada na sua mente com seu desejo por uma cama confortável e com o jogo de Fabiano. Em "O mundo coberto de penas", que aparece ao final do livro, Sinhá Vitória percebe que certas aves migratórias retornaram ao sertão – sinal de outra seca. Como Fabiano se encontra fora caçando, os pensamentos dele imediatamente se voltam para a falecida Baleia, sua constante companhia de caça. Sentado à margem de um rio, Fabiano acerta diversos pássaros, arranca suas peles e os põe em um saco. A memória de Baleia retorna quando ele volta para casa. Convencido de que é correto o prenúncio de sua esposa sobre o que significa o retorno dos pássaros, ele acredita que sua família deve juntar suas coisas e iniciar outra jornada através do sertão novamente.

No trecho equivalente do filme, Sinhá Vitória recebe atenção consideravelmente menor, provavelmente em razão de seu personagem no livro ser desenvolvido mais por seus pensamentos que por suas ações. O filme a apresenta cozinhando em uma diminuta e escura cozinha, acusando as condições "miseráveis" da pequena casa de Fabiano e do seu vício no jogo. Enquanto isso, escutamos Fabiano respondendo aos seus interlocutores em um cômodo vizinho, como se estivesse falando para si próprio. Ele critica os calçados da mulher e o jeito dela de andar como um papagaio e então se deita em sua esteira. Sinhá Vitória se aproxima de Fabiano no quarto de dormir, olha para fora da janela e comenta sobre a presença ameaçadora das aves. A ênfase do livro nas quase obsessivas associações de Sinhá Vitória entre a cama, os sapatos e o papagaio morto, que funcionam como correlações com sua miséria, é totalmente descartada; aqui, pelo contrário, nós meramente ouvimos as profecias de Sinhá Vitória sobre a seca iminente. Assim como no romance, Fabiano se levanta, pega seu rifle, sai de casa e vai caçar os pássaros. A diferença principal aqui é que Baleia ainda continua viva, mesmo que permaneça passivamente ao sol, em vez de acompanhar seu mestre ao mato, em uma indicação de que algo estranho está ocorrendo.

Mesmo que o filme jamais possa proporcionar para cada personagem a complexa sequência de pensamentos do romance, ele é plenamente efetivo em retratar o impacto da chegada dos pássaros sobre os retirantes. (Graciliano Ramos havia inicialmente escolhido o título do romance como *O mundo coberto de penas*, cujo duplo sentido de "penas", como plumagem dos pássaros e como sofrimento, enfatiza a miséria da vida no sertão.) Em um plano que se assemelha a um congelamento de imagem, Fabiano é apresentado fora de sua casa, enquanto Sinhá Vitória se encontra à janela. Ambos imóveis, olhando para algo que se encontra fora do quadro. A cena chama a atenção, em parte por causa da fixidez dos personagens, em parte porque seus olhares fixos são intercalados com imagens do sol, que se torna maior e mais brilhante. Na trilha sonora, escutamos Sinhá Vitória rezando calmamente como se tivesse um rosário entre suas mãos. A seguir vemos um primeiro plano de Baleia, que surge igualmente mesmerizada pela intensidade do sol. A fixidez finalmente é interrompida com a chegada do filho menor, que parece reafirmar a magnitude do que eles observam, cobrindo seu rosto com o braço, em uma tentativa de proteger seus olhos do brilho intenso. Essa sequência termina com a voz de Fabiano escutada em *off*, como se seus pensamentos subitamente se transformassem em fala: "Dá para acender uma fogueira".

A seguir, Nelson Pereira inclui planos adicionais descritivos da natureza, apresentando de modo mais concreto que no romance os efeitos da seca. Em uma cena, Fabiano está cortando e queimando cactos para conseguir água para seu cantil; corta-se para um plano em que uma vaca doente não mais consegue permanecer de pé e, a seguir, para um plano aproximado de sua cabeça morta coberta por moscas. Ao passo que o romance muda imediatamente do surgimento dos pássaros migratórios para o último capítulo, intitulado "Fuga", o filme reordena os eventos para que o senso de desespero e morte sugerido pelos pássaros e confirmado pela cena da doença e morte da vaca se estenda propositalmente para as sequências que apresentam Fabiano abrindo mão de seu cavalo e de sua vaca para o dono das terras, assumindo uma postura ameaçada e distraída em seu encontro com o soldado amarelo e finalmente atirando em Baleia. A ação, então, finaliza como começou, com a família lentamente atravessando o sertão ao som árido das rodas de um carro de boi. (O som dessas rodas, como Noel Burch (1973) observou, é um dos mais efetivos motivos no filme [p. 98].) A despeito do breve diálogo entre Fabiano e Sinhá Vitória, nada sugere que suas vidas serão diferentes ou melhores. O plano do sertão que os cerca é tão imenso em sua magnitude e tão perturbador em sua intensidade de luz que a questão que se coloca não é a de se eles terão uma vida melhor ou não, mas se sobreviverão à viagem até o final.

Nelson Pereira organizou uma série de técnicas cinematográficas para representar a família que pensa, mas raramente fala. Como no livro, o filme utiliza bastante os sons guturais dos personagens e seus gestos para expressar suas vontades ou desejos. Quando os diálogos ocorrem, os personagens são frequentemente filmados a distância ou de costas para a tela; então, suas palavras parecem emanar de uma outra fonte que não deles próprios. Em poucos momentos, Nelson Pereira faz uso da voz *over* em contraposição aos diálogos convencionais. Seu efeito possui mais o sentido de ser um pensamento não verbalizado que é captado somente pelo público, como em um monólogo interior, em contraposição ao discurso dirigido a um personagem. Exemplos dessas técnicas podem ser observados na primeira parte do filme. Em um determinado ponto da jornada pelo sertão, Fabiano e sua família descansam brevemente; sentada no chão, Sinhá Vitória olha para o papagaio da família que está precariamente apeado no topo de um pequeno galho que contém os bens da família. Com expressão de tristeza em seu rosto, ela agarra o papagaio, o põe, esperneando e fazendo barulho, atrás do tronco até torcer seu pescoço. O plano seguinte apresenta o corpo do papagaio, já com as penas limpas, sendo assado em um pequeno fogo com a voz *over* de Sinhá Vitória explicando: "Não servia para nada. Nem sequer sabia falar" (ver Figura 6). Seu comentário não é apresentado como parte de um diálogo ou dirigido a ninguém em particular, como se nós estivéssemos tendo acesso a sua racionalização particular diante do fato de ter assassinado um animal de estimação da família. Quando a família continua sua jornada, Sinhá Vitória e Fabiano observam pássaros circulando a distância. Sobre o plano de um dos pássaros, a voz *off* de Sinhá Vitória afirma: "Certamente há gente lá". Ainda que a definição de sua voz seja ambígua, esta possui mais a qualidade de um pensamento sendo expresso que a constatação de algo dirigido a Fabiano. No plano seguinte, Sinhá Vitória, Fabiano e o filho mais novo se distanciam, porém a câmera permanece com o filho mais velho, que, vencido pela febre e pela ausência de comida, titubeia e cai no meio da estrada. A distância, Fabiano e Sinhá Vitória param para trocar algumas palavras sobre a jornada, porém Sinhá Vitória se posta de costas para a câmera, e eles se encontram tão longe dela que não conseguimos vê-los falar. Enquanto conversam ocorre um corte para o primeiro plano do menino estirado na estrada. As palavras dos pais possuem uma estranha qualidade descarnada – como se o que estivéssemos ouvindo emanasse de uma fonte diegética deslocada.

Figura 6. Maria Ribeiro em *Vidas secas*.
(Arquivo Museum of Modern Art/Film Stills)

Nelson Pereira organiza o "discurso" de Baleia de um modo bem diferente. Nos primeiros momentos, a cadela é vista latindo nas situações críticas: por exemplo, quando o garoto mais velho cai, Baleia late para Fabiano, que, então, olha para trás e percebe o filho caído na estrada. Do mesmo modo, depois de a família encontrar um casebre abandonado que se torna sua residência temporária, Baleia late e corre atrás de um preá, retornando com comida para a família. Apesar de nunca escutarmos os pensamentos de Baleia (como fazemos no romance), ela é de fato a única personagem no filme cujo "discurso" é representado de modo consistente, na forma de uma sincronia entre ação e som; seus latidos são reconhecidos e recebem a atenção da família como se fossem suas palavras. Sua interação vocal com eles se dá de modo semelhante à proximidade que os membros da família sentem dela – proximidade maior do que eles parecem sentir entre si. A cena na qual Baleia presenteia Sinhá Vitória com o preá é um bom exemplo: quando Baleia retorna de sua caça, Sinhá Vitória corre para ela e beija seu focinho ainda sujo de sangue. Essa cena comovente contrasta fortemente com a interação entre os membros da família, particularmente entre Sinhá Vitória e Fabiano, que raramente falam um com o outro, tampouco demonstram qualquer expressão física de afeto, desejo ou necessidade. O filme captura essa letargia em uma cena que apresenta Fabiano e Sinhá Vitória sentados lado a lado no chão. Fabiano toca Sinhá Vitória com o cotovelo e aponta para uma nuvem que apareceu em um céu antes completamente claro. A nuvem é um sinal bem-vindo, já que significa que a seca pode repentinamente acabar. Existe, porém, também a possibilidade de que a nuvem simplesmente se dissipe e que a seca persista. Ela, então, se aproxima dele e põe a mão em seu ombro. Mas, depois de um ou dois segundos, ela retira sua mão, sentindo o inconveniente desse raro contato íntimo.

Uma das mais originais tentativas de adaptar o discurso indireto livre ocorre pouco depois dessa cena. Sua fonte é uma breve passagem em um episódio do romance intitulado "Inverno", quando a família permanece unida enquanto as chuvas do inverno ameaçam inundar a casa. Os meninos não conseguem dormir por causa do barulho da chuva e do som das vozes dos pais:

> Não era propriamente conversa: eram frases soltas, espaçadas, com repetições e incongruências. Às vezes uma interjeição gutural dava energia ao discurso ambíguo. Na verdade nenhum deles prestava atenção às palavras do outro: iam exibindo as imagens que lhes vinham do espírito, e as imagens sucediam-se, deformavam-se, não havia meio de dominá-las. Como os recursos de expressão eram minguados, tentavam remediar a deficiência falando alto. (Ramos 1938, p. 64)

Nelson Pereira transferiu esse episódio para a primeira parte do filme, inserindo-o pouco depois de a família ter se alojado na casa abandonada. Esse episódio inicia com o comentário de Sinhá Vitória sobre a boa qualidade da terra, que possibilitaria que seus filhos crescessem fortes – comentário que é ouvido e confirmado por Fabiano. Seguem-se, então, dois elaborados solilóquios ou discursos ambíguos, por Fabiano e Sinhá Vitória, que com frequência falam simultaneamente. Os personagens se afastam um do outro para recitarem seus discursos, como se suas preocupações íntimas tivessem que ser representadas de um modo estilizado e teatral. Nelson Pereira aproveita essa oportunidade para apresentar os desejos centrais e as preocupações dos dois personagens. Sinhá Vitória fala pela primeira vez da cama de Seu Tomás e do desejo de ter uma como aquela em vez de sua presente cama, que é feita de desconfortáveis troncos de madeira. (Esse solilóquio é baseado no episódio "Sinhá Vitória" do livro.) O solilóquio de Fabiano (extraído do segmento intitulado "Fabiano") expressa seu desejo de falar português tão bem quanto Seu Tomás, um homem educado que era proprietário de uma bolandeira, mas que se tornou vítima da seca por conta de sua preferência por satisfazer as necessidades do dono das terras.

Poderia se especular que Nelson Pereira eliminou do romance a descrição em que Fabiano narra a história de Seu Tomás porque isso acrescentaria muito pouco ou nada ao filme, que se concentra principalmente na vida cotidiana e nos esforços externos de uma família de retirantes. Até mesmo os críticos literários têm pouco a dizer sobre "Inverno", que, de todos os segmentos do romance, parece ser o menos essencial ao desenvolvimento da narrativa. O episódio descreve Fabiano em um raro momento expansivo recontando certas façanhas e fatos. A chuva de inverno transformou seu humor, e a história que narra às crianças, e que estas aparentemente já haviam escutado, soa exagerada e mesmo otimista. Nós nunca sabemos dos detalhes de sua narrativa, nós somente tomamos conhecimento de que seus filhos sentem dificuldade em seguir a história por causa das mudanças de entonação. O filho mais velho fica particularmente constrangido:

> Não podendo perceber as feições do pai, cerrava os olhos para entendê-la. Mas surgira uma dúvida. Fabiano modificara a história – e isto reduzia-lhe a verossimilhança. Um desencanto. Estirou-se e bocejou. Teria sido melhor a repetição de palavras – e a sua convicção encorparia. Fabiano devia tê-las repetido. Não. Aparecera uma variante, o herói tinha-se tornado humano e contraditório. (*Ibidem*, p. 68)

Em certa medida, essa passagem funciona tematicamente para o livro. Dentro dos segmentos e entre eles, os pensamentos e humores dos personagens sofrem frequentemente mudanças rápidas e radicais, revelando a curiosidade deles a respeito da linguagem e realizando uma arqueologia de certas noções sobre "primitivos", típicas de uma literatura do final do século XIX e início do seguinte. De fato, o romance de Graciliano diz respeito mais ou menos à linguagem e à consciência "humanas e contraditórias" assim como ao brutal sistema latifundiário nordestino. Ao criar personagens que possuem necessidades psicológicas, medos e desejos tão complexos, Graciliano buscava angariar uma maior simpatia pelas vidas de milhares de famílias do Nordeste. Sua personificação de Baleia beira o sentimentalismo ou o óbvio, porém, em última instância, acaba sendo bem-sucedida em mergulhar os leitores ainda mais na narrativa, criando um sentimento de empatia que poucas obras da literatura brasileira conquistaram.

Nesse sentido, deve ser observado que a confusão do menino e sua curiosidade sobre a história contada pelo pai encadeiam o episódio do "Inverno" com o de "O menino mais velho", um segmento no qual Graciliano levanta novamente a questão da linguagem. Nesse segmento, o garoto escuta uma palavra que lhe é desconhecida, *inferno*, de uma rezadeira chamada Sinhá Terta. O menino pergunta à sua mãe o que significa a palavra. Suas referências a "espetos quentes" e "fogueira" soam insuficientes e ele indaga se ela já esteve lá. Sinhá Vitória responde à sua insistente indagação batendo em sua cabeça. Chorando, ele sai da casa, senta-se no chão e apanha Baleia, que se sente incomodada pelo abraço apertado do garoto. Enquanto ele sussurra para a cadela, seus pensamentos e suas emoções se encontram entre a raiva e o medo da resposta punitiva da mãe e suas tentativas de imaginar como o "inferno" deve parecer.

O filme de Nelson Pereira dramatiza essa cena por inteiro, porém ele diminui a curiosidade do garoto sobre as palavras e o seu desejo de compreender o que ele não sabe, dando maior ênfase à relação irônica entre a palavra "inferno" e o espaço logo ao redor do menino. Uma câmera subjetiva apresenta o garoto olhando para a miserável casa, para os morros distantes, para os esforços da galinha, para umas poucas vacas magras, para o sol cortante e, finalmente, para a casa da família novamente. Uma voz *over* acompanha alguns desses planos e a todo instante o menino escuta incessantemente a palavra "inferno" ou repete as frases de sua mãe sobre um lugar amaldiçoado ou sobre os espetos quentes. Nós, então, vemos o rosto do garoto repetir várias vezes a palavra "inferno". O uso da câmera subjetiva por Nelson Pereira dá um efeito alternativo ao discurso indireto livre do livro e, ao mesmo tempo, entretanto, dirige uma maior atenção à superfície objetiva do mundo do personagem, que sempre se encontra visível. O poder do filme de Nelson Pereira, que é uma das obras-primas do Cinema Novo, reside, em última instância, no registro direto de uma natureza estéril e uma pobreza opressiva.

Da comédia à alegoria: El justicero, Fome de amor *e* Azyllo muito louco

Vidas secas conquistou grande sucesso de crítica, porém Nelson Pereira se viu forçado a retornar ao seu emprego no *Jornal do Brasil*. Apesar de sua estada no jornal ter sido breve, realizaria dois curtas para ele. *Um moço de 74 anos* (1965) descreve a história do *Jornal do Brasil* desde sua fundação, em 1891, e *O Rio de Machado de Assis* (1965) é um tributo a um dos autores mais apreciados do século XIX carioca.

No final de 1965, Nelson Pereira aceitou um convite para participar do Instituto para Comunicação de Massa na recém-criada Universidade de Brasília. De acordo com Helena Salem, ele nunca se mudou para Brasília, preferindo se deslocar do Rio para a então recém-construída capital no interior. O crítico de cinema Jean-Claude Bernardet, que estava na faculdade na época, fazia piada sobre como o chefe do instituto tentara mobilizar a alta administração para descobrir se Nelson Pereira só ia ocasionalmente às aulas e realmente cumpria sua carga horária. Apesar de sua presença ser irregular, Nelson Pereira forjou uma cumplicidade com os estudantes, muitos dos quais trabalharam com ele em seus projetos, tais como *Fala Brasília* (1966), um curta-metragem documental sobre a imigração para a capital do país e sobre as várias entonações do português ali faladas. Ele também foi convidado a realizar um documentário para a Aliança para o Progresso de Kennedy, *Cruzada ABC* (1966) que, de acordo com os sócios de Nelson Pereira, era implicitamente crítico da Aliança, filmando americanos distribuindo pequenas latas de leite em pó para filas de famintos nordestinos (Salem 1987, p. 201). Por volta de 1966, mais de 12 membros da Universidade de Brasília foram demitidos pelo regime militar que dois anos antes havia deposto o presidente João Goulart. Mais de 200 membros da faculdade protestaram contra as demissões em um abaixo-assinado – incluindo Nelson Pereira, que mais uma vez se viu desempregado. Quando foi dada a oportunidade pela Condor Filmes de realizar *El justicero* (1967), uma comédia de costumes urbana baseada no livro *As vidas de el justicero* de João Bethencourt, Nelson Pereira formou uma equipe técnica que era formada basicamente por seus antigos estudantes da Universidade de Brasília.

El justicero lida com a sociedade da classe média alta da zona sul no período que imediatamente se segue ao golpe de 1964, quando jornalistas, tais como Carlos Heitor Cony, ainda podiam falar livremente e inclusive fazer piada do Exército.[6] Os principais personagens são Jorge (Arduíno Colassanti), um *playboy* que lê Sartre, Marx e Engels e que, como "el Jus", tenta defender os direitos dos pobres e a honra das virgens; Lenine (Emmanuel Cavalcanti), marxista contratado por Jorge para escrever sua biografia, acaba realizando um filme sobre sua vida; Ana Maria (Adriana Prieto), namorada independente de Jorge; e o pai de Jorge, "El General", um magnata proprietário de uma companhia de navegação e general da reserva que pretende que o filho se estabeleça com uma de suas namoradas. Antes de ser lançado, *El justicero* foi cortado pelos censores por causa de sua linguagem gráfica. Pouco antes de aparecer nos cinemas, todas as cópias foram confiscadas pela polícia militar. De acordo com Nelson Pereira, os militares não gostaram do corrupto e ofensivo

6. Depois que o filme foi lançado, Alex Viany escreveu que *El justicero* poderia ser lembrado como o terceiro filme da trilogia projetada (e nunca completada) de Nelson Pereira sobre o Rio. Ver *Jornal do Brasil*, 4 de outubro de 1967.

general que vive perseguindo mulheres jovens. Como uma crítica bem-humorada da sociedade carioca, o filme foi uma virulenta sátira não somente dos militares e da extrema-direita, mas também da intelectualidade progressista. Consistentemente irreverente e frequentemente apreciado ou depreciado como uma brincadeira, ou farsa, *El justicero* se notabilizou como a primeira comédia a ser associada com o movimento do Cinema Novo, que era mais conhecido por filmes sérios como *Terra em transe*, de Glauber Rocha e *O desafio*, de Saraceni – ambos lançados no mesmo ano e com problemas semelhantes com a censura. *El justicero* também introduziu ao público um novo protagonista masculino, Arduíno Colassanti. Um surfista, descoberto no Rio por um dos assistentes de Nelson Pereira, Colassanti iria estrelar diversos outros filmes desse diretor, especialmente *Como era gostoso o meu francês*, no papel do francês Jean.

Ainda que Nelson Pereira chame de besteirol (maluco, *nonsense*) os elementos de *El justicero*, ele deu o tom para os seus filmes posteriores, ainda mais escrachados e irreverentes tais como *Azyllo muito louco* (1971) e *Como era gostoso o meu francês.* No caso de *El justicero*, o enredo básico é evocativo de uma "comédia maluca", exceto por conta de o personagem central possuir uma ingenuidade no estilo de Cândido e Nelson Pereira utilizá-lo para sua sátira social. O plano inicial é divertidamente autorreflexivo: Jorge, Lenine e os outros membros do elenco estão sentados em uma sala de cinema esperando pelo filme a que também vamos assistir. A câmera se movimenta por entre os excitados rostos dos atores que gracejam sobre o logotipo apresentando o pássaro da Condor Filmes se aninhando no topo de uma montanha; o pássaro, como se tivesse escutado os gritos e assovios, bate suas asas e voa para longe. Uma cena semelhante volta a acontecer ao final do filme, quando Lenine e Jorge estão fazendo uma prévia do filme-dentro-do-filme que Lenine realizou sobre a vida de Jorge. Essa foi a primeira vez em que Nelson Pereira fez uso de uma moldura narrativa dentro de outra, repetindo a técnica em outros filmes, de modo mais destacado em *O amuleto de Ogum* (1975) e *Tenda dos Milagres* (1977), o último deles também baseado na ideia do filme-dentro-do-filme.

Como nos filmes posteriores de Nelson Pereira, *El justicero* também faz uso frequentemente irônico e cômico da música. Na segunda sequência, Jorge está faminto por um prato de comida em sua cama e escutando bossa-nova. O sistema de som de seu apartamento é o último modelo, assim como o próprio apartamento, com mobília moderna e paredes brancas repletas de *pop art*. Quando Jorge desliga a música, seu criado, que se encontrava folheando a *Playboy* e recortando fotos de mulheres em trajes de banho, fala-lhe que forró é uma música muito superior à bossa-nova: ele põe um disco e começa a dançar no tradicional estilo nordestino. Jorge fala para ele desligar a música, que lhe deixa visivelmente insatisfeito, e fala para o criado pôr Vivaldi. O criado põe o LP de música clássica, porém altera (talvez propositalmente) a rotação da música, que soa como um dissonante lamento fúnebre. Depois de chamar a atenção de seu empregado pela falta de cuidado, o próprio Jorge vai até o aparelho de música e altera a rotação, e o lamento fúnebre se transforma em uma exuberante música clássica.

Outra sequência divertida envolve Lenine, o biógrafo de Jorge, que vai a uma praia da zona sul entrevistar pessoas sobre "el Jus". Arduíno Colassanti era conhecido como surfista e as mulheres se referem a ele por suas habilidades no surfe, assim como por sua evidente boa aparência. Ironicamente, ninguém fala sobre seus atributos como herói, e os homens parecem bem menos impressionados com Jorge que as mulheres. Igualmente cômico é que, na sua busca por "justiça", Jorge raramente se encontra em alguma situação de risco. O mesmo não é verdade para seus asseclas que, em uma sequência, caem nas mãos de um grupo do seu rival, Búfalo, enquanto ele permanece seguro a uma certa distância, tentando conquistar o interesse de seu novo amor, Ana Maria. Essa sequência de conflito/conquista ocorre depois de uma particular e bem-humorada tentativa de Jorge e seu bando de preservar a virgindade de uma jovem por quem Búfalo se sente atraído. Nesse episódio, Jorge vai a diversos apartamentos procurando pelo local a que Búfalo teria levado a garota. Para conseguir entrar na portaria de todos os apartamentos, ele apresenta sua carteira de membro do *country club* como se fosse de um agente policial. Seja por conta do analfabetismo, seja por temor, os porteiros acreditam que ele é um policial e lhe permitem acesso aos edifícios; no elevador de um deles, um porteiro indaga a Jorge se o homem que ele está procurando é um comunista. Quando Jorge e o seu grupo finalmente chegam ao local em que a jovem e Búfalo se encontram, a mulher demonstra ficar bastante contrariada com a interrupção de seu encontro amoroso, jogando livros e outros objetos nos seus pretensos salvadores e vai embora do apartamento.

A cruzada de Jorge pela justiça das mulheres é completamente hipócrita. Ao mesmo tempo em que ele espera que as mulheres sejam virgens e até mesmo tenta defender suas virgindades, como na cena descrita acima, ele faz sexo com suas namoradas. Depois de uma noite intensa de amor, quando ele descobre que Ana Maria não é mais virgem como ele pensava que fosse, fica enfurecido e afirma para Lenine que ela não passa de uma puta. Lenine fala que ele está atrás de seu tempo e que as mulheres não mais desejam ser virgens. Posteriormente, quando ele descobre que Ana Maria está grávida, propõe a ela um compromisso por obrigação, porém a recusa de Ana Maria é outro sinal dos tempos. Ela finalmente concorda em se casar, mas somente depois de o pai de Jorge convencê-la de que o casamento não é necessariamente sagrado e que Jorge poderá, inclusive, possuir outros envolvimentos depois. Essa sequência se segue a uma na qual Jorge e o pai de Ana Maria quase brigam a respeito da gravidez da jovem. Depois de Ana Maria concordar em se casar, os dois homens, que estavam se atracando pela garganta, abraçam-se como se nada houvesse ocorrido.

O filme termina com Lenine e Jorge na sala de projeção. Lenine fala para ele que o filme, como a vida de Jorge, é banal quando comparado aos problemas da nação, e quando Jorge lhe indaga como poderia ser o final, Lenine responde: "Quem se importa se você vai casar com ela ou não?". Jorge, no entanto, continua a demonstrar um comportamento completamente alienado e puritano, respondendo ao seu realizador-cronista: "Eu me importo".

Em sua biografia de 1987 sobre Nelson Pereira, Helena Salem comenta que o cineasta demonstrou relutância em falar muito sobre *El justicero*. Talvez em razão de que única cópia que tenha sobrevivido à censura do filme seja em 16 mm. Em entrevista a Tunico Amâncio, publicada em 1999, Nelson Pereira deu uma pequena lista de problemas além dos que ele teve com os censores: "Primeiro era que o título era em portunhol. Os atores do filme, Arduíno Colassanti e Adriana Prieto eram desconhecidos do público e todo mundo se perguntou: é um filme mexicano ou italiano? Ele não recebeu nenhuma divulgação" (p. 42). No entanto, ele também considerou que, apesar das falhas técnicas na cópia sobrevivente, o filme era extremamente divertido e merecia ser visto novamente.

Imediatamente depois da desapontadora recepção do público e da censura de *El justicero*, Nelson Pereira recebeu um convite do Departamento de Estado norte americano para permanecer dois meses visitando escolas de cinema e estúdios estadunidenses. Antes de deixar os Estados Unidos, ele havia aceitado com relutância um novo projeto baseado no conto de Guilherme de Figueiredo intitulado "História para se ouvir de noite", sobre dois casais que vivem em uma ilha: Mariana, uma pianista; Felipe, um pintor; Ula, uma beldade; e seu marido Alfredo, um veterano militar cego, surdo e mudo. Nelson Pereira voltou ao projeto depois de seu retorno dos Estados Unidos, retendo a premissa básica da história sobre quatro pessoas e um cachorro vivendo em um local isolado, mas mudando seu título para *Fome de amor: Você nunca toma banho de sol inteiramente nua?* (1967), fazendo uso do enredo sobre relacionamentos e infidelidades para contar uma alegoria sobre a contracultura dos anos 1960 e as tentativas frustradas dos radicais de esquerda de realizar uma mudança social. O aspecto mais interessante do filme é sua original utilização de uma montagem descontínua, que ele disse ter sido inspirada pela *Nouvelle Vague* francesa e por realizadores do *underground* norte-americano Stan Brakhage e Jonas Mekas, com quem ele se encontrou em sua visita aos Estados Unidos: "[O filme envolve] um tratamento muito mais livre do tempo [que eu havia filmado] do que antes", ele considera. "A ideia [foi criar um sentido] de memória visual, tudo que gira na cabeça de uma pessoa. O filme se identifica muito com a viagem [aos Estados Unidos]: foi a consequência dessa viagem" (citado em Amâncio 1999, p. 47).

Quando se indagou a Nelson Pereira por que nenhum protesto ocorreu contra o confisco das cópias de *El justicero*, ele respondeu que nada nem ninguém queria se envolver. O golpe de 1968 havia transformado o poder militar ainda mais à direita e uma nova atmosfera de repressão violenta desencorajava as pessoas de fazerem qualquer consideração contra o regime. Em 13 de dezembro de 1968, uma nova lei entrava em vigor (AI-5), que suspendia os direitos individuais; qualquer manifestação cultural ou artística que fosse contra os princípios da Lei de Segurança Nacional eram consideradas suspeitas e, consequentemente, ilegais (Ramos e Miranda 2000, p. 114). Um reino de horror atingiu os intelectuais e os estudantes de esquerda: sequestros, prisões e a tortura aos "subversivos" passaram a ser lugar-comum nos anos seguintes. Apesar do tema esquerdista de *Fome de amor*, que incluía referências (algumas vezes em espanhol) ao engajamento nas guerrilhas e à Revolução Cubana, o filme não foi censurado. Talvez a descontinuidade e o estilo autorreflexivo do filme tenham confundido os censores, que podem não ter percebido o uso de símbolos e alegorias.[7]

Durante esse período, muitos intelectuais brasileiros, incluindo uma geração ainda mais jovem de realizadores cujos filmes atacavam, de modo agressivo, os padrões estabelecidos, partiu para o exílio para escapar das represálias do governo. Seu cinema de baixo orçamento, frequentemente autodescrito como "marginal", apresentava como protagonistas criminosos, prostitutas e outros membros menos conhecidos da sociedade brasileira. Entre os que deixaram o país depois de 1968 estavam os populares músicos Gilberto Gil e Caetano Veloso, líderes da Tropicália, que haviam sido presos e permanecido juntos por um breve período na cadeia por causa de suas letras de protesto. Nelson Pereira também partiu para o exílio, embora nunca tenha partido do Brasil. Em vez disso, ele, seu atores e sua equipe técnica partiram para a remota cidade de Paraty, localizada na costa sul do estado do Rio, onde filmou seus três filmes seguintes – o primeiro dos quais, *Azyllo muito louco*, foi ligeiramente baseado na novela satírica de Machado de Assis, *O alienista*.

O alienista é uma irônica narrativa sobre as pressões e os erros no surgimento da ciência médica e, de um modo mais amplo, sobre o potencial absurdo de certo tipo de razão. Simão Bacamarte, um psiquiatra, chega da Europa para trabalhar na pequena cidade da costa brasileira de Itaguaí, onde aplica suas teorias científicas aprendidas no exterior para determinar quem entre os cidadãos é louco e necessitará ser internado em seu recém-construído asilo, Casa Verde. Bacamarte e sua respeitada esposa, Dona Evarista, recebem apoio do vigário local. Em certo momento, no entanto, o governante, o vigário e Bacamarte passam a ser atacados pela população enfurecida, cujo líder, um barbeiro de nome Porfírio, toma o controle da cidade. Seguindo a revolta popular, Porfírio propõe uma aliança com Bacamarte, que poderia ajudar a assegurar seu

7. Em uma entrevista de 2001, Nelson Pereira comentou que nesse momento ele o considerava seu melhor filme: "Foi o trabalho no qual eu mais me permiti, no qual eu fiz o máximo que pude para conseguir uma nova linguagem. Eu procurei me libertar do filme anterior, eu precisava disso. Eu havia sido um jovem rebelde e eu precisava transgredir" (p. 2). Para uma discussão crítica detalhada sobre o filme, ver Johnson 1984, pp. 183-199.

controle político. Bacamarte, então, continua a praticar experiências com suas teorias sob a liderança de Porfírio; como consequência das arranjadas coalizões políticas, toda a cidade em um momento ou outro, acaba se tornando residente no asilo. Quando todas as suas teorias científicas sobre sanidade e loucura demonstram ser falhas em sua coerência, o próprio Bacamarte conclui que somente ele é louco e se confina a si mesmo, tornando-se o único ocupante de Casa Verde.

Os críticos frequentemente consideram que, apesar de ser mulato, Machado de Assis nunca confrontou o preconceito racial ou se posicionou contra a escravidão (que somente seria abolida no Brasil em 1888). Obras como *O alienista* provam o contrário. No conto, Machado satiriza a moda do positivismo científico do final do século XIX, que foi frequentemente utilizada para subordinar uma raça ou etnia a outra ou classificá-las. A narrativa não é somente uma crítica sutil dessa ideologia de base científica como também um comentário sobre as crenças e as alianças políticas brasileiras; ela foi publicada no período em que o Brasil estava em via de se tornar republicano, depois de séculos de governo monárquico. Não há dúvida de que as coalizões e as divisões políticas descritas na novela são representações alegóricas das querelas e das mudanças do período.

Como nos seus filmes anteriores, Nelson Pereira também escolheu uma abordagem alegórica e *Azyllo muito louco* pôde ser facilmente incorporado ao que Ismail Xavier (1993) descreveu como uma tendência ou um movimento brasileiro, no final dos anos 1960 e início de 1970, para produzir filmes com pretensões de serem "alegorias nacionais". *Azyllo muito louco* enfatiza a instituição da Casa Verde, que funciona como metáfora para o país, sobre o novo regime militar. Ao criar o que ele chama de uma adaptação "muito livre" da obra de Machado, Nelson Pereira decidiu unir dois personagens da história, o vigário e o cientista, em um mesmo indivíduo. O realizador explicou que, ao tornar Bacamarte (Nildo Parente) um psiquiatra-padre, ele pôde cortar um grande número de personagens para o elenco; mais importante que isso, no entanto, foi dar autoridade não somente racional mas igualmente espiritual e moral para exercer todo o poder necessário (Salem 1987, p. 249). Outras mudanças também foram realizadas: Bacamarte se torna o conselheiro espiritual de Dona Evarista (Isabel Ribeiro), uma poderosa mulher que é casada com Porfírio (Arduíno Colassanti), um rico latifundiário e líder político. A missão de Bacamarte de "descolonizar" as mentes dos moradores de uma cidade chamada Serafim deu a eles um senso de sua importância e força como povo. Ele posteriormente decide tratar de maneira mais rigorosa os membros poderosos da comunidade que, em sua visão, vivenciam delírios de grandeza. Para atacar a primeira "neurose", ele põe todo o povo pobre no asilo. Apesar de contrariados com seu internamento, os pobres se sentem agradecidos por não mais precisarem trabalhar para comer e se abrigar. Quando a economia local passa a sofrer por causa do internamento da população pobre, Bacamarte muda de atitude e põe na Casa Verde todos os ricos e poderosos, incluindo Dona Evarista e Porfírio. Em um de seus momentos delirantes, Dona Evarista proclama que transformará Serafim em uma nova e bela cidade que se tornará o local para as grandes indústrias do futuro. A cura dos delírios de Dona Evarista por Bacamarte constitui um dos episódios mais divertidos do filme. Esta consiste em repetir várias e várias vezes: "Não existe país mais pobre do que esse".

Azyllo muito louco é o primeiro filme de época de Nelson Pereira, ainda que os figurinos e os cenários criados por Luís Carlos Ripper tenham sido desenhados menos com a pretensão de gerar autenticidade com relação a uma determinada época do que a de proporcionar ao filme um visual original e anacrônico. Por exemplo, a pequena cidade se agita com o anúncio da chegada de Bacamarte a Serafim no início do filme, vestindo-se em trajes coloridos e extravagantes que mais se assemelham aos do Chapeleiro Louco de *Alice no País das Maravilhas* do que ao vestuário dos servidores públicos do século XIX. A chegada de Bacamarte ao cais de Serafim, onde é recepcionado por Dona Evarista e outros figurões da sociedade local, é tratada menos como uma cerimônia solene para saudar um líder religioso do que como um carnaval (ver Figura 7). Todos os personagens se encontram vestindo trajes coloridos e brilhantes. Dona Evarista e Bacamarte são transportados para a cidade em reluzentes liteiras vermelhas. Em um momento posterior, quando Bacamarte escuta as confissões dos moradores da cidade, a câmera se desloca para fora da igreja mostrando a longa fila de pessoas que aguardam para ter um encontro com o padre; um dos figurinos parece ter saído de *As mil e uma noites*, e diversos personagens vestem bizarros chapéus cônicos.

Figura 7. A chegada de Simão Bacamarte (Nildo Parente) ao cais de Serafim em *O alienista*. (Cinemateca Brasileira, São Paulo)

Azyllo muito louco é também o primeiro filme colorido de Nelson Pereira – uma decisão baseada na recente relutância dos proprietários de cinema em exibir filmes em preto e branco. Não há dúvida de que a filmagem em cores acentua a intensidade cromática dos figurinos e dos cenários, que possuem um importante papel no filme; apesar de que, de acordo com Nelson Pereira, o Brasil não possuía então, assim como ainda não os possui nos dias de hoje, laboratórios próprios ou habilidade técnica para manipular cores na fase de pós-produção para que as imagens adquiram um tom ou uma paleta de tons específica. *Azyllo muito louco* aparenta ter uma fotografia tão boa principalmente em razão de fazer uso basicamente de filme virgem da inexpressiva marca alemã chamada Orwo, que faz com que os azuis sejam escurecidos e que tende a dar um tom avermelhado ou tinto ao restante do espectro (Amâncio 1999, p. 50).

Ao contrário de seus primeiros filmes, que eram fiéis às técnicas neorrealistas, *Azyllo muito louco* é uma produção altamente estilizada e repleta de elaborados figurinos. A ênfase na crítica política permanece em todo o filme, ainda que de um modo bem mais indireto. Essencialmente, o filme é um comentário sobre os modos pelos quais o Brasil, da mesma forma que a cidade ficcional de Serafim, vem vivenciando uma série de "tratamentos" por diferentes autoridades políticas cujas "curas" sociais e econômicas são frequentemente levadas a cabo com a ajuda dos estrangeiros. De acordo com Nelson Pereira, o golpe de 1968 foi a principal inspiração para o filme. Como ele constatou acidamente em uma entrevista para *O Globo*, na época: "Tem sempre alguém que salva o Brasil com uma porção de fórmulas" (*apud* Salem 1987, p. 249), como o muito divulgado "milagre econômico" da direita que devastou o país. O filme é exuberante em seus articulados humor e sátira, que são em grande parte dirigidos aos funcionários públicos, e em suas caracterizações excêntricas ou somente fora do compasso. As interpretações frequentemente beiram o surreal – como podem ser percebidas no plano final, no qual Bacamarte, agora o único residente em Casa Verde, conduz uma orquestra inexistente fora da instituição. A estranheza dos gestos e dos diálogos dos atores é também reforçada pela forma elíptica do filme. No entanto, a atmosfera alienígena é criada, sobretudo, pelos cenários, figurinos e intérpretes, que parecem menos atores de um filme e mais figurantes em uma peça de teatro interpretando uma sofisticada improvisação. A partitura atonal de Guilherme Magalhães Vaz acrescenta estranhamento, dando um perturbador e anacrônico caráter às belas imagens. A música, frequente e propositalmente, se sobrepõe ao que os personagens estão dizendo, tornando o diálogo completamente incompreensível. Em seu resultado total, é um dos filmes mais brechtianos de Nelson Pereira, confiando nos artifícios da alienação e do estranhamento para levarem sua codificada sátira política adiante.

Como *Fome de amor*, *Azyllo muito louco* surpreendeu tanto os espectadores quanto os críticos. O filme é tão diferente dos primeiros trabalhos de Nelson Pereira e tão difícil de ser seguido que o público geral tinha somente uma vaga noção sobre o que ele era – deixando de lado a compreensão de suas implicações políticas. De fato, o filme é tão sutil na sua crítica ao autoritarismo que a censura permitiu que ele fosse lançado sem que se modificasse uma única cena. Apesar de não ter ido bem nas bilheterias, ele foi selecionado para competir no Festival de Cannes e recebeu críticas favoráveis do *Le Monde*. Entre os que apreciaram particularmente o estilo e a visão política de *Azyllo muito louco* estavam os críticos de cinema espanhóis, que louvaram sua "nova estética". Talvez por sua estética ser reminiscente de um mestre surrealista, *Azyllo muito louco* recebeu em Cannes o prêmio Buñuel.

Cultura e canibalismo: Como era gostoso o meu francês

A partir da ultraconservadora legislação implantada no final de 1968, as implicações políticas dos filmes de Nelson Pereira se tornaram crescentemente oblíquas e alegóricas. Havia uma certa tensão e uma ambiguidade na sua escolha de projetos: o governo brasileiro era menos propenso a censurar a adaptação de clássicos (particularmente quando eles eram dirigidos a plateias de intelectuais e de um cinema de arte), e por meio deles podia adquirir uma aura liberal ou um patamar de capital cultural, não somente permitindo a produção dos filmes, como igualmente proporcionando (em certos casos) apoio financeiro. Ao mesmo tempo, Nelson Pereira era hábil em fazer uso da literatura respeitada para comentar as práticas governamentais. Em nenhum momento, tais estratégias foram mais evidentes que na sua adaptação de *O alienista*, que foi lançado no momento em que os militares estavam prendendo centenas de cidadãos por atividades "subversivas".

Pouco depois de *Azyllo muito louco*, Nelson Pereira dirigiu seu filme mais interessante do período, *Como era gostoso o meu francês*, que era baseado não em um romance, mas na celebrada crônica do século XVI do explorador alemão Hans Staden, *Viagem ao Brasil* (1557), no qual ele descreve sua captura pelos canibais Tupinambá quando vivia entre os portugueses na região hoje conhecida como Rio de Janeiro. De acordo com Salem (1987), Nelson Pereira há muito tempo planejava um projeto de filmar algo sobre as aventuras de Staden e sobre a errante formação contemporânea da comunidade huguenote em uma ilha na baía de Guanabara que o diretor atravessava todo dia no seu percurso de Niterói para o Rio (p. 258). Mas a imaginação de Nelson Pereira também foi atiçada pelas notícias de jornal sobre a situação de uma comunidade indígena com que ele havia tido contato quando fazia *Vidas secas*. Como consequência da tentativa do governo brasileiro de levar "civilização" para o interior, uma cultura inteira se encontrava em via de extinção. A situação evocava os primeiros encontros entre os europeus e os habitantes nativos do Brasil; Nelson Pereira recordava, particularmente, um dos primeiros registros coloniais descrevendo a decapitação de tropas portuguesas por uma tribo conhecida como Caetés, que havia matado e comido um bispo português que havia naufragado. Seu filme, ainda que tenha feito uso do enredo básico do texto de Staden, tratou toda a tradição do discurso colonial e as representações etnográficas como se fossem notícias atuais. Nesse processo, o filme se tornou menos uma adaptação "traduzida" do trabalho de Staden do que um subversivo recontar de sua história; ele poderia ter tratado as populações nativas do século XVI de modo realista, mas acabou sendo uma experiência com o pastiche e a intertextualidade, oferecendo uma sátira política sobre o capitalismo global e o "milagre" econômico brasileiro dos anos 1960 e 1970.

Em certo sentido, toda adaptação pode ser compreendida como um gênero de pastiche ou intertextualidade, mesmo porque o próprio processo de adaptação envolve deliberadamente a imitação. No entanto, *Como era gostoso o meu francês* possui uma relação mais complexa com suas fontes do que geralmente ocorre com adaptações da literatura. Ele mergulha em um amplo espectro de outras narrativas históricas, além da de Staden, e suas várias colagens acabam se transformando em uma miscelânea estilística: imagens realistas da vida tupinambá, fotografadas em tom documental ou em vibrante película em cores, são mescladas com elementos evidentemente burlescos, e reconstituições dramáticas são intercaladas com cartelas citando diretamente as fontes do século XVI. A utilização da história colonial pelo filme é particularmente densa e multifacetada, revelando contradições nas fontes. Do início ao final, há uma sugestão de que os arquivos históricos são manipulados tanto pelos conflitos quanto pelas políticas contemporâneas, e isso se torna mais claro ao não se distinguirem entre si as realidades do passado e do presente. Apesar de o maior trauma histórico apresentado ser o familiar da dominação e do genocídio europeus, ele sugere que essa violência não se reduziu, retornando e se repetindo nos dias de hoje; desse modo, ele converte o evento traumático descrito pelo texto de Staden – o canibalismo – em uma provocativa metáfora para a resistência à sociedade moderna do capital global e do consumo estrangeiro.

Nós podemos apreciar a complexidade do tratamento de Nelson Pereira da narrativa histórica se examinarmos o breve prólogo anterior aos créditos do filme, que são baseados nos mesmos eventos a que Claude Lévi-Strauss (1973, p. 83) uma vez se referiu: "Nesse momento, a história deu uma reviravolta tão estranha que eu fico surpreso que nenhum romancista ou roteirista tenha ainda feito uso dela. Que filme maravilhoso poderia ser feito!". Na trilha sonora, ouvimos a voz do narrador lendo um texto do século XVI – não de Staden, mas do comandante francês Durand de Villegaignon, que escreve uma célebre carta ao líder protestante João Calvino, sobre a comunidade religiosa de Villegaignon, que havia sido estabelecida em 1555 fora da costa do Rio. Recém-convertido, Villegaignon escreveu a Calvino em 1557, pedindo que ele enviasse missionários para a ilha, que havia se transformado em um refúgio para católicos e também protestantes. Porém, a partir do momento que a experiência na ilha fracassa, a intensidade dos debates teológicos acaba. Os argumentos foram exacerbados pelo líder tirano de Villegaignon – para não mencionar os obstáculos cotidianos causados pelas inexploradas redondezas, falta de comida, doenças e a constante ameaça de ataque dos portugueses. Villegaignon finalmente expulsou os missionários protestantes. Sem o apoio material da população indígena brasileira, considerada "bestas com rostos humanos", e com a pressão portuguesa pelo controle da área, Villegaignon abandonaria finalmente o Forte de Coligny, que veio a ser administrado pelos portugueses em 1560.

O uso do documento de Villegaignon por Nelson Pereira é evidentemente irônico. O texto original, escrito no estilo das mensagens do século XVI, é lido por um leitor que se encontra fora da tela e que se refere àquele como "as últimas notícias da terra firme". O texto trata os habitantes nativos como vilões, porém na tela assistimos a imagens intensamente coloridas dos índios oferecendo hospitalidade aos europeus. O texto também expressa uma boa maneira de se referir aos "pecados" tribais e à "luxúria carnal", ainda que nós claramente observemos os exploradores europeus tentando obter satisfação sexual das mulheres nuas tupinambás. (Os europeus cobrem a nudez das mulheres com camisolões, e então as mulheres correm para um topo de uma montanha, chacoalhando os camisolões sobre suas cabeças, ou os jogando fora.) Em certo momento, o narrador lê uma narrativa de Villegaignon sobre um conspirador que, liberto de suas correntes e com permissão de se defender, foge e mergulha no mar; na tela, o conspirador, que ainda se encontra amarrado às correntes e ao peso de metal, recebe a reza de um padre e é sumariamente arrastado, descendo a colina em direção ao mar. Como a "transmissão" continua, cenas de exploração e assassinato são acompanhadas por um concerto de trompa francês de Mozart que fora popular trilha sonora para o cinejornal *Atualidades Francesas*, exibido nos cinemas brasileiros nos anos 1960 (Salem 1987, p. 259).

Em trabalhos distintos sobre o filme, os críticos Richard Peña e Randal Johnson comentam que esse prólogo nos prepara para o filme que vai transformar a história oficial de modo consistente. Para Peña (*apud* Johnson e Stam 1995, p. 193), as citações de Villegaignon "são 'irônicas' e 'históricas' contraposições aos eventos descritos". Johnson (1984, p. 193) concorda, sugerindo que o filme põe "citações tratadas pelos documentos históricos" em relação "irônica, senão contraditória" com a verdade. A técnica do filme, entretanto, é mais complexa que essa, envolvendo algo mais que a oposição entre "história" mentirosa e "realidade" transparente. A despeito de seu humor engenhoso e de sua evidente ironia, as imagens que nós vemos na tela não são menos "históricas" que a voz da trilha sonora fora do quadro; de fato, elas derivam de uma série de textos conhecidos próximos de contemporâneos de Villegaignon, a quem o historiador Philip P. Boucher (1992) se refere como "o mais conhecido fiasco brasileiro de Villegaignon" (p. 22). Seu governo fraco e o fracasso da experiência da colônia na ilha há muito tempo fazem parte da história no Brasil e na França. Ao justapor a carta de Villegaignon a uma demonstração visível de sua tirania, o filme poderia ter adaptado um célebre testemunho ocular narrado pelo huguenote francês Jean de Léry, cuja *História de uma viagem à terra do Brasil, outrora chamada América* inclui uma transcrição da carta de Villegaignon seguida de uma denúncia contra Villegaignon e de uma descrição de sua cruel vilania. (Em seu livro, Léry também critica o franciscano André Thevet, que, em seu *Universo cosmográfico*, de 1575, baseado em sua breve estadia na comunidade, toma partido de Villegaignon nas guerras religiosas da ilha e acusa os calvinistas de intrigas.) De fato, a cena que apresenta as índias chacoalhando os camisolões europeus sobre suas cabeças é uma referência direta à narrativa de Léry.

Talvez o melhor modo de compreender a abertura do filme seria afirmar que ela é realizada tendo como base dois ou mais documentos históricos em justaposição irônica (emoldurados por um burlesco cinejornal) e que essa estratégia favorece uma fonte sobre outra ao lhe garantir o *status* de "verdade" fotográfica. De qualquer modo, seria um erro perceber *Como era gostoso o meu francês* como uma tentativa literal de ridicularizar as fontes históricas. Certamente, o filme ridiculariza personagens históricos (todos eles europeus), mas em certa medida é uma tentativa honesta de adaptar ou interpretar as narrativas históricas. O filme é formado por uma mescla sutil e densa de materiais em relação aos quais Nelson Pereira possui uma atitude igualmente mista – submissão que não é de surpreender, já que as fontes são autocontraditórias e contradizem umas as outras.

Em várias entrevistas, Nelson Pereira tem falado repetidas vezes de seu uso das fontes históricas como forma de proporcionar uma narrativa tanto acurada quanto possível sobre o período.[8] (Soma-se a Staden – que propiciou o motor da história –, as citações e as referências explícitas nas cartelas de vários autores – entre eles o huguenote Léry, o franciscano Thevet, os jesuítas Manuel da Nóbrega e José de Anchieta, o pioneiro cronista Pero de Magalhães Gândavo e o primeiro governador-geral do país, Mem de Sá.) Nelson Pereira reconhece que todas as fontes são interpretações pessoais da época. O filme as utiliza para reconstruir uma era passada, mas ele também constrói sua própria interpretação da História. Como Nelson Pereira constata,

> a realidade abordada desapareceu. Tive que reconstruir um passado longínquo, o que implicou uma interpretação pessoal da História. Respeitei todos os dados disponíveis da cultura tupinambá. Quanto às relações dos índios com os franceses, ficaram evidentemente sujeitas ao que sempre senti sobre a questão. (*Apud* Salem 1987, pp. 266-267)

---

8. Ver, por exemplo, "Como era gostoso o meu francês", *O Globo*, 1/7/1972.

Em outras palavras, *Como era gostoso o meu francês* oferece não apenas uma denúncia da história como também uma nova leitura de suas fontes históricas adaptadas a uma narrativa semidocumental sobre o encontro entre culturas.

Em sua obra, Staden reconta duas viagens distintas, a primeira em 1547 e a segunda em 1549. Durante a segunda expedição, Staden fez amizade com os conquistadores portugueses e seus aliados tupiniquins, ajudando a fortificar seu enclave costeiro contra os ataques perpetrados pelas tropas francesas e por seus aliados, os tupinambás. Ainda que fosse aliado dos portugueses, Staden foi capturado pelos tupinambás, que acreditavam que ele fosse português. De acordo com Staden, sua fé em Deus e sua boa sorte foram as responsáveis por sua sobrevivência nos meses de cativeiro. Elas também o ajudaram a evitar ser executado e comido pelos índios, que acreditavam que ele possuía poderes mágicos, quando previra um ataque inimigo e posteriormente "curara" um líder de uma tribo aliada. Mantido em cativeiro por quase um ano, ele fugiu em um barco francês em 1554 – apenas alguns meses antes da chegada de Villegaignon.

Entre as muitas liberdades que Nelson Pereira tomou em relação ao livro de Staden, há a de transformar o protagonista/prisioneiro em francês e membro da comunidade de Villegaignon. Suspeito de conspirar contra o líder francês, ele é o personagem que surge na sequência inicial acorrentado e puxado do topo da montanha para o mar. Após uma longa sequência inicial de créditos, ele é apresentado lutando contra as correntes e o peso para chegar a terra, onde ele é inicialmente capturado pelos portugueses e tupiniquins e, posteriormente, pelos tupinambás que o confundem com um português. Tanto a narrativa de Staden quanto o filme enfatizam a identidade trocada, porém a primeira descreve os duradouros esforços de Staden de convencer os tupinambás de que ele é alemão e um "parente" da França. Ao introduzir no filme uma carta de Villegaignon, incorporando a música do cinejornal francês dos anos 1960, e ao tornar seu protagonista um francês chamado Jean em contraposição ao alemão Hans, Nelson Pereira se centra em uma nação e uma cultura que, ironicamente, havia constituído uma maior influência no Brasil que de fato o poder colonial de Portugal, que expulsou os franceses do país em meados do século XVI. Apesar do *status* brasileiro como colônia portuguesa até os idos do século XIX, sua vida cultural e intelectual depois de 1822 foi mais profundamente influenciada pela França – sendo o francês utilizado como primeira língua nas escolas brasileiras até um período bem avançado do século XX.

Quando Jean (Arduíno Colassanti) é capturado com os portugueses, os tupinambás ordenam que todos falem para verificar suas nacionalidades. Um por um, os prisioneiros portugueses recitam receitas de livros de culinária – um inesperado momento de humor que contribui para o motivo alimentar reforçando, ao mesmo tempo, o estereótipo brasileiro dos portugueses como um povo obcecado por comida. As palavras de Jean em francês são visivelmente diferentes e intrigaram os tupinambás. (Suas palavras: "Os selvagens caminham nus e nós estamos desconcertados" ecoa os sentimentos de Montaigne tal como expresso em "Dos canibais", 1580.) Apesar de os tupinambás acreditarem que ele é português, eles não o matam e não o comem por conta da agilidade dele no uso de um pequeno canhão – uma maestria que, posteriormente no filme, será utilizada em defesa dos tupinambás contra os tupiniquins e lhes dá um falso sentimento de segurança e superioridade sobre seus captores.

Como no livro de Staden, o filme apresenta um velho mercador francês (Manfredo Colassanti) que é considerado um amigo na aldeia tupinambá e que concorda em falar com Jean para determinar sua verdadeira nacionalidade. Ao contrário da narrativa de Staden, entretanto, o filme é quase cínico na sua descrição do personagem. O comerciante do filme imediatamente reconhece que Jean é francês, porém ele conta aos tupinambás que o prisioneiro capturado é inimigo. Jean fica furioso quando percebe o que o comerciante fez, porém, este promete libertá-lo em uma visita posterior se, enquanto isso, Jean ajudar na coleta e na comercialização de madeiras e pimentas valiosas. Jean concorda, porém somente quando o comerciante lhe leva alguns barris de pólvora. Quando o comerciante retorna, Jean lhe conta sobre a descoberta de moedas de ouro entre os índios, e ele utiliza essa descoberta como passaporte para conquistar sua liberdade. Infelizmente, no processo de escavação para ocultar o tesouro, os dois homens passam a brigar sobre a quantidade que cada um possui da fortuna. Jean mata o comerciante com golpes de pá em sua nuca e o queima no buraco em que deposita o ouro.

Não há nenhuma referência a essa brutal versão em miniatura de *O tesouro de Sierra Madre* (1948) no texto de Staden, no qual todos os atos violentos são cometidos pelos índios. De fato, a selvageria perpetrada pela população indígena se torna ainda mais vívida aos leitores de Staden porque seu livro contém uma série de gravuras que apresentam os índios nas várias fases do processo de antropofagia. Nelson Pereira expõe 32 dessas gravuras como pano de fundo para a longa sequência de créditos que segue ao prólogo sobre Villegaignon (ver Figura 8). Particularmente intrigante é uma gravura em que pernas e braços se encontram no topo de um grande braseiro; outra descreve a cabeça de um homem com os olhos abertos em um prato. Talvez a menos provável de todas seja a gravura de mulheres e crianças comendo partes que se assemelham a dedos e falos. Acompanhando a sequência, há uma trilha sonora que consiste em batidas regulares de tambores e gritos que a maioria dos espectadores vai associar com os índios em "pé de guerra" de Hollywood. No entanto, não deixa de ser irônico que a cena mais explicitamente violenta de *Como era gostoso o meu francês* seja o ataque de Jean ao comerciante. Comparado com esse covarde e desesperado assassinato, a antropofagia apresentada no filme se torna um ritual sério e civilizado; ela também envolve a decapitação da vítima, porém essa ocorre face a face, e o ritual necessita que a vítima grite diante do seu executor: "Quando eu morrer, meus amigos virão para me vingar". A ênfase no ato antropofágico, ao menos como tratado pelo filme, é no heroísmo e na vingança sanguinária. Longe de ser uma prática casual ou indiscriminada, ela é reservada a indivíduos específicos que são ingeridos tanto simbólica quanto literalmente, ao passo que o confronto mortal entre os dois franceses, pelo contrário, é mutuamente destrutivo, baseado na suspeita e na ganância protocapitalista de ambos os lados.

Figura 8. Uma propaganda para o lançamento brasileiro de *Como era gostoso o meu francês*. (Coleção Helena Salem)

O texto de Staden também difere do filme porque é repleto de referências à Cristandade. No livro, Staden frequentemente reza por sua segurança e recita versos da Bíblia para acalmar seus temores crescentes de vir a ser executado. Em certo momento, ele incentiva o medo dos tupinambás com a vingança de seu Deus furioso; quase imediatamente, como por milagre, o índio que era considerado o mais forte repentinamente cai morto. Posteriormente, Staden é chamado para auxiliar um chefe aliado e sua família ao orar para um Deus europeu; aproveitando a oportunidade, ele consegue com a tribo um acordo de que vai orar em troca de que sua segurança seja garantida. Para sua sorte, o chefe sobrevive, e cresce a lenda de que Staden possui poderes mágicos. Quando a cruz que ele havia fixado do lado de fora de sua cabana é roubada e utilizada para fazer fogueira, uma poderosa tempestade se inicia; quando o filho do chefe ergue uma nova cruz no mesmo local, a tempestade cessa. "Todos estão satisfeitos", Staden (1988) escreve "acreditando que o meu Deus faz tudo que eu preciso" (p. 133).

Ao contrário desse personagem, que é tanto religioso quanto honrado, o Jean do filme é relativamente calculista e em nenhum momento demonstra religiosidade. A fé de Jean em sua sobrevivência reside não em Deus, mas no poder dos bens (pólvora e ouro), assim como na sua habilidade tecnológica. Como Staden, no entanto, Jean participa do sistema de crenças indígenas. Ele conquista a habilidade de produzir pólvora fora da areia, e acompanha os tupinambás em uma batalha, onde ele opera o canhão contra os tupiniquins. Seu senso de confiança é tão grande com relação à sua posição na comunidade que, em certo momento, ele se equipara a Mair, o Deus que havia ensinado aos índios sobre o fogo, as comidas e os armamentos. No entanto, assim como Mair é rejeitado pelos índios por sua arrogância, o mesmo ocorre com Jean, cujos longos esforços para definir sua individualidade e sua superioridade são eventualmente minados e punidos.

É na representação das mulheres que o filme se diferencia mais do livro de modo mais dramático. No livro de Staden, o protagonista é casto (tanto quanto nós possamos acreditar) e as mulheres são descritas em termos estritamente coletivos. Pouco tempo depois de Staden ser capturado, ele é levado a uma aldeia, onde um grupo de mulheres o guia por uma corda ao redor de seu pescoço e interpreta uma dança. Logo depois disso, uma mulher raspa suas sobrancelhas, bate nele e, apesar de seus vigorosos protestos, corta sua barba com um par de tesouras francesas. Nos episódios subsequentes do livro, essa e outras mulheres são ocasionalmente mencionadas, porém sempre permanecem ao fundo enquanto a narrativa se concentra nas relações de Staden com os líderes homens da tribo. O filme, por sua vez, retrata uma dança ao início (a depilação ocorre depois) e então se dirige para contar outra história. Pouco tempo depois de ser anunciado que Jean será morto na oitava lua cheia, o líder da tribo (Eduardo Imbassahy Filho) anuncia a Seboipepe (Ana Maria Magalhães), viúva de seu irmão, que ela servirá Jean até a morte dele. A partir desse momento, o filme acompanha com atenção a relação que se passa a desenvolver entre Jean e Seboipepe. Jean inicialmente rejeita as tentativas de Seboipepe de dormir com ele em uma rede, mas ela acaba vivendo com ele como uma esposa, ensinando os costumes de sua comunidade.

Aqui encontramos outro exemplo de fontes ou intertextos que se relacionam com o filme: *Iracema* (1865), um dos mais admirados romances do século XIX sobre o processo de colonização. Escrito por José de Alencar, *Iracema* descreve a chegada ao Brasil de Martim, o primeiro colonizador português no nordestino Ceará; seu encontro com uma tribo tabajara e sua atração pela filha do chefe da tribo, Iracema a "virgem dos lábios de mel", cujo nome é um anagrama para América. Quando chega ao Brasil, Martim fica sabendo que Iracema, a "virgem de Tupã", guarda o segredo da proteção de sua tribo. Posteriormente, em um dos capítulos mais sensuais do romance, Iracema vai até a rede onde Martim está dormindo e faz amor com ele. A consequência desse ato é que ela não mais poderá ser a protetora da comunidade, abandonando sua família e fugindo com Martim. Iracema morre de desgosto, porém ela deixa um filho, Moacir, que representa a união entre as duas raças.

As representações do bom selvagem de Alencar, incluindo o igualmente popular *O guarani* (1857), um romance que descreve um encontro entre um índio guerreiro e uma donzela europeia, tiveram uma importância mítica durante um período de fervor nacionalista no Brasil, quando os índios se tornaram o símbolo da tradição do país. A população indígena, naturalmente, havia quase que completamente desaparecido em razão das guerras coloniais e das doenças trazidas pelos europeus. Apesar disso, tão populares foram os escritos de Alencar e tão magníficas foram suas caracterizações do "bom selvagem" que os brasileiros passaram a se sentir cada vez mais orgulhosos de sua herança indígena – pelo menos a ponto de darem nomes indígenas para suas crianças. O movimento modernista do início do século XX, que também foi embasado no nacionalismo, perpetuou a mesma visão romântica do índio como símbolo-herói, ainda que insistindo em que os brasileiros adotassem o antropofagismo em termos metafóricos – que, aos olhos de um dos proponentes principais do movimento, Oswald de Andrade, era um modo de se contrapor ao imperialismo cultural. Como Robert Stam (1997) observou: "Ao inverterem o par binário civilização e barbárie em favor da barbárie, o modernismo articulou o canibalismo como metáfora anticolonialista em suas 'revistas canibalistas' e manifestos antropofágicos (...). A ideia era ingerir todas as técnicas estrangeiras para forjar uma nova síntese que poderia ser utilizada contra os estrangeiros" (p. 237). Mesmo sendo o antropofagismo, em si próprio, um modelo importado da Europa, Stam aponta que "somente no Brasil ele se tornou um tropo central em um movimento cultural que se prolongou por muitas décadas" (*ibidem*, p. 238). A representação dos indígenas como defensores simbólicos da cultura da nação de Oswald influenciou vários autores proeminentes, incluindo Mário de Andrade e Raul Bopp, cuja ficção e poesia nos anos 1920 e 1930 retratavam o índio de formas inexploradas e fantasmagóricas.

Como era gostoso o meu francês se apropria dessas convenções familiares das narrativas brasileiras sobre o período colonial, porém proporciona uma fascinante contraposição ao índio romantizado. Ao contrário do "romance" entre Martim e Iracema, o encontro entre Jean e Seboipepe não é nada idealizado. Jean não

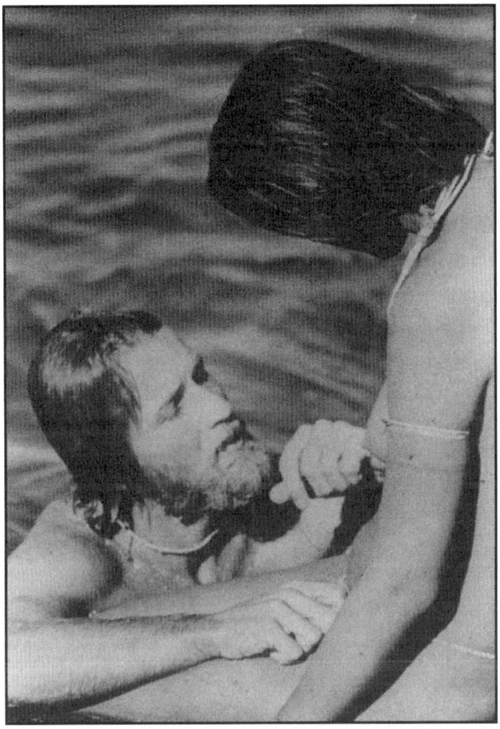

Figura 9. Arduíno Colassanti como Jean e Ana Maria Magalhães como Seboipepe em *Como era gostoso o meu francês.* (Coleção Helena Salem)

demonstra nenhum interesse por Seboipepe, que não é mais virgem e cujo nome em tupi significa sanguessuga (Salem 1987, p. 259); de fato, ele rejeita sistematicamente os avanços amorosos até a sua conversa com o comerciante francês, que o aconselha a seguir os costumes da tribo e tirar vantagens das situações com interesses mercantis. Em uma das cenas mais sensuais do filme, o erotismo é interrompido pela descoberta, feita por Jean, de uma moeda de ouro no umbigo de Seboipepe (ver Figura 9). Em razão de o ouro não possuir um valor comercial para os tupinambás, ao contrário da pólvora e das armas de fogo, Seboipepe conta a Jean sobre as peças do metal em um forno – o que, por sua vez, leva-o a conspirar contra o comerciante francês e também a matá-lo. Pouco depois do assassinato, Jean quase consegue escapar com o tesouro remando em uma canoa em direção a um navio que passa. Assim que ele se encaminha para o navio, percebe Seboipepe o observando da costa. No que parece, à primeira vista, ser uma passagem extraída de Alencar, ele retorna a terra para levá-la consigo. Entretanto, ao contrário de Iracema, que sacrifica seu povo para ficar com Martim, Seboipepe se recusa a partir com Jean; quando ele retorna com a canoa, o navio já sumiu da linha do horizonte. Posteriormente, quando ele tenta escapar novamente com seu tesouro, ela atira em sua perna com uma flecha, e ele descobre, para sua grande surpresa, que ela havia feito um furo na canoa. Quando Jean indaga, um pouco melancolicamente, se ela pretende fazê-lo de comida, um primeiro plano a apresenta com um sorriso de Mona Lisa. Ela o chama de seu "pequeno pescoço", referindo-se ao bocado que lhe será dado como recompensa por ela ser esposa do fugitivo. Quando o filme se aproxima do final, nós a vemos satisfeita, mastigando seu bocado. Ao contrário de Iracema, Seboipepe sobrevive ao seu encontro com o colonizador e não tem nenhum filho com ele. Pelo contrário, ela aparenta estar bastante contente quando o dia da execução de Jean chega, como se estivesse esperando por sua "integração" final à comunidade.

Nelson Pereira não termina o filme nesse tom satírico-cômico, já que, se essa fosse sua opção, seria uma distorção histórica tão evidente quanto o final da ficção de Alencar. Quando a câmera se afasta de Seboipepe para apresentar uma visão panorâmica da comunidade, uma citação final surge na tela. As palavras são de Mem de Sá, governador-geral do Brasil, que escreveu em 1557: "Lá no mar pelejei, de maneira que nenhum tupiniquim ficou vivo. Estendidos ao longo da praia, rigidamente, os mortos ocuparam cerca de uma légua". A aparição súbita da citação é chocante, já que o filme todo havia apresentado o mundo indígena de modo relativamente vibrante, despido de conflitos e saudável; porém, sabemos que a morte de Jean (como a do bispo português na história real) seria vingada por um extermínio em massa levado a cabo pelos portugueses. A citação é particularmente pouco conclusiva, já que, durante o período no qual o filme é ambientado, os tupiniquins eram aliados de guerra dos portugueses. Como Salem (1987, p. 261) apontou, todos os valores das fontes históricas são subsumidos pela conclusão do filme, que ressalta a transparente brutalidade dos europeus:

> A verdade (visualizada) do colonizado, contraposta pelo ponto de vista etnocêntrico do colonizador europeu, que não consegue (nem tenta) compreender uma cultura desconhecida e diferente da sua, preocupado apenas em dominá-la. Por um lado, os índios se maravilham com a supremacia tecnológica dos europeus (a pólvora, os presentes), curvam-se a ela (...). Por outro, permanecem fiéis à sua própria cultura, comendo o europeu tido como inimigo, por mais bonzinho que ele se revele. Os índios vivem de maneira natural, livre, sem pecado (...). E, se os índios matam e comem alguns brancos considerados inimigos, os brancos exterminam milhares e milhares de índios, como atesta Mem de Sá no texto final. Quem são "*les barbares*"?

Uma das mais importantes funções da citação de Mem de Sá é lembrar ao público brasileiro que sua identidade nacional, ainda nos dias atuais, é dependente do extermínio contínuo dos habitantes originais do "Novo Mundo". Na época em que *Como era gostoso o meu francês* foi realizado, comunidades indígenas, localizadas no meio do traçado da rodovia Transamazônica, estavam sendo deslocadas no interior. Essas pessoas eram não somente fisicamente desenraizadas, mas igualmente forçadas a ser "modernas". Para Nelson Pereira, o encontro cultural iniciado nos idos de 1500 está longe de acabado. Se a história passada foi um indício, as chances de sobrevivência dos poucos índios remanescentes pareciam crescentemente remotas.

No entanto, ler *Como era gostoso o meu francês* apenas como uma alegoria do extermínio dos grupos indígenas do Nordeste é deixar de lado suas implicações com relação a outro tipo de imperialismo que se iniciou em meados dos anos 1950, quando o presidente Juscelino Kubitschek abriu as portas da nação aos investidores estrangeiros, na tentativa de transformar o Brasil rapidamente em uma nação industrial. Essa prática, conhecida como "desenvolvimentismo", foi introduzida durante o período de um governo democrático e incluiu a construção de Brasília e a chegada de capitais das corporações multinacionais. Depois do golpe de 1968, o país se tornou crescentemente dependente do capital estrangeiro; apesar da contínua elevação das taxas de crescimento, as dívidas nacionais também passaram a crescer e as disparidades nas receitas passaram a se acentuar. O regime defendeu suas práticas e continuou a utilizar meios repressivos de silenciar seus detratores. Nos idos dos anos 1970, porém, o fracasso do plano estava se tornando mais evidente; de fato, o tão falado "milagre econômico" provou ser um desastre, resultando em índices astronômicos de inflação, desemprego, crescentes disparidades na distribuição da renda e insatisfação geral tanto social quanto política.[9] A situação era semelhante à do período colonial: assim que os recursos locais se exauriam ou não eram mais rentáveis, as companhias estrangeiras mudavam. Nesse ínterim, a presença dessas companhias já havia provocado várias mudanças culturais. Desde a independência do Brasil, a França havia sido uma força política e intelectual, porém, com o desenvolvimentismo, os Estados Unidos assumiram inquestionável destaque. Os programas de televisão e música americanos – para não mencionar o sempre popular cinema de Hollywood – tornaram-se bens culturais afluentes, e o inglês suplantou o francês como a língua mais desejada de ser aprendida nas escolas e nas universidades.

No início dos anos 1920, o "Manifesto antropófago" de Oswald de Andrade havia sugerido a "ingestão" e a adaptação de ideias estrangeiras, que poderiam supostamente funcionar dialeticamente com as culturas folclóricas e populares associadas com os indígenas, criando, então, uma original identidade nacional. Menos de meio século depois, *Como era gostoso o meu francês* abordava o mesmo tema do canibalismo; o filme de Nelson Pereira, no entanto, suspeita das influências europeias de modo radicalmente distinto do manifesto antropófago de Andrade, que havia sintetizado seus propósitos na famosa frase "*tupy or not tupy: that is the question*".

9. Para uma discussão mais detalhada sobre os altos e baixos da economia no final dos anos 1960 e início dos 1970, ver Skidmore (1988), *The politics of military rule in Brazil*.

Ao contrário do movimento antropófago (e do filme *Macunaíma*, de Joaquim Pedro de Andrade, de 1969, um filme intempestivamente irreverente baseado no romance fantástico de Mário de Andrade de 1928 sobre canibalismo e cultura brasileira), *Como era gostoso o meu francês* oferece um vigoroso e antirromântico retrato de uma comunidade que recusa qualquer ataque à sua soberania matando e devorando os invasores. Os tupinambás do filme nem são os nobres selvagens heroicos do imaginário europeu do século XIX nem os símbolos de uma força mitopoética do nacionalismo literário dos anos 1920. Eles são, portanto, representantes de uma nação pós-colonial. O que há de mais notável na utilização desse simbolismo familiar por Nelson Pereira é sua mescla de "alteridade" e "familiaridade" em sua descrição dos índios que vivem uma dócil e mundana existência, ao mesmo tempo em que tentam copiar os armamentos estrangeiros.

Nelson Pereira não é pouco realista sobre a habilidade de países tecnologicamente menos avançados, como o Brasil, de manter os interesses estrangeiros na berlinda; desse modo, ele sugere por analogia ou alegoria que a cultura contemporânea é um risco. Como os tupinambás, os atuais cidadãos brasileiros deveriam se unir em prol de preservar suas identidades. O ritual de canibalismo se torna uma metáfora para um tipo paradoxal de consumo moderno que possui um respeito por tudo que é "devorado" como substância alienígena, mas que resiste grandemente a ser transformado por ele. O consumo de qualquer artigo estrangeiro – o filme parece questionar – deve se transformar em uma discriminante estratégia proativa, e mesmo agressiva; dever-se-ia ser grandemente seletivo sobre o que consumir, e ingerir o elemento estrangeiro somente para fortalecer a comunidade local.

Em entrevistas dadas na época em que o filme foi feito, o realizador subestima temas como aos que acabei de me referir, insistindo em que *Como era gostoso o meu francês* foi um projeto "antropológico" e não "ideológico". Talvez ele não tenha sido feliz ao falar sobre sua real intenção. E não devem ser postos em questão seus esforços para representar de modo fiel o estilo de vida e a linguagem de uma civilização que havia sofrido com as invasões e o extermínio estrangeiros. Ele faz uso de uma aproximação do tupi (uma língua perdida) para quase todos os diálogos, e legenda o filme em português. (Nesse aspecto, estava sendo coerente com Staden, que descreve todos – incluindo o francês que passou na aldeia tupinambá – como falantes de tupi.) Em uma ainda mais intrépida opção, ele descreveu os trajes da comunidade indígena que, de acordo com Staden e outros, não consistiam em nada mais que penas, tinturas e pequenos utensílios de pedra ou metal. (Quando estava escolhendo o elenco, ele também insistiu em que os atores não possuíssem cicatrizes de cirurgias em seus corpos.) Ironicamente, foi justamente o ostensivo aspecto "antropológico" do filme que causou problema com os censores brasileiros. A nudez do elenco, especialmente a dos homens brancos, foi fortemente desaprovada pelo governo. Apesar de o filme ter sido lançado no estrangeiro, foi inicialmente censurado no país por causa de sua nudez; de fato, até mesmo a comissão do Festival de Cannes o rejeitou nesses termos.[10]

É importante perceber que as pessoas no filme parecem estar mais nuas que despidas.* Como John Berger e outros apontaram, a nudez é uma forma de vestir – imagens fetichizadas e artísticas do corpo humano possuem uma longa tradição na arte europeia. Nelson Pereira, ao contrário, apresentou pessoas sem roupas, e sua prática foi particularmente pouco comum, quando ele nos proporcionou a nudez frontal de Jean, que passa praticamente todo o filme não vestindo virtualmente nada. A nudez de Jean traz particular relevância no modo pelo qual as diferenciações comuns entre literatura e cinema como mídias se tornam grandemente importantes. Em virtude de a fotografia ser não somente icônica e simbólica, como igualmente indicial, Nelson Pereira foi capaz de nos proporcionar algo com uma apresentação literal daquilo a que Staden se referiu apenas de modo indireto – e agindo assim ele minou a autoridade do europeu. Na obra de Staden, nós podemos afirmar a existência do falo (uma expressão simbólica do poder e das aventuras europeias controlada por uma voz masculina), ao passo que no filme também existe o falo (como uma parte do corpo posta à mostra). Isso pode explicar por que os censores brasileiros tiveram mais problemas com a nudez de Jean que a de qualquer outro no filme. Em um espirituoso ensaio de 1984, "De como evitar um homem nu", escrito para o *Jornal do Brasil*, a romancista Clarice Lispector, que havia visto *Como era gostoso o meu francês* em uma exibição privada e havia ficado admirada com o filme, levantou a questão sobre a decisão do governo de permitir a nudez dos indígenas, mas não a do branco capturado. Respondendo à faceta racista da censura, que havia sido obscurecida à guisa de uma espécie de concepção "*National Geographic*" de antropologia, Lispector escreveu: "Talvez seja inocência minha, porém façam o favor de me dizer: qual a diferença entre o corpo nu de um indígena e o corpo nu de um homem branco?" (p. 413).

Com as considerações de um novo chefe da censura em novembro de 1971, o filme teve finalmente seus direitos de exibição garantidos em todo o Brasil. Ainda que Nelson Pereira tenha classificado o filme como "antropológico" e não "ideológico", seu uso peculiar dos textos e das imagens que justapôs claramente possui um evidente propósito político. Podemos afirmar que ele estava tentando comprovar o que Raymond Williams chama de "tradição cultural seletiva", incorporando nessa tradição o último registro dos tupinambás. Como Williams (2001, p. 68) apontou, o registro histórico e a cultura sempre envolvem um processo de discriminação e omissão:

---

10. Durante uma retrospectiva da carreira de Nelson Pereira no Japão em 2000, o filme foi censurado em virtude de suas cenas de nudez.

* Trocadilho entre as palavras "*naked*" e "*nude*", sendo que a segunda apresenta, em língua inglesa, uma conotação erótica acentuada e que não possui uma diferenciação equivalente no português. (N.T.)

> Em uma dada sociedade, a seleção [de tudo que venha a ser significante] será regida por muitas formas de interesses distintos, incluindo os interesses de classe. Assim como a verdadeira situação social orientará em grande parte a seleção contemporânea, também o desenvolvimento da sociedade, ou seja, o processo de mudança histórica, determinará em grande parte a tradição seletiva. A cultura tradicional da sociedade sempre tenderá a corresponder ao seu sistema *contemporâneo* de interesses e valores, por não ser uma obra acabada, mas sim uma seleção e interpretação permanentes.

Observado nesses termos, o filme de Nelson Pereira se mostra menos interessado em deturpar textos canônicos que em revelar o que esses textos omitem. Seu estilo pseudodocumental ou "antropológico" participa diretamente de um esforço de reinterpretação ao proporcionar ao espectador uma simulação do que se pode ter perdido, não apenas por causa do tempo, mas também por meio de um processo de seleção cultural. A solidariedade de Nelson Pereira com os tupinambás pode então ser descrita como uma posição ideológica de poderoso confronto com os interesses e os valores da classe dominante no Brasil, que sempre se identificou com os europeus, particularmente os franceses. Sua abordagem política, entretanto, foi subliminar e não completamente discernível a todos que viram o filme pela primeira vez. De fato, apesar de sua reapropriação do encontro colonial e da maior atenção e detalhe dados à representação dos índios, a maior parte do público brasileiro (incluindo os censores) continuou se identificando com o protagonista francês.[11] Nelson Pereira, sem dúvida alguma, dirigiu um dos filmes mais comentados da história do cinema brasileiro – um filme cuja dimensão política se torna cada vez mais clara com o passar dos anos. E, depois de tudo, não importa o impacto que a modernidade tenha provocado, algumas coisas permanecem as mesmas: a economia do Brasil continua problemática e, em certo sentido, a descrição de uma rica cultura local sendo atacada é relevante tanto para o período colonial, quanto para os anos 1970 ou os dias de hoje.

Uma experiência de ficção científica: Quem é Beta?

Antes do episódio da retirada da censura a *Como era gostoso o meu francês*, Nelson Pereira já trabalhava em um novo projeto. Depois do sucesso de *Como era gostoso o meu francês* no Festival de Cannes, os direitos haviam sido vendidos para a

11. Em uma entrevista de 1977 à *Folha de S.Paulo*, Nelson Pereira relembrou a recepção do filme, constatando: "O público não se identificou com as minhas idéias. Identificou-se, por exemplo, com o francês, o colonizador. Todo mundo lamentava a morte do 'herói'. Não entenderam que o herói era o índio e não o mocinho, a tal ponto estavam influenciados pelos bangue-bangues de John Wayne" (*apud* Salem 1987, p. 267).

França, e Nelson Pereira se encontrou com o produtor Gerard Léclery em Paris para discutir *Quem é Beta?* (1973), uma ficção científica que seria seu terceiro e último filme a ser rodado na distante vila de Paraty.

Como seus filmes anteriores, *Quem é Beta?* é, em alguma medida, um trabalho de contracinema que muda as convenções dos filmes narrativos bem construídos e demonstra uma influência de Godard e da vanguarda política (nesse caso, como Johnson (1984, p. 199) apontou, havia fortes afinidades com o filme de Godard de 1967, *Weekend*. A história, ao menos nominalmente, ocorre no futuro (o outro lado da moeda de uma narrativa histórica fora *Como era gostoso o meu francês*), porém envolvia o que Peter Wollen (1999, p. 499) chama de "diegese múltipla" (p. 499), permitindo que a moldura do tempo se desloque diversas vezes e que elementos anacrônicos surjam. Os personagens não possuem "profundidade" psicológica ou não são desenvolvidos a ponto de encorajarem o público a sentir identificação ou empatia. O enredo, enquanto isso, é inconclusivo e picaresco, não tendo uma indicação exata de quando ou onde este ocorre e frequentemente sem clara motivação para a ação. Ele inicia no estilo *in media res** com uma jovem mulher que se chama Regina (Regina Rosemburgo), que carrega um rifle e se veste com roupas que se assemelham às de *Mil séculos antes de Cristo* (*One million years B.C.*, 1966), caminhando sozinha na margem de uma autoestrada repleta de pneus. Enquanto ela caminha ao largo da estrada, acaba descobrindo um caminhão abandonado; próximo dele, ela atira e mata um bando de pessoas semelhantes a zumbis, conhecidos como os "contaminados", que gritam por comida e água. (Essas figuras possuem certa semelhança com o filme de horror de 1967, *A noite dos mortos-vivos*, de George Romero.) Quando ela sobe o pico de uma montanha, acaba se tornando alvo de um homem chamado Maurício (Frédéric de Pasquale), que, de dentro de uma casa que tem um verdadeiro estilo *bunker* e que contém armamentos, *walkie-talkies* e sacos de dormir, está matando os contaminados. Uma sirene na casa anuncia sua aproximação, porém Regina consegue convencer Maurício de que ela não é inimiga. Ele a deixa entrar e eles passam a defender a casa dos contaminados. Ele também apresenta o funcionamento de uma velha câmera de cinema que projeta imagens de um estilo de vida que não mais existe.

O filme possui um visual bizarro que advém, em grande parte, da oposição entre o *bunker* futurista e os figurinos de estilo pré-histórico. Existem outras contraposições desse tipo: a câmera "vídeo-memória" de Maurício é, de fato, uma relíquia do cinema mudo, um carro que serve de principal auxiliar da dupla é um Ford 1928, e os armamentos dos personagens consistem em velhos rifles e uma metralhadora da época da Primeira Guerra Mundial. Nelson Pereira conta a divertida

* Expressão que se refere ao fato de a narrativa já partir do meio de um acontecimento e não, como na narrativa clássica, de um prólogo que situará o ambiente e os personagens a serem descritos. (N.T.)

história de que, quando seu chefe de produção foi aos militares requisitar algumas armas de tecnologia de ponta, ele acabou sendo preso. O realizador foi, então, aos quartéis-generais militares, e, depois de explicar ao Ministro da Defesa os propósitos de seu pedido, o oficial concordou em lhe emprestar algumas *winchesters* – rifles que a maior parte do público brasileiro associa com filmes sobre o Brasil da virada do século e os cangaceiros (Amâncio 1999, p. 62). O uso dessas armas, entretanto, não foi um problema, em razão de *Quem é Beta?* intencionalmente criar um mundo apocalíptico que é, em certo sentido, pós-histórico ou "fora do tempo".

Depois que Maurício e Regina se estabelecem como um potencial casal, uma terceira personagem, uma jovem chamada Beta (Sylvie Fennec) se aproxima da colina e de suas vidas (ver Figura 10). Depois de uma breve estadia, Beta decide partir. "Eu estou cansada de suas memórias", ela diz e, pouco depois, Maurício parte atrás dela. Quando consegue alcançá-la, eles dão uma volta pelo campo, a certa altura visitando uma espécie de comunidade contracultural que planta vegetais e dá nomes tupis a seus produtos naturais. Uma das sequências mais bizarras do filme acontece nesse momento. Maurício e Beta caminham à beira da praia, acompanhados

Figura 10. Sylvie Fennec como Beta em *Quem é Beta?*.
(Arquivo Museum of Modern Art/Film Stills)

por uma música extradiegética que soa como uma trilha para viagem de férias. Repentinamente eles começam a atirar contra os contaminados que se banham no mar ou andam na praia. A cena é particularmente pouco convencional porque o casal ri como se estivesse praticando um esporte em uma galeria de tiro ao alvo.

Depois de um tempo, Maurício decide retornar para Regina, ainda que ele não seja bem recepcionado por ela. Regina e seu novo companheiro, Gama (Dominique Rhule), atiram nele, assim que se aproxima da casa. Mais uma vez, entretanto, um potencial conflito violento se dilui em uma relação de camaradagem. Os três terminam vivendo juntos e, ocasionalmente, munindo-se de máscaras de gás e soltando bombas uns nos outros para se divertir. Durante a aproximação de um contaminado, Beta reaparece, entre ruídos de sirenes, em um automóvel. Os personagens se aproximam para encontrá-la, assim como outra mulher, que está grávida e que se assemelha a Beta. Beta e essa outra mulher aparecem intercambiáveis em uma cena posterior na qual os cinco personagens se sentam no chão em uma grande comemoração. Enquanto eles se deleitam com a comida, os contaminados se agrupam do lado de fora e olham fixamente para eles através das janelas. O filme termina abruptamente quando Gama e Regina, agora vestidos em trajes modernos do dia a dia, sobem a bordo de um voo da Air France.

Como Helena Salem apontou, não existe uma maneira correta de ler *Quem é Beta?*, que não possui uma estrutura narrativa convencional, assemelhando-se a uma lógica onírica e incoerente comum à cultura da droga dos anos 1970. Existe, no entanto, a possibilidade de se compreender o filme, assim como todas as obras de Nelson Pereira, como uma espécie de comentário alegórico sobre o estado da nação. Na época em que o filme foi realizado, o milagre econômico promovido pela ditadura militar para salvar as mazelas do Brasil já era claramente um fracasso. A sociedade brasileira estava ainda mais dividida entre os que tinham posses e os que não as tinham, do mesmo modo que os dois líderes dos dois grupos apresentados no filme: os que possuem armas, comida e refúgio e aqueles que vagam pela paisagem clamando por comida e água. *Quem é Beta?* não é o primeiro filme de Nelson Pereira que descreve os extremos da estrutura de classes no Brasil, porém é certamente um dos mais originais e agressivos tratamentos do assunto em sua descrição da luta de classes e do futuro da modernidade brasileira como uma aridez tropical.

Talvez em razão de o público não ter compreendido *Azyllo muito louco* (ou tê-lo compreendido bem demais) os distribuidores pediram que Nelson Pereira filmasse um prólogo para *Quem é Beta?*, com o qual ele iria explicitamente falar ao público que não buscassem no filme nenhuma mensagem, tampouco acreditassem no seu "realismo" dramático. Nesse prólogo, Nelson Pereira compara o filme aos quadrinhos de humor, e fala para os espectadores se sentirem confortáveis, relaxarem e simplesmente se divertirem com a ação. Mesmo que Nelson Pereira acreditasse verdadeiramente no que estava dizendo, o prólogo somente poderia ser lido ironicamente. De fato, ele prepara os espectadores para algo original e experimental, algo que somente pode ser apreciado como alegoria ou uma espécie de visão onírica e distópica.

Se os atores em *Quem é Beta?* estavam inseguros com o tema do filme – e esse parece ser o caso, ao menos baseado no comentário de Arduíno Colassanti, que fez uma pequena ponta no filme (Salem 1987, p. 275) –, não foi surpreendente que o público e os críticos se sentissem igualmente confusos. A resposta da crítica local foi particularmente negativa. "Somente um crítico de cinema em todo o mundo gostou desse filme", Nelson Pereira afirmou, referindo-se a Cacá Diegues, que defendeu o filme em um longo artigo intitulado "Quem é o melhor?" publicado em 27 de junho de 1973, no jornal carioca *Última Hora*. A recepção crítica na França também foi negativa. Nelson Pereira relembra de mostrar o filme a alguns amigos no Festival de Cannes, e a reação posterior deles foi a seguinte: eles o levaram para almoçar, disseram a ele para fazer de conta que o filme nunca existiu e o aconselharam a voltar ao Brasil e fazer outro filme que poderia competir no festival (Amâncio 1999, p. 84). E foi isso exatamente o que ele fez.

Por um cinema popular: O amuleto de Ogum, Tenda dos Milagres *e* Estrada da vida

Nelson Pereira uma vez considerou que *Fome de amor*, *Azyllo muito louco* e *Quem é Beta?* foram produtos de sua crescente alienação do Brasil: "Na verdade, todo o período de filmes metafóricos e investigativos se transformou numa estrada sem fim. Depois de um tempo, percebi que eu não poderia oferecer uma solução, [as ideias] estavam secando e não havia mais nada a ser inventado" (citado em Amâncio 1999, p. 65). Na época em que ele voltou ao Brasil para trabalhar em *O amuleto de Ogum* em 1973, o reinado de terror associado com o governo Médici estava chegando ao final. Em 1974, uma nova administração chegou ao poder sob a liderança de Ernesto Geisel, que iniciou a transição rumo à abertura política e o gradual retorno da forma democrática de governo. Apesar de a repressão do governo ainda ser efetiva, as iniciativas de Geisel para mudar o rumo político do país estimularam todos os setores da sociedade, particularmente as artes. Para Nelson Pereira, a habilidade de fazer filmes sem temer as represálias do governo resultou em seu retorno de um exílio cultural e um renovado compromisso com um tipo de cinema que deveria atrair, antes de tudo, o povo. Ao mesmo tempo, a Embrafilme, a maior distribuidora de filmes brasileiros, sofreu mudanças consideráveis, levando à escolha do realizador Roberto Farias para dirigi-la.[12] Como resultado dos esforços conjuntos

12. A missão inicial da Embrafilme foi ajudar a distribuir os filmes brasileiros ao redor do mundo. Depois de sua reorganização, em 1975, a estatal passou a se envolver com todos os aspectos da filmagem e, como

de Farias e realizadores como Nelson Pereira, que participou das discussões sobre como a empresa poderia servir melhor a seus membros, a Embrafilme se tornou mais flexível em suas políticas e forneceu maior apoio aos diretores brasileiros.

O novo projeto de Nelson Pereira, coproduzido pela Embrafilme, *O amuleto de Ogum*, foi baseado em um roteiro prévio, *O amuleto da morte*, de Francisco Santos sobre o crescimento de Caxias, uma cidade no estado do Rio de Janeiro que se tornou o local com maior número de migrantes nordestinos. Nelson Pereira reescreveu o roteiro, acrescentando uma história de crime sobre um líder de uma gangue politicamente poderoso de Caxias assim como diversas cenas de umbanda – uma religião popular, praticada em sua maior parte, às escondidas, cujas origens remontam fortemente ao passado colonial. O resultado é um filme que mescla policial, gênero que Nelson Pereira havia trabalhado anteriormente com *Boca de Ouro*, com um espetacular, porém obscuro, aspecto da cultura popular brasileira.

O amuleto de Ogum é estruturado como uma história dentro de uma história. Firmino (Jards Macalé), um violeiro cego que conta histórias-baladas para conseguir seu modesto sustento, é espancado e assaltado por três delinquentes em um beco de Caxias. Depois de assaltarem Firmino, os delinquentes exigem que ele se apresente para eles. Um deles quer ouvir a história de Pedro Álvares Cabral; outro dos assaltantes prefere ouvir uma história sobre Bocage, um personagem de anedotas pornográficas contadas tanto no Brasil quanto em Portugal. Firmino ignora os pedidos deles, afirmando que o que tem para contar para eles é uma história verdadeira. Ele inicia a narrativa com o título "O amuleto de Ogum".

O protagonista da narrativa de Firmino e do restante do filme é um jovem nordestino chamado Gabriel, cujo pai e irmão foram mortos enquanto trabalhavam no campo, próximo de sua casa, em Palmeiras. A mãe de Gabriel (Maria Ribeiro), temerosa de perder o único filho que sobreviveu a uma bala assassina, leva-o a um pai de santo, buscando a proteção das divindades da umbanda. Uma cerimônia se realiza para dar proteção a Gabriel, que fica em uma mesa coberta por artefatos religiosos (ver Figura 11). Ao final da cerimônia, um cordão é posto em seu pescoço. A importância do cordão é sugerida pelo lento movimento panorâmico da câmera sobre o torso do menino até se aproximar de sua cintura, onde um amuleto está pendurado no final da corrente.

A cena seguinte ocorre dez anos depois, quando um Gabriel mais velho (vivido pelo filho de Nelson Pereira, Ney Sant'Anna) desce de um ônibus em Caxias. Ele carrega consigo uma carta de Clóvis, amigo de sua família, recomendando-o

---

John King (1990) percebeu, assumiu posteriormente todo o controle sobre a indústria nacional (p. 115). Randal Johnson (1987) escreveu que, em 1975, o orçamento da Embrafilme cresceu de 6 para 80 milhões de cruzeiros, cerca de 10 milhões de dólares (p. 138). Para um estudo detalhado da Embrafilme e da indústria cinematográfica brasileira, ver Johnson (1987).

a viver com seu compadre, Severiano (Jofre Soares), um ilustre homem da cidade e líder de uma organização criminosa. Na carta, Clóvis informa a Severiano que Gabriel possui o corpo fechado, sendo imune a qualquer agressão física, inclusive à morte. Severiano se diverte com o que acredita ser superstição de seu velho amigo; apesar disso, ele faz com que Gabriel se torne membro de seu bando de assassinos e pistoleiros. Pouco tempo depois, Severiano constatará a verdade sobre o que Clóvis lhe havia dito. Chico (Francisco Santos), um dos capangas de Severiano, atira em Gabriel na mesa de jantar em meio a uma discussão provocada por um latrocínio. Quando as balas falham em acertar o corpo de Gabriel, Chico e os outros pistoleiros se aproximam dele como se ele fosse uma divindade e passam a celebrar sua invencibilidade. Enquanto Gabriel é carregado nos ombros por seus companheiros, a câmera se move lentamente em panorâmica até uma longa escadaria que possui no seu alto uma grande estátua de São Jorge sentado. O movimento de câmera enfatiza a importância da estátua, chamando a atenção para essa pseudodivindade que possui um papel tradicional de proteger os aflitos.

Figura 11. Preparando o corpo fechado com Maria Ribeiro como a mãe de Gabriel em *O amuleto de Ogum*. (Arquivo Museum of Modern Art/Film Stills)

A próxima parte do filme diz respeito à crescente tensão entre Severiano e Gabriel, que resulta da atração entre a jovem esposa de Severiano, Eneida (Anecy Rocha) e Gabriel. Após assassinar, sem saber, o popular presidente da Cruz Vermelha a mando de Severiano, Gabriel é forçado a se esconder. Apesar de outra pessoa ter sido condenada pelo assassinato, Gabriel forma sua própria gangue, em sua maior parte composta por jovens das redondezas cujas atividades criminosas ameaçam as atividades de Severiano com a jogatina. Severiano observa a derrocada de Gabriel, matando um por um de seu bando; ele também ordena a dois de seus capangas que visitassem um respeitado pai de santo (Washington Fernandes), que exige pagamento para sua tentativa de abrir o "corpo fechado" de Gabriel. Ainda que sem obter sucesso, o pai de santo consegue enfraquecer os poderes de Gabriel por meio de rituais que o induzem a beber. Certa noite, os pistoleiros encontram um Gabriel bêbado, depois de uma noite em um quarto de motel; eles o envolvem em uma cilada e atiram contra seu corpo antes de jogá-lo ao mar. O respeitado líder umbandista Pai Erley (um verdadeiro pai de santo fazendo o papel dele próprio) e seus seguidores retiram o "embrulho" do mar depois que os pistoleiros se vão. Quando eles abrem o "embrulho", encontram Gabriel com os olhos bastante abertos e um sorriso no rosto, e com sua mão segurando vigorosamente o amuleto.

Quando Severiano fica sabendo que Gabriel escapou milagrosamente da morte, entra em contato com Eneida, que concorda em seduzir Gabriel e remover seu amuleto em troca de dinheiro. Esse plano também falha e Severiano, acreditando que a morte da mãe de Gabriel porá um fim a sua proteção divina, ordena a dois pistoleiros que a matem. Os pistoleiros erram atirando contra uma mulher que se assemelha à mãe, mas Severiano divulga que a mãe foi morta. Pai Erley, com quem Gabriel se encontra e de quem ele recebeu os ensinamentos da umbanda, fica sabendo das trágicas notícias. Um alucinado Gabriel persegue Severiano e um tiroteio ocorre. O tiroteio é tratado da forma mais estilizada e fantástica, com Severiano aparecendo e desaparecendo diante dos olhos de Gabriel como se fosse o Demônio. Severiano consegue acertar Gabriel nas costas. À primeira vista mortalmente ferido, Gabriel consegue matar Severiano e cai em uma piscina. Depois que cai na água, seu corpo passa lentamente a se mover; há um corte para sua mãe, que se encontra temerosa sobre a vida do filho depois que ela própria sofreu um atentado quando descia de um ônibus em Caxias. Na cena final, o corpo de Gabriel é magicamente levado da piscina para o mar, e, de lá, ele sai da água para um bote, com duas pistolas erguidas em cada mão – como se fosse uma encarnação de um deus guerreiro (ver Figura 12). O filme fecha, então, o círculo retornando para a cena de Firmino e dos delinquentes, que ficaram tristes com a história do cego. Eles decidem matá-lo, porém suas balas não fazem nenhum efeito; fica comprovado que, tal como o protagonista de sua verdadeira, mas miraculosa história, Firmino também possui o corpo fechado. Impávido às balas e às facadas, Firmino puxa uma grande faca e mata todos os três jovens. Enquanto se afasta, canta uma canção: "Eu vou/eu mato/eu morro/e volto para curtir".

O amuleto de Ogum traz de volta temas e personagens dos primeiros filmes de Nelson Pereira. Como Johnson (1984, p. 202) notou, o elenco do filme é diretamente associado com *Vidas secas*: Maria Ribeiro, que vivera Sinhá Vitória no filme anterior, é a mãe de *O amuleto de Ogum*, e a cena na qual ela e o jovem Gabriel atravessam a árida região nordestina até chegarem ao terreiro de umbanda é evocativa do prólogo de *Vidas secas*. Jofre Soares, que vivera o destemperado proprietário de *Vidas secas*, volta a viver um papel ainda menos simpático como Severiano. Existe uma ainda mais sutil conexão entre os dois filmes. Em uma das cenas mais memoráveis de *O amuleto de Ogum*, os capangas de Severiano torturam um jovem rapaz que trabalha para Gabriel na tentativa de encontrar onde o resto do grupo está refugiado. O rapaz é preso pelos braços e pelas pernas e passa a girar em uma engenhoca de metal que se assemelha a um obsoleto varal. Na trilha sonora, escutamos o sufocante ruído provocado pelo cilindro de metal que proporciona o giro da engenhoca. O som é composto da mesma singularidade e dissonância do ruído de um carro de boi que se tornara sinônimo das existências pobres e desesperadas em *Vidas secas*.

Figura 12. Ney Sant'Anna como Gabriel adulto em *O amuleto de Ogum*.
(Arquivo Museum of Modern Art/Film Stills)

Johnson (*ibidem*) sugere apropriadamente que *O amuleto de Ogum* pode ser visto como uma sequência de *Vidas secas* ao focar o que acontece a um nordestino que chega à metrópole. Ele também chama a atenção de como em *O amuleto de Ogum*, Nelson Pereira retornou ao ambiente urbano de seus dois primeiros filmes, *Rio, 40 graus* e *Rio, Zona Norte* (*ibidem*). Existem, no entanto, algumas marcantes diferenças com relação às obras anteriores. A favela retratada nos filmes dos anos 1950 é quase pastoral em comparação com a Caxias dos anos 1970, onde roubos e assassinatos se tornaram comuns e onde a vida do nordestino Gabriel, que havia deixado uma terra violenta por outra, torna-se uma forte e volátil presença.

No entanto, o que mais diferencia *O amuleto de Ogum* da obra inicial de Nelson Pereira, incluindo o filme policial *Boca de Ouro*, é a ênfase dada à cultura popular nordestina, na qual elementos mágicos e míticos se mesclam com atividades da vida cotidiana. Por exemplo, em certo momento, o Sr. Baraúna (Emmanuel Cavalcanti), advogado de Severiano, troça com o plano de matar Gabriel, percebendo que ele é semelhante ao assassinato de Lampião, lendário cangaceiro nordestino. Essa versão é veementemente contestada por Quati, um dos nordestinos do bando de Severiano, que toma o comentário do advogado como afronta pessoal: "Lampião não morreu dormindo. Lampião morreu de pé lutando. Lampião não era homem de morrer dormindo, Seu Baraúna. Ora essa, o senhor é um homem inteligente dizendo uma besteira desse tipo!". Um comentário mais simpático e amplo sobre as atitudes e os costumes nordestinos é apresentado em uma cena próxima ao final do filme, quando Eneida leva Gabriel para uma breve visita à casa de seus familiares em São Paulo. Ao contrário da vida em Caxias, que é associada com alianças políticas, lealdades e gargantas cortadas, aqui a unidade da família nordestina permanece intacta, e trabalhadores de serviços pesados criam laços de proximidade uns com os outros. A chegada à casa de Eneida motiva seus pais, ambos imigrantes nordestinos, a festejarem; eles celebram sua chegada preparando uma refeição especial, sarapatel (um prato feito com sangue, rins, pulmões, miúdos de carneiro e caldo), que é servido com cachaça. A sequência termina com os membros da família dançando um forró interpretado por um trio de nordestinos – em notório contraste com a música contemporânea e a atmosfera sinistra da Boate Moustache em Caxias, um bar que faz também às vezes de boate e bordel, ao qual os criminosos vão para se divertir.

Outra diferença importante entre *O amuleto de Ogum* e os primeiros dois filmes de Nelson Pereira pode ser percebida na forma pela qual o último filme integra a religião no panorama geral da sociedade contemporânea. Não há referências ao candomblé, à macumba ou à umbanda em *Rio, 40 graus* ou *Rio, Zona Norte*, ainda que ambos os filmes busquem uma aproximação supostamente realista da vida na favela, onde tais religiões são praticadas em ampla escala. A ênfase na religião em *O amuleto de Ogum* pode ser parcialmente compreendida pelo forte impacto provocado pelo romance *Tenda dos Milagres* (1972), de Jorge Amado, sobre a cultura e a religião afro-brasileiras, em Nelson Pereira, enquanto ele produzia o filme, e por tê-lo levado a perceber a significação da religião para os pobres. Nelson Pereira também atribui sua mudança de atitude à sua esposa Laurita, que estava fazendo um curso de antropologia na época e que compartilhava com ele ideias sobre sociedade, religião e cultura. Soma-se a isso o fato de ele ter se beneficiado do conhecimento e dos contatos de Erley José Freitas, seu amigo havia muito tempo, que conhecera na época em que realizava *Rio, Zona Norte*. Não coincidentemente ele escolheu o próprio Erley para viver Pai Erley, o pai de santo do "bem" que retira Gabriel do mar, ensinando-lhe sobre umbanda e como se livrar de Severiano.

Ainda que Nelson Pereira há muito tempo fosse conhecedor de práticas religiosas nas favelas, sua aproximação nos primeiros filmes foi estritamente marxista, focalizando a questão das classes sociais e das raças, enquanto implicitamente desconsiderava a religião como o ópio das massas. *O amuleto de Ogum* torna clara não apenas a importância da religião na vida dos pobres, mas também as formas pelas quais a umbanda reforça a solidariedade de classe e consegue dar forças aos indivíduos que vivem em um mundo violento e corrupto. Como Nelson Pereira observou em uma entrevista de 1975:

> Quando eu fiz *Rio, 40 graus*, eu passei quase um ano andando pela favela, visitando o grupo de jovens, indo às sessões de macumba e frequentando práticas religiosas de mensagens e despachos. Porém, minha câmera não filmou nada disso. Eu ignorava completamente a visão religiosa do povo, assim como a própria visão de mundo deles. A realidade que eu buscava não era a que estava diante da câmera, mas sim o modelo que eu tinha na minha cabeça. E era isso o que acontecia no cinema brasileiro.
> O ponto de partida para o filme [*O amuleto de Ogum*] foi desvelar a visão popular de nossa realidade e tentar pô-la nas salas de cinema, certo de que um filme popular seria comercialmente bem-sucedido, desse modo resolvendo a situação financeira. Estatísticas afirmam que 60 milhões de brasileiros não vão ao cinema porque o cinema não significa nada para eles. É um mercado novo e virgem. (Beraba 1975, p. 3)

É importante perceber que, na época em que o filme foi realizado, os templos de umbanda, macumba e candomblé eram estritamente proibidos pelo regime militar a não ser que fossem formalmente registrados (assim como bordéis e outros estabelecimentos semelhantes) – uma clara indicação da contrariedade do governo com os agrupamentos populares. Como consequência, as pessoas praticavam suas religiões clandestinamente. Dada a política de linha dura do governo contra a umbanda, Nelson Pereira, tomou uma decisão particularmente corajosa quando decidiu representar a sua forte presença na comunidade, assim como suas crenças e práticas. Stam (1997) escreveu que "o filme simplesmente assume valores umbandistas, sem explicá-los para os não iniciados" (p. 267); e complementa que "o filme não idealiza a umbanda: um pai de santo no filme trabalha pela libertação popular; o outro é um charlatão ganancioso e oportunista" (*ibidem*, p. 268). *O amuleto de Ogum* foi igualmente corajoso na sua representação realista da tortura, que havia sido praticada regularmente pelo regime militar. Os censores do governo, entretanto, aparentemente não entenderam as implicações mais amplas do filme. De acordo com Nelson Pereira, eles ordenaram que apenas uma das cenas de tortura fosse cortada, e o filme foi lançado sem maiores dificuldades em 1975.

Apesar do desejo de Nelson Pereira de realizar um filme que tivesse um grande apelo popular, *O amuleto de Ogum* não foi comercialmente bem-sucedido.

Ele acabou sendo divulgado como um "filme de arte", ficando restrito a poucas salas.[13] Uma sessão especial foi promovida em Caxias, onde o filme foi bem recebido pela comunidade. Ele também recebeu críticas favoráveis e foi selecionado para competir no Festival de Cannes assim como no Festival de Gramado, onde conquistou o prêmio de melhor filme. Olhando retrospectivamente para o filme, Nelson Pereira parece ter ficado bem satisfeito com ele. Em certo momento, chama a atenção da significação simbólica da moldura narrativa, observa que o cantor que recusa as demandas de reciclar histórias familiares e que opta por contar sua própria história é semelhante aos melhores diretores brasileiros, que possuem eles próprios "corpo fechado" (Amâncio 1999, p. 218). Apesar de *O amuleto de Ogum* não ter tido a recepção de público que Nelson Pereira esperava, ele não mudou seu curso. Seu comprometimento com a ideia de um cinema popular e com a representação da religião afro-brasileira foi tão intenso que, quando ele soube que o empresário Ronald Levinson tinha interesse em produzir um filme, imediatamente propôs uma adaptação de *Tenda dos Milagres*, de Jorge Amado.

Como no romance no qual é baseado, o filme *Tenda dos milagres* aborda o mundo da alta sociedade, do meio acadêmico e dos grandes negócios em Salvador – cidade de maior população negra do Brasil. Os mesmos elementos de poder político, ganância e violência presentes no submundo de Caxias em *O amuleto de Ogum* são também o elemento central nesse filme. As diferenças básicas entre os dois filmes é que, embora também recorra a torturas e assassinatos, a poderosa elite de *Tenda dos Milagres* emprega meios menos óbvios e violentos para defender e promover seu *status* e sua riqueza. Esses incluem os eventos sociais, as histórias locais, as práticas institucionais e as leis que eles autorizam, além do poder e da persuasão da mídia, que eles compram ou dos quais são aliados. (Em termos althusserianos, o primeiro filme lida com o aparato repressivo, ao passo que o segundo lida com o aparato ideológico.) Como em *O amuleto de Ogum*, a religião popular exerce um papel fundamental em *Tenda dos Milagres*, tornando-se o meio pelo qual um grupo menos afortunado enfrenta um sistema decadente e opressor, criando um senso de comunhão e solidariedade para a maior parte da população pobre e negra da cidade.

A estrutura desses dois filmes é também semelhante, no sentido de que ambas fazem uso do artifício da moldura. Em *O amuleto de Ogum*, como nós vimos, a

---

13. Como Jean-Claude Bernardet (1975) observou em seu importante ensaio "O amuleto mudou tudo": "Naturalmente ao endereçar o filme não ao público culto, mas antes ao povo, Nelson fez uma escolha: ele estava se dirigindo a uma parte da população que não constitui o público regular do cinema. (...) Depois de assistir *O amuleto de Ogum*, não se pode falar dele como antes de vê-lo. *O amuleto de Ogum* faz uma relação entre a produção cinematográfica e o povo. Ainda para aqueles que não concordam com os objetivos de Nelson Pereira, *O amuleto* estabelece os parâmetros para discussões futuras. *O amuleto* propõe uma reformulação drástica nas relações entre realizador (e intelectual em geral) e o povo" (pp. 11-12).

história é narrada por um velho cego, Firmino, que aparece não somente no início e no final do filme, mas também em certos momentos durante a narrativa, como para certificar sobre o que há de "verdadeiro" por trás de sua história. Em *Tenda dos Milagres*, o artifício da moldura é proporcionado pelo desleixado escritor e cineasta Fausto Pena (Hugo Carvana), que está realizando um filme sobre a vida do mulato Pedro Arcanjo, filósofo e sociólogo amador que havia trabalhado como funcionário da universidade local no início do século XX. Apesar de ter morrido em relativa obscuridade nos anos 1940, Arcanjo foi subitamente valorizado em público como resultado da atenção e da admiração prestadas ao seu trabalho sobre cultura e religião africanas por um antropólogo norte-americano e ganhador do prêmio Nobel, Dr. James D. Livingstone (Laurence R. Wilson), que está em Salvador para saber mais sobre Arcanjo.[14]

A história dentro da história da procura por encontrar algo mais a respeito de Pedro Arcanjo, também com o desejo de Fausto Pena de aproveitar a fama póstuma de Arcanjo para realizar um filme sobre ele, interrompe a narrativa central, que consiste em uma cronologia de eventos na vida de Arcanjo – eventos que Pena havia pesquisado e que o vemos editando no início do filme. Como Johnson e Salem apontaram, o artifício da moldura se torna ainda mais complexo como consequência de uma breve aparição inicial pré-créditos de uma meteorologista na televisão que informa ao espectador: "Na Bahia, o tempo é bom" (Johnson 1984, p. 206; Salem 1987, p. 310). Ainda que não haja retorno à televisão no final do filme, essa aparição inicial sugere uma moldura (parcial) para o filme que, por sua vez, é construído em torno da ideia de um filme dentro de um filme. Aqui como em todos os momentos, Nelson Pereira chama a atenção para a presença e o poder da mídia na vida cotidiana e para a característica midiática de toda a experiência moderna, ainda quando narrada para nós de modo pseudofolclórico. Como ele constata em uma entrevista para Johnson (1995, p. 14), "Na realidade, [*Tenda dos Milagres*] é um espetáculo de televisão, como se você chegasse em casa, ligasse a TV e observasse o que está acontecendo".

O amuleto de Ogum e *Tenda dos Milagres* também possuem outras características comuns. Por exemplo, tanto Gabriel quanto Arcanjo (cujo nome é sinônimo de "anjo") possuem nomes bíblicos. O "corpo fechado" de Gabriel lhe possibilita escapar de ser ferido e, posteriormente, o transforma em um pistoleiro e guerreiro protetor; Arcanjo possui os "olhos de Xangô", que é uma tradução de "Ojuabá", nome pelo qual ele é conhecido na comunidade negra. Como Ojuabá, a mais poderosa divindade do candomblé, ele afirma sua crença nos deuses e nos rituais africanos e defende seu povo do perigo. Em uma das cenas mais dramáticas do filme, Arcanjo utiliza seus poderes para transformar Zé da Grande Alma, um

14. A história de Arcanjo é vagamente baseada na vida do ativista Manuel Querino.

praticante de candomblé que virou policial criminoso, em um furioso vingador da comunidade negra que ataca o chefe da polícia e recusa o comando para matar um pai de santo do candomblé.

A principal diferença entre os dois filmes é a maior presença que o candomblé tem em *Tenda dos Milagres* quando comparada à mais elíptica e fragmentada presença da umbanda em *O amuleto de Ogum*. *Tenda dos Milagres* pinta um quadro mais amplo da religião, focalizando os tributos, as reuniões, os rituais e, particularmente, a música, que é um elemento crucial nas cerimônias. *Tenda dos Milagres* é também um filme mais irônico e satírico que *O amuleto de Ogum*. Por exemplo, ele ridiculariza um certo tipo de acadêmico brasilianista – uma figura que é maravilhosamente satirizada no apropriadamente chamado Dr. Livingstone, que chega a Salvador direto dos Estados Unidos e cria um frenesi na mídia local por se interessar pelo há muito tempo esquecido Arcanjo e suas teorias sobre miscigenação e democracia. De aparência atlética, Livingstone, um vencedor do Nobel que cultiva igualmente o tradicional visual acadêmico barba e cachimbo, está particularmente interessado em fazer sexo com Ana Mercedes (Sônia Dias), uma mulata que conhece na conferência de imprensa e declara publicamente ser "o mais vivo exemplo" das teorias de Arcanjo. Ana aceita dinheiro de Livingstone em troca de sexo, porém faz uma crítica sincera, lembrando que ele a havia fotografado nua como se ela fosse um animal selvagem. Essa sequência também serve como uma crítica implícita da indústria do sexo no Brasil, especialmente no Nordeste, que é construída para servir de apelo para alguns estrangeiros. Ainda hoje, pacotes especiais de viagens são vendidos para europeus e americanos, incluindo-se encontros sexuais com jovens negras, cujas imagens são fundamentais para a estratégia publicitária.

Ao transformar o personagem Fausto Pena do romance de um acadêmico-narrador em um poeta-realizador, Nelson Pereira também faz um comentário irônico sobre a indústria cinematográfica brasileira. Ao longo de todo o seu trabalho do filme dentro do filme, Pena seguidamente se frustra em suas tentativas de ter um encontro com Roberto Farias, da Embrafilme (o verdadeiro chefe da empresa na época), com quem ele espera conseguir fundos para o filme. O filme não somente satiriza a inacessibilidade da Embrafilme, como questiona seus critérios. Na parede atrás da mesa onde Pena faz suas ligações para a agência, há um grande cartaz publicitário de um filme pornográfico intitulado *Amadas e violentadas*. A cena é tanto cômica quanto sombriamente irônica, fazendo um comentário indireto sobre a natureza contraditória da Embrafilme, especialmente anterior à sua reforma em 1975. (Sob a administração do ultraconservador governo militar, a empresa deu generosos financiamentos para pornochanchadas e filmes de sexo explícito, ao mesmo tempo em que recusou verbas para filmes sérios e socialmente engajados para diretores associados com o Cinema Novo.) Ao final, Fausto Pena abandona qualquer esperança de conseguir financiamento. (Seu nome sugere tanto seu pacto econômico com o "demônio"

Livingstone, para quem ele é pago para pesquisar sobre a vida de Arcanjo, quanto a vergonha e a pena provocada pela aventura sexual de Livingstone com Ana, que é sua namorada.) Nelson Pereira dá uma última espetada na Embrafilme no último diálogo entre Fausto e Ana. Tendo sua consciência crescido com sua pesquisa sobre Arcanjo, Fausto a informa de que não mais se importa com concluir o filme – e com uma risada maliciosa afirma que o público acaba de vê-lo de qualquer jeito.

Vários críticos americanos, incluindo Joan Dessin, Marsha Kinder, Johnson e Stam, escreveram considerável e favoravelmente sobre esse filme. Dessin (1995), entretanto, é menos entusiasmada com o fato de a narrativa ser divida entre presente e passado no filme, disposição que ela descreve como algo tosco (pp. 37-38). Creio que a alternância entre os dois quadros temporais ocorre de forma inesperada e abrupta. *Tenda dos Milagres* altera os tipos de conexões que geralmente os espectadores fazem tendo como modelo a maior parte dos filmes de Hollywood. A narrativa principia de modo desorientador, principalmente em virtude de dois atores diferentes viverem Pedro Arcanjo em diferentes períodos de sua vida. Longe de ser um artifício buñuelesco, essa foi a consequência de Jards Macalé abandonar o projeto no meio das filmagens. Já que Nelson Pereira se recusou a refilmar as cenas com o substituto de Macalé, Juarez Paraíso, ele decidiu aproveitar a filmagem original com Macalé, que interpreta o jovem Arcanjo, e escalar Paraíso como o Arcanjo maduro (ver Figura 13). Apesar da forte interpretação de Paraíso, que não possuía experiência como ator profissional, sua súbita aparição no filme, sem nenhuma menção à passagem do tempo ou aos cuidados habituais com a suspensão da descrença, produziu um estranho efeito. Nelson Pereira tentou amenizar o problema no início do filme, quando há uma referência de Arcanjo em que se vê uma breve aparição de ambos os atores. Tal cena, porém, ocorre precocemente no filme, e é bastante elíptica a referência para que a maior parte dos espectadores se dê conta de sua significação.

Principalmente em razão do artifício da moldura, *Tenda dos Milagres* é altamente autorreflexivo; de fato, as implicações ideológicas de contar uma história (ou de fazer um filme) são centrais para os seus propósitos assim como o é a narrativa sobre a Bahia de Arcanjo da virada do século. Apesar do enredo central, repleto das batalhas travadas entre Arcanjo e seu arqui-inimigo, o professor da escola de medicina e supremacista branco Nilo Argolo (Nildo Parente), é fascinante perceber que o filme faz uso de várias técnicas – incluindo mescla de molduras temporais, a abrupta mudança dos atores, lampejos e críticas sobre a indústria cinematográfica e personagens satíricos – para enfatizar com o público que aquilo a que eles estão assistindo é um evento midiático. Seu tom do início ao final é grandemente satírico, com personagens bastante caricatos como Argolo e Livingstone; os gananciosos executivos de publicidade da Doping, Inc., que lucram em cima do frenesi em torno de Arcanjo ao criar um centro comercial com seu nome e ao divulgar um desodorante chamado *Fresh Black*; e o vigoroso e "liberal" Coronel Gomes (Jofre

Soares), que considera o melhor amigo de seu filho na universidade, Tadeu Canhoto (um mulato, que é igualmente filho de Arcanjo) "como se fosse seu filho", ao menos até Tadeu ameaçar se tornar verdadeiramente parte da família, pedindo a mão da filha do Coronel em casamento. Soares, no papel de Gomes, é fundamental para o efeito pretendido, realizando outra de suas magníficas interpretações como um tipo sem reputação; seus modos refinados na primeira parte do filme dão lugar a ataques ofensivos ao gritar e gesticular quando sabe que a linhagem de sua família pode ser colorida com o sangue negro de Tadeu. Seu racismo é igualmente evidente quando ele visita o novo chefe de polícia empossado para saudar família deste. Ao contrário do antigo chefe policial, que foi destituído de seu cargo por causa do sangrento assassinato de um pai de santo, o novo policial não oferece cobertura a Gomes e ainda anuncia orgulhosamente que é mulato. Chocado com o fato de que um mulato possa ter conseguido um posto tão importante, Gomes se dirige ao calmo chefe de polícia chamando-o de "Dr. Mestiço" quando ele se retira de seu escritório.

Figura 13. Juarez Paraíso como Pedro Arcanjo adulto em *Tenda dos Milagres*. (Coleção Nelson Pereira dos Santos)

A despeito das reivindicações de Argolo por "pureza racial" como pano de fundo e apesar dos vigorosos protestos contra a miscigenação, muitos personagens apresentados são mestiços, e é sugerido que praticamente todos, inclusive aqueles que pertencem aos mais altos níveis da sociedade baiana, possuem ao menos um ancestral africano. (A sequência inicial dos créditos, que cria uma colagem de diversas fotografias em tom sépia de senhores distintos e de pele clara vestindo indumentárias formais ao lado de imagens coloridas de afro-brasileiras, já antecipa a questão.) Argolo é totalmente ignorado pela pesquisa de Arcanjo sobre a herança africana da elite, que é publicada pela tipografia de um amigo chamada Tenda dos Milagres. Arcanjo se sente particularmente satisfeito pela dedicatória do livro ao "seu primo Nilo Argolo" descobrindo, para sua surpresa e seu deleite, que compartilha um ancestral negro. Infelizmente, entretanto, Arcanjo é demitido da universidade, arrastado e preso por seus escritos. Depois de ser solto, nós o vemos participando do movimento Aliança Contra Hitler e morrendo na mesa de um prostíbulo após participar de uma manifestação de rua antinazista.

O filme termina com uma nota irônica como que endereçada ao presente: como resultado de sua recém-incensada celebridade, Arcanjo ganha uma condecoração póstuma da mesma universidade em que trabalhara como funcionário e fora atacado por seus escritos sobre identidade afro-brasileira. Com grande pompa e circunstância, seu retrato é erguido no alto de um muro, e ele se transforma em uma espécie de ícone sentimental para a sociedade de consumo. A cena final e os pós-créditos oferecem uma leitura diferente do passado: quando um desfile que comemora o movimento baiano do século XIX e clama pela libertação do Brasil da ordem imperial passa pela rua, a câmera segue um grupo de negros baianos do movimento. As palavras "independência ou morte" aparecem de modo destacado na tela – um grito unido para a população negra que agora preenche o quadro inteiro.

Um primeiro comentário feito pelos críticos brasileiros e americanos contra o romance de Amado era sobre sua ideia implícita da miscigenação como uma forma de se conquistar a verdadeira democracia. Stam (1997) observa que essa ideia é apresentada no romance sem nenhuma discussão, ou mesmo alusão, sobre o problemático "processo de branqueamento" para a maioria da população negra que não se enquadra na mistura racial (pp. 299-307). Não há nenhuma crítica na obra de Amado a uma sociedade que prefere ser chamada de branca quando é predominantemente negra (uma pesquisa realizada em 2001 mostrou que apenas 5% da população se considerava negra [Jones 2001, p. 15]). Outra crítica tem sido endereçada às caracterizações de Amado a respeito de uma hipersexualidade supostamente encontrada nos negros e na religião africana. O livro introduz Arcanjo descrevendo suas aventuras com várias mulheres e enfatizando fortemente suas proezas sexuais. Nelson Pereira provavelmente esteve alerta para ambas as questões quando estava filmando, ainda que não alterasse ou criticasse o argumento da mistura racial. Apesar disso, ele omite a maior parte dos encontros sexuais de Arcanjo e tenta evitar estereotipá-lo. A única cena gráfica de sexo envolve Arcanjo e Kirsi (Liana Maria Graff), uma norueguesa. Essa relação, como Stam (1997) apontou, sugere implicitamente uma não problematizada "'progressão' de Arcanjo, o mulato, para sua criança, com uma mulher branca escandinava" (p. 306); a relação também é apresentada de um modo romântico, sem a sensualidade superficial que encontramos no livro. De fato, o filme tematiza um homem íntegro, inteligente e religioso que luta sua vida inteira contra o racismo e a opressão política. Nesse sentido, o filme oferece visão mais positiva e sensível da sociedade negra baiana, incluindo o candomblé, que é tratado de modo artístico e respeitoso, e sem nenhuma das referências aos estereótipos sexuais que frequentemente têm diminuído os romances de Amado sobre comunidades afro-brasileiras.

Nelson Pereira, depois da aclamação crítica de *Tenda dos Milagres*, seguiu com *Estrada da vida (Milionário e José Rico)* (1981), uma história das desventuras de uma dupla de cantores sertanejos até o sucesso. Milionário e José Rico, que são famosos no Brasil, interpretaram a si próprios no filme. De acordo com José Mário Ortiz Ramos (1987), mais de um milhão de brasileiros viram o filme no seu primeiro ano de lançamento – um sucesso considerável no que foi um ano particularmente problemático para a indústria cinematográfica brasileira (p. 444). No entanto, ao contrário do público em geral, que se entreteve com o humor direto e os números musicais, os críticos foram quase unânimes em rejeitá-lo. Eles ficaram particularmente incomodados com o que diz respeito ao tratamento simpático do capitalismo e da indústria da música, e criticaram Nelson Pereira de ter feito um projeto comercial para promover as vendas de discos de Milionário e José Rico. Como Salem percebeu, se não fosse pelo sucesso de público, *Estrada da vida* teria sido o mesmo desastre de *Quem é Beta?*. Anos depois, Nelson Pereira recordou a quantidade enorme de ataques contra *Estrada da vida*, afirmando que foi uma "coisa horrível, nem imagina" (citado em Salem 1987, p. 325).

Estrada da vida, no entanto, está longe de ser uma defesa do capitalismo ou um simples veículo promocional para a dupla sertaneja. Não há dúvida de que a popularidade de Milionário e José Rico, já bem estabelecida no Brasil quando o filme foi realizado, foi incrementada pelo filme e que suas vendas de disco cresceram não só local, mas internacionalmente – até mesmo em lugares tão improváveis quanto a China, onde foram convidados a se apresentar. No entanto, *Estrada da vida* é também um apaixonado e vital filme sobre a migração dos pobres e despossuídos brasileiros do campo para a cidade. Nessa perspectiva, ele oferece uma única e positiva visão da vida cotidiana entre os trabalhadores urbanos pobres – um sentimento utópico de energia, sinceridade e solidariedade como raramente tem sido retratado no cinema brasileiro.

O filme é particularmente interessante se considerado à luz das importantes questões levantadas por Richard Dyer (1981) em seu célebre ensaio "Entretenimento e utopia", que diz respeito basicamente aos musicais clássicos de Hollywood. Como Dyer aponta, o apelo de certos filmes reside na sua busca de necessidades reais, mais que imaginárias. Os filmes de Hollywood sobre dança, canções e "*showbiz*" são fundamentalmente utópicos por essa via, ainda que não politicamente progressistas. Em resposta às insuficiências ou à pobreza, eles nos proporcionam uma imagem de abundância e prosperidade; em resposta ao trabalho alienador e à insipidez da vida urbana, proporcionam a intensidade e a energia dos números musicais; em resposta à manipulação da propaganda e à ambiguidade das relações sociais, descrevem personagens abertos, espontâneos e honestos; e em resposta à fragmentação da vida moderna, apresentam um mundo de atividades comunais e coletivas. O problema, naturalmente, é que o abismo entre o mundo da tela e o mundo real e também as contradições sociais presentes que esse abismo ameaça revelar são geralmente encobertos ou atenuados pela nostalgia (como em *Agora seremos felizes*, de 1944, ou *Moulin rouge*, de 2001), pelo primitivismo (como nos musicais de negros como *Um lugar no céu*, de 1943, ou *Porgy and Bess*, de 1959) ou pela ideia dúbia de que o entretenimento capitalista pode resolver todos os problemas que o próprio capitalismo cria (como nos musicais a respeito da indústria do entretenimento como *Rua 42*, de 1933, ou *A roda da fortuna*, de 1953). Enfim, como Dyer (1981) explica, Hollywood nos proporcionou "o que de utópico se poderia sentir, mais do que como essa utopia poderia ser organizada" (p. 177).

Nós não podemos viver sem impulsos utópicos ou o desejo por um mundo melhor, porque tais elementos tornam possível o progresso social. No entanto, existem diferentes tipos de utopia artística. O filme de Nelson Pereira sobre a música e a indústria do entretenimento é um caso a ser discutido. Ele faz um contraste intrigante com o musical de Hollywood e também com a chanchada brasileira, que geralmente funcionam com estratégias semelhantes. Como a maioria dos musicais, *Estrada da vida* nos dá um senso de energia utópica e comunhão; porém, ao mesmo tempo, ele apresenta miséria e desigualdade, exploração no trabalho e a duplicidade da vida cotidiana requerida pelo capitalismo. O filme não apresenta discursos políticos e é sempre leve e cômico, mas apresenta os pobres e a classe trabalhadora de modo bastante realista, efetivando um tributo a essas formas de entretenimento utópicas e à união que tais entretenimentos nutrem.

Deve ser ressaltado que *Estrada da vida* foi realizado durante os anos associados à abertura política no Brasil assim como ao espírito da publicação da Federação de Cineclubes, *Manifesto por um cinema popular*, de 1975, no qual Nelson Pereira discute a busca por um cinema que tematize o povo, tenha apelo ao grande público e concorra nas bilheterias com filmes americanos e outros filmes estrangeiros importados. Nas palavras de Nelson Pereira: "O povo vai se reconhecer em um filme que não seja somente baseado nos valores populares, mas que também os aceite e projete positivamente. Como consequência, quando um povo se afirma culturalmente indo ao cinema, ele também está proporcionando apoio econômico a essa produção" (pp. 6-7). Em seu ensaio "O amuleto mudou tudo", que também se encontra na publicação *Manifesto por um cinema popular*, Jean-Claude Bernardet (1975, p. 11) discute qual seria sua noção de cinema popular:

> O público não seria mais considerado uma massa de pessoas a ser seduzida de alguma maneira a comprar os ingressos na bilheteria, mas antes um segmento da

sociedade para quem a produção e a exibição de filmes significam uma identidade deles próprios, de sua existência, de seus valores, de suas potencialidades e de suas limitações (...). O espetáculo apresentado pelo filme é não mais uma forma de opressão de cima para baixo ou de uma indústria do entretenimento oprimindo o público, mas antes uma tentativa de representação dramática que nasce de baixo e se move para o alto.

A transição de Nelson Pereira de um marxismo ortodoxo para um populismo de esquerda remonta a *O amuleto de Ogum* e a *Tenda dos Milagres*, que tratam de modo simpático as práticas religiosas da umbanda e do candomblé, apresentando sua importância na vida dos brasileiros pobres e trabalhadores. A cena, em *Tenda dos Milagres*, na qual o problemático, mas insubmisso herói do filme, Pedro Arcanjo, rejeita o discurso marxista, é significativa nesse sentido. Como um empregado mulato de uma população universitária predominantemente branca e elitizada, Arcanjo prefere que a solidariedade advenha do candomblé e não do bem-intencionado, porém abstrato, argumento do professor sobre a luta de classes e a revolução mundial. Em entrevista com Johnson (1988), Nelson Pereira comentou sobre o professor:

[O professor] representa o marxista ortodoxo que ao longo dos anos tem sido tão colonizador quanto o colonizador não marxista, porque não foi capaz de transportar seu modo de pensamento, e em vez disso meramente transferiu as considerações que conquistou através desse método (...). Eu estou criticando a mim mesmo também, porque eu caí nessa mesma armadilha. Isto é parte de mim – essa atitude que nós chamamos de sociológica, distanciada, elitista, professoral, de se afastar da realidade do povo e de seus interesses. Um intelectual como o professor (...) visualiza a transformação da sociedade. Ele é sincero a esse respeito, porém sua mobilidade social – primeiro ele é professor, depois diretor de um instituto – é uma contradição. Sua capacitação, sua classe e sua posição o previnem de incluir as verdadeiras manifestações populares – especificamente a religião – em seu universo cultural. (P. 139)

Em uma entrevista ao *Jornal do Brasil*, que apareceu pouco depois do lançamento de *Estrada da vida*, Nelson Pereira defendeu sua posição de forma clara contra seus críticos:

Evitei um discurso autoritário do diretor que usa desse poder e impõe ao espectador uma visão sociológica reducionista e superconhecida (...). A linguagem do cinema é a emoção. Chega de sociologia dentro do filme. Ela pode ser útil, antes para assessorar na realização e depois para quem quiser se utilizar de seus conceitos para falar do filme. Mas sociologia na boca do personagem, jamais. (*Apud* Salem 1987, pp. 324-326)

Apesar de os críticos ficarem chocados com a declaração de Nelson Pereira, que parecia entrar em contradição com suas crenças marxistas, eles poderiam ter relembrado a posição que ele havia exposto em 1975: "Uma pessoa nunca para de agir politicamente quando ela age culturalmente. A intenção não é abandonar a visão política, mas antes possuir essa visão política dentro de uma prática cultural" (*Manifesto por um cinema popular*, p. 10).

Apesar de *Estrada da vida* ser mais fantasioso e suave que qualquer coisa que Nelson Pereira realizou anteriormente, ele também teve sua marca política, ao tomar como seu objeto um estilo de música que na época era ignorado, ou mesmo desdenhado, pelas classes média e alta. Nelson Pereira continuou, como nos seus primeiros filmes, a explorar a cultura de um segmento marginalizado da população brasileira; porém, aqui ele parece sentir, ou ao menos encorajar, uma maior identificação com o povo que está sendo filmado: "A realidade que eu estava buscando [em *Rio, 40 graus*] não estava em frente à câmera, mas era antes um modelo que eu tinha já na cabeça" (*ibidem*, p. 4). Sua decisão de fazer *Estrada da vida* nasceu diretamente de sua paixão pela música sertaneja que ele havia escutado em locações em Mato Grosso, no interior do Brasil. Quando as dificuldades financeiras o forçaram a abandonar um projeto cinematográfico sobre o poeta abolicionista Castro Alves, ele decidiu fazer um modesto filme sobre esse gênero musical, contratando Milionário e José Rico, a mais famosa dupla na época, para representarem a si próprios no filme.

Como nos filmes anteriores de Nelson Pereira, *Vidas secas* e *O amuleto de Ogum*, *Estrada da vida* tematiza os migrantes do campo e suas esperanças por uma vida melhor na cidade. No entanto, é também uma comédia que remonta à tradição da chanchada e apresenta o bom humor natural e a inocência de tipos provincianos em contraste com as frequentemente insensíveis, rudes e mesmo falsas intenções dos moradores da cidade. Entre os últimos tipos, encontra-se Malaquias (Raimundo Silva), um empresário modesto e malandro, conhecido por enganar seus clientes, que contrata Milionário e José Rico para cantar em um circo decadente na periferia de São Paulo. O humor pastelão da dupla aqui, como em todo o filme, evoca as habituais trapalhadas da grande dupla da chanchada, Grande Otelo e Oscarito. Quando eles correm para o centro do palco, são literalmente perseguidos por Malaquias, porque estão vestindo trajes de rua e não os trajes brilhantes que ele associa com as duplas sertanejas. Malaquias não possui conhecimento de música sertaneja e confunde seus novos artistas com uma dupla caipira. (Pouco tempo depois, a dupla é forçada a corrigir o nome da canção que eles vão tocar, uma tradicional forma de música sertaneja chamada "modão".) No bate-boca entre os três homens diante da plateia do circo, José Rico e Milionário transformam Malaquias, sem ele saber, no "burro" do número deles, e ele sai do palco ridicularizado pela deliciada plateia.

Quando eles param de cantar, José Rico percebe um imenso buraco no solado de seu sapato. Igualmente significativa nessa sequência é a atenção que Nelson Pereira reserva às pessoas na plateia. Em certo momento, para enfatizar a característica comunitária do evento musical, a câmera se posiciona atrás da dupla para observar os espectadores, e, ao longo de toda a apresentação, há cortes que procuram captar tanto as faces dos músicos quanto as do público. Essa técnica também é utilizada em uma cena que ocorre depois da apresentação, quando a dupla é confrontada novamente por Malaquias, dessa vez do lado de fora do circo. Como no encontro anterior, transeuntes são filmados observando e escutando os gritos e os gestos de Malaquias na perseguição aos dois, e mais uma vez Nelson Pereira nos permite ver a reação coletiva da multidão à cena cômica. Enquanto Malaquias sai irritado, os espectadores se dispersam contentes, e um galo canta em tom de troça fora da tela. Esses equívocos logo se tornam secundários quando um representante de uma companhia de discos encontra Milionário e convida a dupla para o seu estúdio. A mudança súbita na sorte ocorre quando uma jovem fã, Isabel (Sílvia Leblon), que havíamos percebido na plateia, pede timidamente uma fotografia assinada de José Rico. Ela reaparece mais tarde no filme e, pouco tempo depois, torna-se sua namorada.

O Sr. Bráulio, proprietário do pequeno estúdio de gravação onde José Rico e Milionário gravam sua primeira fita demo, aparenta insatisfação com a música deles (quando eles entram no recinto de gravação, percebemos outra dupla saindo). Ainda que ele produza o disco, não faz nada para aprimorar o talento da dupla. Em uma cena, ele parece quase um oportunista que oferece a José Rico um empréstimo quando o disco deles não é tocado pelas estações de rádio. Em duas cenas posteriores, entretanto, nós vemos o forte apelo musical deles para o público trabalhador. Na primeira das cenas, José Rico e Milionário, que trabalham como pintores e que se encontram em um andaime próximo do topo de um edifício alto, começam a cantar sobre sua terra enquanto executam o trabalho. A paisagem urbana de São Paulo é subitamente transformada, como em um passe de mágica, em um ambiente rural verde e opulento. (Francisco de Assis, que escreveu o roteiro, afirma que essa foi a primeira vez que foi utilizado um *matte** no cinema brasileiro [Salem 1987, p. 325].) Enquanto isso, muitos trabalhadores param para escutar a canção da dupla, que possui um especial apelo utópico para a população migrante. O chefe da construção despede Milionário e José Rico pela confusão, e eles passam a caminhar pela cidade em busca de emprego.

Nelson Pereira permanece fiel às suas origens como realizador neorrealista de documentários durante esse momento do filme, filmando os dois homens

* No original, *Matte System*, que segundo Bordwell (*in* Bordwell, D. e Thompson, K. *Film art: An introduction*. Nova York: Alfred A. Knopf, 1986, 2ª ed., p. 386), trata-se do efeito com que diferentes áreas da imagem (geralmente atores e paisagens) são fotografadas separadamente e depois combinadas no laboratório. (N.T.)

enquanto atravessam canteiros de obras ou prédios abandonados. Aqui, como em todo momento, o filme chama a atenção para a decadência da infraestrutura urbana e as consequentes dificuldades de se conseguir trabalho enfrentadas pelos desempregados. Por fim, Milionário e José Rico conseguem um "bico" como pintores em uma loja de discos, e as ações dessa sequência lembram os personagens semelhantes aos das chanchadas na cena do circo. Em uma escada, vestidos de macacão de pintores e de chapéus de jornal, eles descobrem a fotografia deles mesmos em um disco, que está exposto na vitrine da loja. Embaraçados pela situação e temendo serem reconhecidos, José Rico desce da escada, coleta todos os discos e tenta ocultá-los dentro de seu macacão. Quando ele volta a subir a escada, os discos caem em cascata sobre o chão; as pessoas na loja apontam e riem, enquanto o gerente da loja os acusa de roubo. Nesse momento, um empregado começa a tocar o disco e todos da loja escutam. O empregado os reconhecera pela capa dos discos, e os clientes e o gerente os aplaudem quando a canção termina.

O senso de comunhão e prazer evocados aqui e na primeira cena descrita é repetido ao longo de todo o filme; a música se torna um meio de solidariedade para a maior parte da população economicamente marginalizada. Por exemplo, logo após outra bem-sucedida e não paga apresentação no interior, José Rico e Milionário se veem sem dinheiro ou transporte para voltar à cidade. Eles dormem no campo (onde um motorista faz a refeição na capota do carro conversível de José Rico) e, na manhã seguinte, eles fazem a festa com as laranjas de um pomar no café da manhã. Quando eles escutam os homens que colhem as laranjas perto dali, oferecem ajuda para transportar cestos da fruta para o caminhão. Mais tarde, a dupla segue a estrada em um grande caminhão aberto e continua a pagar pelo café da manhã tocando um "modão" enquanto cruzam o campo. Na sequência inteira, pode ser observada a maneira de Nelson Pereira prestar sua homenagem à força trabalhadora migrante que vai e volta para a cidade. Ao apresentar a dupla entusiasmadamente se unindo aos trabalhadores e cantando suas canções, ele acrescenta à cena uma energia vital e transcendente que enfatiza o espírito de união e solidariedade no trabalho.

O forte grau de maniqueísmo presente na contraposição entre rural/urbano da primeira parte do filme se torna menor gradualmente, à medida que a dupla se torna cada vez mais bem-sucedida. Em uma sequência evocativa das numerosas histórias das fortes crenças religiosas dos sertanejos, José Rico leva Milionário a uma igreja, onde ele pede ajuda à sua santa padroeira, Nossa Senhora de Aparecida. Como um símbolo de sua paixão pela música em seu pedido, ele deixa uma cópia do disco deles próximo ao altar da igreja. O disco é descoberto por um padre e se transforma em sucesso no mesmo momento. Como consequência, os dois músicos gravam outros discos com o mesmo empresário que anteriormente não demonstrara a menor confiança na música deles, e viajam para o campo com Malaquias, que lhes pede desculpas por suas ofensas e se oferece para ser publicitário deles.

No início do filme, havíamos flagrado Milionário e José Rico visitando um a outro no decadente Hotel dos Artistas, onde lhes foram reservados quartos com pouco espaço e nenhuma vista. Depois que a fama deles é estabelecida, o gerente do hotel literalmente estende o tapete vermelho e troca a mobília de um andar inteiro para eles. Ele, então, transforma o hotel em uma pequena atração turística, colocando papel de parede na modesta recepção com cartazes publicitários da dupla. Apesar dessa nova fase de fartura, entretanto, Milionário e José Rico continuam a manter muito de sua inocência e de sua origem migrante. Eles passam a ter um carro e roupas novas, porém permanecem sertanejos no coração. Isso é particularmente demonstrado na escolha dos figurinos que incluem enormes abotoaduras de ouro e outras joias, e José Rico continua fiel à sua fé religiosa. Complementando seus óculos de sol ao estilo Elvis, há uma grossa corrente de ouro que amarra ao redor de seu pescoço, e, ao início de cada apresentação, ele sempre agradece à santa padroeira por lhe ter permitido a graça de conseguir fazer sucesso.

Apesar do clichê de que não se volta novamente para casa depois do sucesso, a dupla não permanece na cidade grande. Milionário e José Rico retornam para suas casas, em diferentes localidades interioranas. (Essa nostalgia, entretanto, não se aplica às mulheres da história: a namorada de Milionário, Madalena, que viajou de São Paulo a Minas, recusa-se a voltar e acaba permanecendo com a namorada de José Rico, Isabel, na cidade.) Próximo do final, em uma sequência de montagem particularmente impressionante, os músicos da dupla acompanham os trajetos do cotidiano dos homens, das mulheres e das crianças desde o surgimento do dia até o momento de suas atividades. Essa sequência não apenas demonstra a popularidade dos dois cantores como também apresenta a potencial força utópica de certo tipo de música popular de raiz, que proporciona uma emoção arrebatadora para grupos que vivem em níveis de pobreza ou de baixos ganhos.

Estrada da vida proporciona uma visão um tanto quanto diferente da indústria fonográfica da que nós vimos em *Rio, Zona Norte*. Neste último, um pobre, mas talentoso compositor negro, é forçado a vender seus sambas para os outros por pouco dinheiro para que eles pudessem ser gravados, e em algumas ocasiões os sambas são gravados sem sua permissão ou sem ele receber nada. Não existe final feliz em *Rio, Zona Norte*, nem parece haver alguma solução possível para os obstáculos, os dilemas e as injustiças encontrados pelos músicos pobres. *Estrada da vida*, ao contrário, trata a música brasileira com crescente entusiasmo, apresentando uma gravadora pequena que proporciona uma chance de modesto sucesso à dupla vocal. De forma bem pouco usual, Nelson Pereira também apresenta um final feliz, permitindo, portanto, que a qualidade utópica da música mantenha seu vigor. Como consequência, ele cria um filme que entretém sem falsear com a realidade social. *Estrada da vida* é um dos poucos filmes sobre música e indústria do entretenimento que faz com que a utopia seja sentida como autêntica.

Um retorno às adaptações: Memórias do cárcere, Jubiabá *e* A terceira margem do rio

Em relação ao acima apontado, *Estrada da vida* parece ter muito pouco em comum com o projeto seguinte de Nelson Pereira – uma adaptação grandemente ambiciosa do romance em dois volumes de Graciliano Ramos, *Memórias do cárcere*, publicado em 1953, de mais de três horas de duração, que descreve sua prisão pelo regime autoritário de Vargas nos anos 1930. No entanto, de acordo com Nelson Pereira, *Estrada da vida* foi fundamental para que ele aprendesse a respeitar uma visão não mediada e não julgadora dos personagens e dos tipos sociais que ele esperava representar em seu filme de 1984 (Salem 1987, p. 341). Dessa maneira, apesar de construir o filme de acordo com a narrativa em primeira pessoa, como nas linhas de Graciliano, ele apenas o apresenta entre diversos outros personagens, muitos dos quais, como ele, também presos políticos. A figura literária de Graciliano no filme é notavelmente discreta e subjetivada, e suas ações nas cenas de prisão são minimalistas: nós o vemos preparando seu fumo, tomando café e escrevendo ideias e impressões. Em nenhum momento tomamos conhecimento do que ele está escrevendo, ainda que diversos prisioneiros demonstrem esperança de serem incluídos em seu livro. Esse aspecto do filme possui um belo traço irônico – como se a história da tela fosse algo, de algum modo, não relatado pelo que Graciliano escreve ao longo do filme. E, de certa maneira, é verdadeiro o silêncio do filme sobre Graciliano como autor. Na vida real, o escritor não conseguiu ter acesso ao manuscrito quando foi libertado da prisão. Suas memórias são a consequência do período em que ele permaneceu preso e contêm os nomes e as descrições de mais de 300 companheiros.

Graciliano Ramos escreveu *Memórias do cárcere* cerca de dez anos depois de o regime de Vargas tê-lo aprisionado como suspeito de ser comunista. Ele nunca foi formalmente acusado, mas permaneceu dez meses sendo transferido de uma prisão para outra, até sua libertação em 1937. O mundo que ele evoca em suas memórias é sempre restrito ou limitado, seja dentro das grades de um navio-prisão, seja dentro dos muros de uma penitenciária ou ainda das cercas que isolam a colônia penal insular. Esse sentimento de aprisionamento funciona como uma metáfora para as pessoas que, em diversos momentos da história, são trancadas à chave pelo governo. Infelizmente, Graciliano morreu antes de terminar o manuscrito. No entanto, o final em aberto do livro (não de todo dessemelhado de alguns dos seus escritos ficcionais) em nada diminui a pungência e a magnitude da história.

O projeto tomou dois anos de Nelson Pereira somente na preparação do roteiro. Durante esses anos, ele trabalhou na catalogação dos personagens, concentrando os eventos e formulando um final para o filme. Ele contratou um elenco de cerca de cem atores e filmou em três locais diferentes. Maceió, a capital de

Alagoas, onde Graciliano viveu; Campo Grande, onde os exteriores da colônia penal foram filmados; e em Ilha Grande. Como Nelson Pereira observou, não foi difícil reproduzir a aparência dos anos 1930 no Brasil porque, como boa parte do país, as cidades de Campo Grande e Ilha Grande permaneceram relativamente intocadas pela modernização. No entanto, o treinamento do extenso elenco e a logística da filmagem de um projeto dessa envergadura, sem o benefício de um estúdio e com um orçamento de somente 550 mil dólares, foram assustadores. (De acordo com o produtor do filme, Luiz Carlos Barreto, toda vez que a equipe filmava uma sequência em Campo Grande, eles tinham que parar o trânsito nas ruas próximas para que os ruídos não fossem captados quando eles estivessem filmando [Salem 1987, p. 340].) Todo esse trabalho só foi bem-sucedido em virtude de Nelson Pereira ter esperado para realizar *Memórias do cárcere*, desde a tomada de poder pelos militares em 1964. Com a abertura política que se sucedeu no início dos anos 1980, a época foi ideal para um filme sobre a perseguição de homens e mulheres que resistiram à ditadura de Vargas – situação que era bastante familiar aos grupos liberais e de esquerda nos anos subsequentes ao golpe de 1964. Como Nelson Pereira relembra em uma entrevista: "Minha ideia foi fazer o filme no início da ditadura [de 1964] para dizer 'Tomem cuidado com a ditadura!'. Mas eu tive que esperar 20 anos (...) para dizer: 'Viu como foi horrível a ditadura?'" (citado em Amâncio 1999, p. 76).

Em termos formais, *Memórias do cárcere*, fiel ao espírito de Graciliano, é uma obra de marcante realismo social; é ainda menos experimental, em termos formais, que *Vidas secas*, que contém algumas sequências grandemente estilizadas bem como uma trilha sonora bastante expressiva. Não existem *flashbacks* ou *flashforwards* e nem histórias que se alternem entre presente e passado. A narrativa realiza uma pequena mudança na cronologia da história, iniciando pouco depois da tentativa de golpe pela esquerda em 1935 e finalizando em 1937, com a libertação de Graciliano da prisão. O único artifício de moldura é o da trilha sonora, em que o hino nacional brasileiro é ouvido no início e no final. A música merece um breve comentário por causa dos sentimentos complexos que ela incita.

Nos primeiros minutos do filme, vemos Graciliano (Carlos Vereza) ser ameaçado por ligações telefônicas e telegramas que censuram suas ações como diretor do ensino público. (Ficamos sabendo, posteriormente, que ele foi criticado por não permitir que a rádio estatal fosse ouvida nas escolas públicas.) Abaixo da janela de seu escritório, os Camisas Verdes fascistas se agrupam e perseguem os soldados do governo que estavam observando e troçando deles. Quando a cena termina, o hino começa a ser ouvido, no plano extradiegético, como pano de fundo para os créditos do filme. Seja por causa do peculiar trecho do hino que é ouvido, seja pela atmosfera de expectativa e tensão que se criou na sequência anterior aos créditos, a música possui um efeito perturbador ou mesmo ameaçador. Como uma marcha, ela se relaciona intensamente com a cena dos Camisas Verdes, que marcham de um lado para o outro, diante do prédio do governo; ela parece quase irônica na sua relação com o texto que surge no início do filme, informando ao espectador que Vargas havia suspendido todas as liberdades individuais.

O hino surge novamente no final do filme, quando Graciliano é solto da prisão. A parte da música que é tocada aqui é mais leve e melódica, provocando um senso de tranquilidade que complementa a expressão de alívio no rosto anteriormente melancólico e cansado de Graciliano. Segue-se a música, a mesma marcha que escutamos no início do filme. Entretanto, apesar de ter um acompanhamento militar, ela é tocada de forma melancólica, e um Graciliano envelhecido afasta-se dos portões da prisão lentamente e com dificuldade – de forma semelhante a um soldado ferido que retorna para casa ou um sobrevivente que saiu de um campo de concentração. Quando o navio em que está se afasta da ilha onde se encontra a prisão, ele joga seu chapéu para o ar, em um gesto de celebração e libertação. Alguém pode imaginar as emoções confusas que o hino evocava nas plateias brasileiras que estavam, elas próprias, apenas iniciando a experiência de reencontrar a liberdade, depois de 20 anos de ditadura.

Ainda que Nelson Pereira condense os eventos do livro de Graciliano, ele dá especial atenção ao estado psicológico do escritor na primeira parte do filme, anterior à sua prisão. O isolamento de Graciliano é claramente expresso por sua quase indiferença às pressões e às ameaças que recebe por telefone, correios ou pessoalmente. Quando seu secretário chega a sua casa para avisar que a polícia planeja prendê-lo, ele recebe a notícia com extrema calma, vestindo terno, gravata e chapéu panamá e esperando com sua esposa e suas crianças na sala de estar da família (ver Figura 14). A câmera repousa sobre esse solene grupo familiar, que permanece estranhamente em silêncio. Em razão de estarem olhando na direção da câmera e serem enquadrados pela porta aberta da sala de estar, o efeito é, sobretudo, o de uma fotografia posada da família. Quando a polícia finalmente chega, Graciliano informa para eles educadamente, e para a surpresa dos policiais, que eles estão atrasados. Sua indiferença é tão grande que ele não esboça nenhuma tentativa de escapar, nem faz perguntas ou afirma sua inocência. Apenas acompanha a polícia e segue calmamente as instruções dela. Depois de tudo, eles o levam a um navio-prisão cujo destino é uma penitenciária no Rio.

A primeira parte do filme se centra inteiramente no comportamento exterior de Graciliano, que aparenta estar exausto e vagamente resignado em ser preso. De fato, antes de sua prisão, confidenciara ao seu secretário que já se sentia como se estivesse em uma prisão. Entretanto, quando chega a bordo e desce ao porão, o filme se torna mais subjetivo, apresentando o que o prisioneiro vê (e, presumivelmente, aquilo sobre o que escreverá). Sua visão inicial do porão do navio é um bom exemplo da prisão vista através de seus olhos e um dos mais impressionantes planos do filme. O espetáculo é dantesco: um enorme espaço sombrio apinhado de homens e mulheres imundos, de diversas idades, que se encontram sentados ou se movendo lentamente. Filas e filas de redes balançam ao alto, dando ao porão um aspecto estranho e fantasmagórico. Assim que Graciliano desce a escada e depara com a paisagem diante dele, volta-se para outro prisioneiro, um oficial militar, e lhe indaga se já havia visto algo como aquilo. A pergunta é endereçada tanto ao público quanto ao militar, que responde negativamente e cujo rosto expressa espanto.

Figura 14. Glória Pires como Heloísa e Carlos Vereza como Graciliano Ramos em *Memórias do cárcere*. (Arquivo Museum of Modern Art/Film Stills)

Ao fazer o filme, Nelson Pereira reduziu o número de personagens para cem, e a cerca de uma dúzia deles foram dados papéis que lhes dão amplitude ou que os estabelecem como representantes de tipos específicos (ver Figura 15). Por exemplo, existe o retirante nordestino, Mário Pinto (José Dumont), um preso político que adora contar piadas, cantar, dormir e beber. Seu último pedido, quando está morrendo de pneumonia, é provar uma cachaça. Existe igualmente um velho oficial do exército (Nildo Parente) que veste um casaco de algodão e consegue meios para ter acesso a pratos especiais, enquanto se encontra na penitenciária. Uma vez na colônia penal, no entanto, seu *status* muda radicalmente. Apesar de ele exigir pratos refinados, é tratado como todos os outros que são selecionados e mandados a fazer extenuantes tarefas nas estradas. Próximo ao final do filme, ele utiliza o seu casaco de algodão em torno de sua cabeça para se proteger do sol. Outro personagem fascinante é o misantropo radical Soares, que é interpretado por um dos atores favoritos de Nelson Pereira, Jofre Soares. Um radical e totalitário de esquerda, que acusa Graciliano de ser capitalista simplesmente porque o escritor dera dinheiro ao malandro Gaúcho (Wilson Grey), que oferece ao enfermo escritor uma cama portátil de que ele se apropriara quando o seu antigo ocupante fora encontrado morto. As considerações exacerbadas sobre a falta de igualitarismo de Graciliano continuam, apesar de o autor ter concordado em dar a cama para alguém mais doente que ele, e acabam provocando um dos poucos momentos de exaltação do escritor. A cena acaba chegando a certo grau de dramaticidade quando Graciliano grita ao recalcitrante militante, proclamando com amarga ironia, que ele é, de fato, culpado de ser proprietário. Ele havia se apropriado de uma cama que apenas alguns minutos antes havia sido propriedade de um morto.

Figura 15. Da esquerda para a direita: Carlos Vereza, Nildo Parente, Jofre Soares como Soares e José Dumont como Mário Pinto em *Memórias do cárcere*. (Arquivo Museum of Modern Art/Film Stills)

Uma das figuras mais fascinantes do filme é Gaúcho, que está preso por ter roubado. Grande, desajeitado e proveniente do Sudeste, ele rouba um maço de papéis para que Graciliano continue a escrever. Seu gesto acaba lhe proporcionando uma sofrida e longa permanência na solitária. De volta ao convívio com seus amigos prisioneiros, próximo ao final do filme, ele pega um livro que se encontra na cama de Graciliano e passa a ler uma passagem sobre Zumbi, o lendário escravo que se tornou líder do quilombo de Palmares. (Ainda que o título nunca seja mencionado, o livro que Gaúcho está lendo é *Jubiabá*, de Jorge Amado, um dos romances dos anos 1930 favoritos de Nelson Pereira, que ele adaptaria para as telas logo após a conclusão de *Memórias do cárcere*.) Entre outros personagens memoráveis, inclui-se o sensível prisioneiro-líder cubano (Waldyr Onofre), que ajuda Graciliano a se alimentar em razão de ele ter lhe arranjado um pequeno pedaço de papel. Outro prisioneiro-empregado, que é *gay* e sádico, força todos os homens que entram na colônia penal a se despirem diante dele e se apropria de todos os bens materiais mais queridos. (Uma visão mais simpática da homossexualidade aparece no final do filme. Tendo recebido a notícia de sua transferência da colônia, um prisioneiro altamente perigoso se recusa a abandonar seu amante e acaba atacando outro prisioneiro com uma faca para permanecer na ilha.)

O filme presta igual atenção aos guardas da prisão, entre eles o chefe da guarda, Arruda (Jackson de Souza), que bate sem piedade nos prisioneiros e lhes lembra de que um dia todos vão morrer na ilha. Mas Arruda também desenvolve certa compaixão por aqueles que estão doentes, incluindo Graciliano, permitindo que permaneçam nos alojamentos e não sejam enviados para os trabalhos forçados fora da prisão. A certa altura, ele se aproxima de Graciliano, sabendo que este é escritor, e pergunta se ele pode escrever um discurso para recitar ao diretor da prisão no dia de seu aniversário. Graciliano educadamente diz ao guarda que, dadas as circunstâncias, seria impossível para ele escrever tal discurso. Ele pergunta a Arruda se, estando em sua posição, seria capaz de escrever tal discurso. Um pensativo Arruda responde com um breve "não", porém ele claramente não costuma ser contrariado ou humilhado. Quando Graciliano pede a ele para fazer qualquer outra coisa, Arruda dá meia-volta e se retira.

O diretor do campo de prisioneiros aparece somente próximo ao final do filme, quando Graciliano se encontra em via de ser libertado. Ele age como um gerente de hotel que está encantado pelo seu renomado visitante e pede desculpas por qualquer inconveniência. Graciliano se aproveita de seu caráter passivo e pede os seus objetos pessoais de volta. O diretor se sente ofendido pela acusação de Graciliano de que qualquer coisa tenha sido roubada dos prisioneiros e não acredita que o prisioneiro-empregado tomou a valise e o chapéu de Graciliano, afirmando que eles simplesmente desapareceram. Graciliano volta-se para o diretor e lhe diz que tornaria públicas as sórdidas condições da prisão, uma vez que se encontrasse livre. Apesar de o diretor ter ordenado o confisco dos manuscritos de Graciliano, o líder cubano mais uma vez ajudou o escritor fazendo com que cada prisioneiro ficasse com algumas páginas destes, os quais eles rapidamente escondem sob suas maltrapilhas roupas.

Existem poucas mulheres no filme, mas seus papéis são tão tocantes quanto os dos homens. No início, Heloísa (Glória Pires), a jovem segunda esposa de Graciliano, é observada como mãe e não como uma ativa dona de casa provinciana. Quando Graciliano parte para a prisão, ele lhe diz para se mudar com seus pais e alugar a mobília para conseguir algum dinheiro. Heloísa, porém, não é a frágil criatura que Graciliano pensa. Ela o segue do Nordeste até o Rio, contrata um advogado e vai a diversos órgãos governamentais, incluindo o palácio presidencial, para pedir sua libertação. Ela trabalha com os editores de Graciliano para que realizem uma festa para ele na penitenciária quando seu novo livro for publicado. Heloísa também acompanha outros prisioneiros, levando secretamente cartas e documentos. Observamos outras mulheres presas em uma cela vizinha à prisão dos homens no Rio. De acordo com Salem (1987), Nelson Pereira tentou fazer com que as mulheres prisioneiras aparentassem ser fortes, apresentando-as como corajosas e otimistas, algo que fica patente quando um tumulto geral acontece a partir do momento que ficam sabendo que "Olga" será deportada para a Alemanha. A referência aqui é a Olga Benário, uma das poucas figuras históricas mencionadas pelo nome no filme. Benário foi uma comunista judia escolhida pelos soviéticos para acompanhar o líder comunista Luís Carlos Prestes de volta ao Brasil e que viveu com Prestes até ser presa pelo regime de Vargas; sua deportação para a Alemanha foi uma sentença de morte e uma grande derrota para a esquerda.

Memórias do cárcere foi um sucesso no Festival de Cannes, onde ganhou o Prêmio Internacional de Crítica. Os organizadores do festival, porém, não o incluíram na seleção que concorreu à Palma de Ouro, argumentando que sua longa duração tornava sua participação proibitiva. Em resenha favorável, o crítico francês Louis Marcorelles descreveu essa atitude com relação ao filme como uma "aberração". Nelson Pereira enfrentou um problema diverso quando o filme foi lançado no Brasil. Tentando capitalizar o sucesso do filme em Cannes e no Festival Internacional de Cinema de Havana, onde recebeu o prêmio de melhor filme, os distribuidores não somente tornaram os preços mais altos, como forçaram quem quisesse assistir ao filme a ir comprar os ingressos no Banco Nacional. Nelson Pereira foi contra essas estratégias, observando que os distribuidores capitalistas haviam sido mais bem-sucedidos que os censores que haviam permitido que o público visse seu filme. Quando essas restrições acabaram, no entanto, mais de um milhão e meio de ingressos foram vendidos; o filme recebeu distribuição internacional e se tornou sucesso comercial e de crítica em um ano, aliás, difícil para a indústria cinematográfica brasileira.

Em 1983, enquanto trabalhava em *Memórias do cárcere*, Nelson Pereira foi sondado pelo ministro francês da cultura, Jack Lang, sobre a possibilidade de coproduzir um filme. No ano seguinte, Nelson Pereira, Louis Moillon, que era o chefe da Societé Française du Production, e a Embrafilme chegaram a um acordo, e Nelson Pereira iniciou as filmagens de sua adaptação de *Jubiabá*, de Jorge Amado, um romance picaresco que faz grande uso de uma tradição da literatura popular brasileira conhecida como literatura de cordel. Publicado em 1935, *Jubiabá* é uma das obras mais políticas de Amado, e seu protagonista, Antônio Balduíno (Baldo), foi um dos primeiros heróis negros da literatura brasileira. O romance foi o primeiro a descrever, com riqueza de detalhes, as práticas religiosas e os costumes da imensa e pobre comunidade negra de Salvador. Ele deu especial atenção ao candomblé e ao papel do pai de santo (cujo nome, nesse caso, é Jubiabá). Mas, ao contrário do romance posterior de Amado, *Tenda dos Milagres, Jubiabá* tem uma abordagem estritamente marxista da religião, caracterizando o candomblé como um ópio. Depois de uma vida de altos e baixos como garoto de rua, lutador de boxe, artista de circo e cortador de cana, a consciência política de Baldo surge quando ele junta forças com um grupo de estivadores em uma greve local. Ele rapidamente passa a ser um orador irresistível que critica publicamente os patrões e o capitalismo em geral, ofuscando seu mentor, Jubiabá, tornando-se o novo líder da comunidade e apelando ao povo para que ficasse unido e que resistisse àqueles que queriam que eles permanecessem empobrecidos e silenciosos.

Talvez por não se encontrar mais confortável ou de acordo com as considerações marxistas sobre a religião de *Jubiabá*, Nelson Pereira preferiu centrar na história de amor do livro, entre Baldo e Lindinalva, a filha branca de um comerciante bem-sucedido que adotou Baldo quando seu único parente vivo, um tio de saúde mental precária, é levado ao asilo. Quando é injustamente acusado pelo invejoso criado da família de comportamento sexual impróprio com Lindinalva, Baldo é espancado por seu pai e abandona a casa. A partir desse momento, toda mulher que encontra o faz lembrar Lindinalva, cujo nome pouco comum é uma combinação das palavras linda e alva. Infelizmente o filme, que foi lançado em 1987, sacrifica uma série de personagens e aventuras importantes do livro para se centrar na história de amor. Nem mesmo a aparição de grandes atores tais como Grande Otelo (que vive um pouco convincente Jubiabá), Betty Faria, Zezé Motta, Ruth de Souza e Jofre Soares consegue compensar o forte sentimentalismo do filme. Quando Jubiabá se defronta com Baldo no final do filme, não há nenhuma significação religiosa ou política para o ato pouco comum do pai de santo. A seu favor, no entanto, Nelson Pereira reelabora a história de amor do romance, apresentando tanto Baldo quanto Lindinalva fiéis um ao outro ao longo dos anos e eliminando por inteiro o tratamento estereotipado de Baldo como o homem negro obcecado pela brancura das mulheres.

Sete anos separam *Jubiabá* de seu filme seguinte, *A terceira margem do rio* (1994), que também foi coproduzido com a França. Ainda que seja baseado no conto homônimo de Guimarães Rosa, um dos mais notáveis escritores brasileiros, o filme incorpora personagens e ideias de outros contos, incluindo "A menina de lá", "Os irmãos Dagobé", "Sequência" e "Fatalidade". Nelson Pereira usa o enredo de "A terceira margem do rio" como motivação central, assim como moldura para os outros contos, que ele reúne como episódios na vida de uma mesma família sertaneja.

Como adaptação de diversas histórias separadas e não relacionadas, o filme é uma façanha. Nelson Pereira é igualmente bem-sucedido em recriar a atmosfera sobrenatural, de conto de fadas, do universo sertanejo de Rosa. Seu *A terceira margem do rio* se centra na relação entre um filho, Liojorge (Ilya São Paulo), e um pai que inexplicavelmente abandona sua família para ficar remando uma canoa de cima para baixo em um rio próximo. O conto é uma das muitas narrativas de Rosa, na qual ele representa a vida no sertão como misteriosa, sobre-humana e marcada pelo drama psicológico. A primeira parte do filme se concentra nessa história, apresentando a partida do pai e a devoção constante do filho a esse pai ausente, já que ele nunca percebe de fato seu pai no rio. A única evidência da existência do pai é um prato vazio deixado na margem do rio, que o filho obrigatoriamente enche de comida a cada dia. A história original de Rosa possui menos problemas psicológicos. Enquanto o restante da família se muda para a cidade, o filho permanece para trás, abandonando qualquer possibilidade de futuro ou felicidade que possa existir para ficar próximo do pai. No filme, entretanto, Liojorge deixa sua casa à margem do rio temporariamente para seguir um cavalo. O cavalo o leva a Alva (Sonia Saurin), a bela filha de um dono de um fazendeiro do conto "Sequência", com quem se casa e volta para a casa da família. O filme segue o enredo de "A menina de lá", sobre uma criança chamada Nhinhinha (Bárbara Brandt), com poderes mágicos, que é a filha do jovem casal (ver Figura 16). O filho leva sua esposa e sua filha recém-nascida à margem do rio, para apresentá-las ao pai ausente. Sua irmã os acompanha e também chama pelo pai, anunciando sua decisão de viver com seu namorado; algum tempo depois, ela volta a chamá-lo e anuncia que está indo para a cidade.

Nelson Pereira claramente fez importantes mudanças na narrativa, ao dar ao filho uma esposa e uma filha. Ele também mantém como central a figura da mãe, ao contrário de seguir a narrativa de Guimarães Rosa e permitindo a ela partir para a cidade. A escolha da carismática e fotogênica Maria Ribeiro, que já havia aparecido como mãe tanto em *Vidas secas* quanto em *O amuleto de Ogum*, foi particularmente comovente. O público imediatamente a associou com seus filmes anteriores, e existem certos momentos em que *A terceira margem do rio* presta sua homenagem ao personagem de *Vidas secas*, apresentando-a novamente na janela de uma casa observando a chuva cair na terra seca, fumando um cachimbo e cuspindo no chão. Como o personagem de *Vidas secas*, essa mãe fala muito pouco, porém, como no filme anterior, o tranquilo comportamento de Ribeiro provoca poder e presença em sua imagem na tela.

O surgimento repentino dos sinistros irmãos Dagobé, um bando itinerante de homens rudes, um dos quais deseja Alva, leva a família a abandonar o local. Aqui o filme possui uma interessante mudança da narrativa de Guimarães Rosa para seguir Liojorge e sua esposa, mulher e mãe em Brasília, onde sua irmã e seu genro vivem agora. Ao mover o filme do campo para a cidade, Nelson Pereira destaca o contraste entre um interior brasileiro pré-industrial e o mundo ultramoderno da capital do país, com suas enormes autoestradas e prédios futuristas. A casa da família à margem do rio parece idílica em relação à nova residência, em um empoeirado e superpovoado projeto habitacional de uma das cidades-satélites próximas à Brasília. A tranquilidade da vida rural contrasta fortemente com a violência da vida urbana, que é exacerbada pelo quase mágico reaparecimento dos irmãos

Dagobé. Continuando a perseguir e ameaçar a família, um dos irmãos consegue sequestrar Alva. Liojorge se vinga contratando um assassino local (Jofre Soares), um personagem do conto "Fatalidade", que o ajuda a matar o sequestrador. Ainda cedo no filme, os poderes mágicos da filha do jovem casal, Nhinhinha, tornaram-se conhecidos de todos na região. Ela se tornou repentinamente famosa e uma espécie de bem que ajudou a enriquecer a família. Ao mesmo tempo, o número de pessoas que a procuravam cresce tanto que ela se enfraquece de tanto ministrar bênçãos e morre.

Figura 16. Bárbara Brant como Nhinhinha em
A terceira margem do rio. (Coleção Nelson Pereira dos Santos)

O filme acaba com Liojorge voltando ao campo, permanecendo sozinho à margem do rio. Ele anda até o rio, chama por seu pai e se oferece para tomar seu lugar na canoa – uma oferta que remonta ao seu desejo adolescente de acompanhar o pai quando ele pela primeira vez partiu do cais. Para sua imensa satisfação, a canoa e o pai surgem em meio à neblina. As consequências da oferta feita ao pai o assustam e ele luta contra a correnteza do rio. Lutando contra a força das águas, consegue atingir a margem para se salvar. Enquanto a visão fantasmagórica do pai se dilui na neblina, ele corre através da paisagem, vivenciando a realidade e o horror da "terceira margem".

A terceira margem do rio vai ao encontro de diversos temas tratados nos filmes anteriores de Nelson Pereira. A seca, por exemplo, tem uma breve aparição, ainda que seja meramente para proporcionar uma ocasião para Nhinhinha fazer uso de seus poderes mágicos. Aquilo a que os críticos como Stam se referem como aspectos do "realismo mágico" do filme é baseado principalmente nas ações da filha e possui seus antecedentes em *O amuleto de Ogum*, em que o mundo espiritual, na forma de um amuleto, protege Gabriel das ameaças. Como *Vidas secas* e *O amuleto de Ogum*, o filme também descreve a migração dos moradores do campo para a cidade. Entretanto, ao contrário da família de *Vidas secas*, os protagonistas em *A terceira margem do rio* não abandonam o local por razões econômicas; o campo aqui não é de todo empobrecido ou desabitado, mas antes um *locus amoenus* que a família é forçada a abandonar com a chegada dos irmãos Dagobé. Apesar de oferecer uma visão bastante distinta do campo, Nelson Pereira também faz uma impressionante consideração sobre a vida na cidade e a natureza do progresso e da modernização quando da chegada da família nos violentos e populosos subúrbios de Brasília. A captura e a prisão do filho também fazem menção ao tratamento injusto de Fabiano em *Vidas secas*; porém, enquanto Fabiano tem escrúpulos em se vingar de seu perseguidor, Liojorge utiliza seus contatos na prisão para se encontrar com o homem que o ajudará a assassinar seus rivais inatingíveis.

A terceira margem do rio se assemelha à obra anterior de Nelson Pereira em sua aproximação com a religião e a espiritualidade. Por exemplo, pouco depois de o pai partir em sua canoa, a família, perplexa e desapontada, arranja um padre para realizar um exorcismo – como se o ato inexplicável do pai fosse obra do Demônio. A todo momento, a família e a grande comunidade de migrantes em Brasília não fazem praticamente nenhuma distinção entre religião formal e uma crença mais ampla no sobrenatural. Como Fátima, a jovem filha se torna uma atração para centenas de crentes que lhe trazem oferendas para escutar e receber suas bênçãos. A cena na qual ela distribui uma quantidade enorme de doces para as crianças da vizinhança é fascinante, mas, quando a população local fica a par de seus poderes, ela é vestida de branco e posta em um altar, onde recebe os crescentes pedidos de ajuda e responde a eles.

Ao contrário de *Bye bye Brasil* (1980), de Cacá Diegues, que segue um jovem casal rural e sua criança ao redor do país, até se tornarem por fim bem estabelecidos em Brasília, Nelson Pereira destrói qualquer noção de que a cidade seja a terra prometida para os migrantes. Seguindo os passos da ficção de Guimarães Rosa, o realizador privilegia o campo sobre a cidade, tratando os sertões de Brasília não como uma realidade socioeconômica, mas antes como mito utópico. Seus personagens, imbuídos de um senso de graça, mistério e magia, lutam entre as forças do bem e do mal, porém ao mesmo tempo podemos perceber o quanto essas forças se relacionam com as realidades sociais cotidianas.

Olhando para frente, olhando para trás: Cinema de lágrimas, Brasília 18% *e* A música segundo Tom Jobim

As três produções mais recentes de Nelson Pereira possuem uma qualidade retrospectiva que poderia ser considerada "pós-moderna": de diferentes modos, apropriam-se da cultura popular do passado, ao mesmo tempo tornando indistintos os limites entre o modernismo artístico do Cinema Novo e as formas artísticas de maior apelo comercial contra as quais o movimento se posicionou originalmente.

Em 1994, ele passou a trabalhar em um projeto para o British Film Institute (BFI) em comemoração ao centenário do cinema. O BFI havia contratado cerca de 20 realizadores ao redor do mundo para fazer filmes que retratariam a história do cinema de seus respectivos países. A ideia talvez fosse excessivamente nacionalista e inconsistentemente aplicada.[15] Sem reconhecer a enorme diversidade geográfica e cultural que representa a América Latina, onde diferentes línguas são faladas, o BFI decidiu considerar a América do Sul, a América Central, o Caribe hispânico e o México como uma única entidade que poderia ser abordada por um único filme. Como Nelson Pereira apontou em uma entrevista realizada em 1999, a história do cinema latino-americano teria requerido um filme de ao menos quatro ou cinco horas (citado em Amâncio 1999, p. 81). Ainda que o BFI lhe tenha dado total liberdade de escolher a abordagem que quisesse, um documentário dessas proporções estava fora de questão. No entanto, a impossibilidade de representar todo o cinema latino forçou Nelson Pereira a fazer uso da criatividade. Em vez de decidir pelo documentário, que havia sido a opção utilizada por Martin Scorsese e outros que se vincularam à empreitada, resolveu realizar um filme dramático sobre a Época de Ouro do melodrama latino-americano – gênero que havia prosperado no México das décadas de 1930 a 1950 e que havia sido também produzido em outros países da região com grande apelo popular.

Nelson Pereira se inspirou no livro *Melodrama: Um Cinema de lágrimas da América Latina* (1999), de Sílvia Oroz, que pesquisa a história da produção a que frequentemente se convencionou se referir em português como "filmes para chorar". Fazendo uso do revisionismo, o livro de Oroz se centra nas implicações sociais dos

15. Para um comentário sobre a série produzida pelo BFI, ver Jonathan Rosembaum (2004).

temas emblemáticos do melodrama (amor, paixão, sacrífício) e seu tratamento alegórico da história para discutir sobre temas contemporâneos. A obra também discute o *star-system* mexicano, fundamental para a evolução e o sucesso do gênero, resultando em associações duradouras entre certos atores e determinados papéis. No México, tais associações incluem Sara García como a mãe sofredora, Dolores Del Río como a beldade vulnerável e María Félix como a intimidadora "devoradora de homens". As histórias de tais mulheres se encontram em filmes de todos os gêneros, mas principalmente naqueles sobre questões domésticas, frequentemente servindo a fins repressivos e socialmente conservadores. Como Jesús Martín-Barbero (2001, p. 365) observou:

> O melodrama foi a espinha dorsal de todos os enredos, unindo impotência social e aspirações heroicas, apelando para o mundo popular com base em uma "compreensão familiar da realidade". O melodrama possibilitou para o cinema tecer épicos nacionais e dramas intimistas, apresentar erotismo sob o pretexto de condenar o incesto, e dissolver a tragédia numa piscina de lágrimas, despolitizando as contradições sociais cotidianas. As estrelas – María Félix, Dolores Del Río, Pedro Armendáriz, Jorge Negrete, Ninón Sevilla – proporcionaram as faces, os corpos, as vozes e os modos de expressão para um povo se ver e escutar a si próprio. Acima e além da maquiagem e da perspectiva comercial do estrelato, as estrelas de cinema que verdadeiramente brilharam para o público conquistaram sua força de um pacto secreto entre suas faces e os desejos e obsessões das plateias.

Nelson Pereira usou do livro de Sílvia Oroz como um guia para uma cinemateca, a serviço de um filme de ficção também chamado *Cinema de lágrimas*. O filme conta a história de um maduro ator de cinema e dramaturgo homossexual brasileiro contemporâneo chamado Rodrigo (Raul Cortez), obcecado com o sonho recorrente sobre um trauma de infância, o suicídio de sua mãe. No sonho, a mãe de Rodrigo entra em seu quarto à noite, senta-se em sua cama, acaricia-o em lágrimas e, então, parte para sua morte. Para compreender a ação da mãe, Rodrigo decide localizar o filme a que ela assistira pouco antes de se matar, e sobre o qual o alertara como o filme "que você não pode ver". Antes dessa busca, ele encontra Yves (André Barros), um jovem atraente que deseja entrevistá-lo para sua tese de cinema. Rodrigo acaba por empregar Yves como assistente e eles viajam do Rio de Janeiro para a Cidade do México, onde passam vários dias assistindo a trechos de melodramas mexicanos na cinemateca da Universidade Autônoma do México (Unam). Essas sessões na cinemateca proporcionam uma espécie de mapeamento de um gênero histórico.

Talvez em decorrência dos romances e das paixões melodramáticas que observa na tela, Rodrigo acaba por se apaixonar por seu jovem assistente. Yves, no entanto, não corresponde à sua afeição; na verdade, constantemente chegando atrasado para o trabalho, pede com frequência dinheiro a Rodrigo e cultiva um misterioso segredo. Enquanto o homem mais velho se senta próximo da tela, cativado pelo drama projetado, o assistente se senta ao fundo; e, para certo descontentamento de Rodrigo, lê em voz alta algumas notas que havia escrito sobre o melodrama, com as quais teoriza sobre as protagonistas femininas e o efeito ideológico sobre as várias manifestações de amor.

Figura 17. Yves e Rodrigo em *Cinema de lágrimas*.

Como os personagens dos filmes que observa, o ator e seu assistente acabam se vendo enredados em uma história de amor não correspondido, de perda e de tragédia. Depois de frear os avanços de Rodrigo, Yves deixa a Cidade do México. Posteriormente, ele lhe escreve do leito de morte, explicando a Rodrigo que era paciente terminal, fugitivo dos traficantes de droga e da polícia e, quando a carta chegasse a suas mãos, já estaria provavelmente morto. Também escreve que havia finalmente encontrado o melodrama pelo qual haviam buscado e lhe envia uma cópia em vídeo. O filme procurado, intitulado *Armiño negro* (1953), do argentino Carlos Hugo Christensen, é uma trágica história sobre um adolescente que se mata após descobrir que sua mãe é prostituta. Depois de assistir ao vídeo, Rodrigo compreende que sua mãe havia decidido evitar a possibilidade de semelhante descoberta, pondo fim à sua própria vida.

Em *Cinema de lágrimas*, Nelson Pereira retorna ao tema popular da relação mãe-filho dos melodramas latino-americanos, que quase sempre envolviam sofrimento e autossacrifício. Mesmo que normalmente não tão extremos na sua descrição do sofrimento como *Armiño negro*, o argentino *Puerta cerrada* (1939) e o mexicano *Las abandonadas* (Emilio Fernández, 1945) retratam mães pobres que abandonam seus filhos na esperança de que tenham uma vida melhor. A fórmula também era popular em Hollywood, onde uma de suas mais famosas variações, *Stella Dallas*, foi adaptada em 1925, 1937 e 1990. Curiosamente, entretanto, a relação mãe-filho também aparecia em uma das subtramas do primeiro filme de Nelson Pereira, *Rio, 40 graus* (1956), frequentemente considerado o primeiro filme do Cinema Novo. Em vários sentidos, o filme é o oposto do melodrama mexicano, porém faz uso do que pode ser considerado uma emoção melodramática (no sentido mais amplo do termo) para criticar uma estrutura de classes opressora e criar uma simpatia pela maior parte da população composta de pobres. Dona Elvira, a figura maternal do filme, é um modelo de força e virtude cujo amor e apoio ao filho são irrestritos. Mesmo possuindo algumas afinidades com as figuras de mães sofredoras, tornadas famosas por Sara García ou Libertad Lamarque, ela não é retratada como mártir ou vítima. A despeito de sua pobreza e sua enfermidade, é uma mãe consciente e membro da comunidade, aceitando com dignidade as gentilezas dos vizinhos, insurgindo-se contra a autoridade policial para manter uma criança órfã fora dos mecanismos de um sistema judiciário pouco confiável.

Cinema de lágrimas, por sua vez, usa personagens da classe média para explorar a psicologia da relação entre mãe e filho e a duradoura presença da mãe na vida de seu filho homossexual. O filme inicia com o sonho do ator sobre sua mãe, o qual nos prepara para a busca edipiana no próprio elemento "maternal" do cinema. Em certos aspectos, a sequência onírica de *Cinema de lágrimas* se assemelha à de *Os esquecidos* (1950) de Buñuel, no sentido de que ambos os filmes apresentam filhos que possuem relações não resolvidas ou conflituosas com suas mães e que sonham com a mãe se aproximando de suas camas. Buñuel, no entanto, é mais explícito no seu retrato do desejo edipiano e bem mais provocador com seu pedaço de carne crua aludindo à sexualidade da mãe; sua sequência onírica cria um estranhamento e um profundo mal-estar que inibem qualquer sentimento de *pathos*. Nelson Pereira, por sua vez, permanece próximo da compreensão das emoções melodramáticas convencionais, justapondo o sonho do filho da despedida de seu leito em lágrimas à sua fascinação adulta por filmes que apresentam mulheres e mães angustiadas. A busca de Rodrigo pelo acervo cinematográfico também gera um verdadeiro material para um melodrama, com direito a um segredo familiar, um suicídio, um caso de amor não correspondido, uma carta fatídica que responde a um enigma e a morte de um interesse amoroso. O que é particularmente interessante a respeito desse último aspecto do filme, no entanto, é que Nelson Pereira transformou a clássica fórmula melodramática sobre relações heterossexuais em um drama sobre amor homossexual. Mesmo que Rodrigo repetidamente considere que mulheres como suas tias foram o público-chave para os velhos melodramas, nós o observamos se deleitando com os velhos filmes e se emocionando a ponto de verter lágrimas quando assiste a eles.

Nesse momento, podemos fazer uma pausa para lembrar que, como seus congêneres hollywoodianos, os melodramas latino-americanos de amor e vida doméstica foram produzidos, escritos e dirigidos quase exclusivamente por homens; porém, os filmes tiveram como alvo primordial o público feminino, pensado como seu principal consumidor. No caso do Cinema Novo, ao contrário, também feito por homens, este foi provavelmente concebido de forma inconsciente para o jovem olhar masculino. Ele implicitamente se definia avesso ao comercialismo lustroso e às fórmulas melodramáticas de seus predecessores, rejeitando não somente alguns mitos capitalistas, mas também alguns elementos "femininos" da cultura capitalista – os elegantes cenários burgueses e os estilizados figurinos, o culto do *glamour* e da diversão, e sobretudo a tendência a substituir *pathos*, lágrimas e sofrimento masoquista por análises políticas e convocações raivosas à ação social. Uma das mais interessantes qualidades de *Cinema de lágrimas* de Nelson Pereira, no entanto, é a forma pela qual complexifica ou obscurece a oposição binária entre melodrama e Cinema Novo.

O uso do personagem de Rodrigo não subverte exatamente as condições do melodrama que, como ele próprio declara, foram grandemente planejadas para plateias femininas. No entanto, como *gay* e envolvido com teatro, Rodrigo não vê nenhum problema em se identificar com as mulheres lacrimosas da tela. Nelson Pereira enfatiza tal ponto sucessivas vezes ao apresentar primeiros planos da cativação de Rodrigo pelos dramas femininos de sofrimento e sua vívida exibição dos extremos emocionais. Nelson Pereira poderia ter feito do personagem um heterossexual que obtém o mesmo prazer e que vivencia o mesmo tumulto interior do *gay* Rodrigo. Essa opção poderia ter representado uma abordagem mais radical e arriscada, especialmente pelo fato de que ainda existem limites e pressões sociais com relação ao que o homem heterossexual pode abertamente sentir e expressar, mesmo em uma sala escura de cinema. Demonstrações de emoção, especialmente fugazes, têm sido caracterizadas como atributo de uma sensibilidade feminina "mais fraca". Os melodramas da Época de Ouro descreveram repetidamente a sensibilidade como território exclusivo das mulheres. A escolha de Nelson Pereira de um protagonista *gay* masculino, no entanto, que é tratado de forma simpática e sem condescendência, torna-se consistente com sua tentativa de mesclar melodrama e Cinema Novo, fazendo com que aparentem menor distância. Ele cria uma história que emoldura de modo realista um homem maduro da geração do Cinema Novo que olha para o velho cinema e passa a sentir uma certa identidade com uma época passada.

A busca de Rodrigo no acervo é naturalmente também um artifício ficcional que permite a Nelson Pereira apresentar trechos, muitos deles em excelentes condições, de mais de uma dúzia de filmes em preto e branco que maravilhosamente fazem menção à era dos estúdios. Dessa forma ele presta sua homenagem a toda uma geração de diretores, diretores de fotografia e estrelas que se tornaram famosas internacionalmente em razão de seu trabalho em melodramas. Apesar de esses filmes terem sido criticados nos anos 1960 – particularmente no período do Cinema Novo – por terem pouco a ver com a realidade social de seu público, os melodramas, especialmente os mexicanos e argentinos, eram genuinamente populares, estando entre os filmes de melhor qualidade, jamais produzidos na América Latina, e sendo exportados para outros países da região da mesma forma que as telenovelas contemporâneas. Na realidade, Nelson Pereira, que havia iniciado sua carreira como neorrealista e símbolo do novo cinema latino-americano, reavalia sua atitude anterior em relação a um gênero que, como a chanchada brasileira, foi frequentemente criticado pela esquerda graças a sua associação com o que era produzido em Hollywood. Ele é particularmente bem-sucedido em mostrar como os melodramas continuam a encantar espectadores inteligentes como Rodrigo, que é visivelmente envolvido pelos filmes.

Entre os melodramas mexicanos e argentinos que Nelson Pereira apresenta em *Cinema de lágrimas,* se encontram exemplos pioneiros como *Santa* (1931), de Antonio Moreno, que é o primeiro filme sonoro mexicano e *La mujer del puerto* (1933), de Arcady Boytler. A despeito de seu *status* precursor, os retratos de mulheres sob coação nesses dois filmes estão entre os mais controversos e extremos em termos de censura na história do gênero. Jovens e abandonadas, suas inocentes protagonistas se voltam para a prostituição como meio de sobrevivência. Depois de uma vida marcada por dificuldades, a personagem principal de *Santa* (Lupita Tovar) sucumbe ao câncer e morre na mesa de cirurgia. Rosario (Andrea Palma), a protagonista de *La mujer del puerto* sem saber que o marinheiro (Domingos Soler) com quem faz sexo é ninguém menos que o irmão que não vê desde a mais tenra infância; sua consciência do ato incestuoso a leva a tirar sua própria vida, jogando-se ao mar. Entre os melodramas posteriores apresentados no filme, incluem-se *Las abandonadas*, de Fernández, estrelado por Pedro Armendáriz e Dolores Del Río (ambos também contratados por Hollywood); *La diosa arrodillada* (1947) e *Camelia* (1954), de Roberto Galvadón, estrelados pela "diva" mexicana María Félix; *Doña Diabla* (1949), de Tito Davidson, também estrelado por Félix; *Aventurera* (1949), de Alberto Gout e *Víctimas del pecado* (1950), de Gavaldón, ambos estrelados pela *rumbera* cubana Ninón Sevilla; e a adaptação surrealista de *O morro dos ventos uivantes*, de Emile Brontë, por Luis Buñuel intitulada *Escravos do rancor* (*Abismos de pasión*).

Como no sonho de Rodrigo, no qual o pai é totalmente ausente, os trechos de filmes tendem a ser exclusivamente sobre mulheres que haviam tido encontros sexuais de um tipo ou de outro e que agora foram abandonadas à sua própria sorte com uma criança. Uma variação desse padrão ocorre em *Víctimas del pecado*. Rosa (Margarita Ceballos), jovem prostituta, corre atrás de seu amante-cafetão Rodolfo (Rodolfo Acosta), que trabalha em um cabaré-bordel e faz com que ela tenha que decidir entre ele e o bebê de ambos. O trecho apresenta a angustiada mãe cuidadosamente colocando seu recém-nascido em uma lata de lixo na beira da rua e correndo depois para se unir a seu amante. A atitude "antinatural" da mãe é imediatamente censurada por Violeta (Ninón Sevilla), uma dançarina e companheira de Rosa no cabaré, que resgata a criança e luta durante anos para criá-la, a despeito da observação que havia feito anteriormente sobre "não termos qualquer direito de termos uma criança!".

Figura 18. Rosa contempla o abandono do filho em *Víctimas del pecado*.

As principais figuras paternas observadas nos vários trechos são geralmente patriarcas idosos e amedrontados que não medem esforços para proteger a honra de suas filhas e rejeitar qualquer pretendente indesejável. *Historia de un gran amor* (1942), de Julio Bracho, é talvez o mais extremado caso de um pai excessivamente protetor. Incapaz de suportar a visão de sua filha nos braços de outro, ele a mata esfaqueando-a pelas costas. A única exceção observada no violento patriarcado é o personagem interpretado por Arturo de Córdova em *Cinco rostros de mujer* (1947), de Gilberto Martínez, que se reencontra com sua filha crescida, proveniente de um caso do passado. No entanto, sua satisfação parece ser menos a de reencontrar a filha em si mesma que a de descobrir sua forte semelhança com a mãe que, como ele comenta, vai se encontrar para sempre com ele a partir de então.

Ainda que a figura infantil seja imprescindível para o trauma emocional do melodrama, o filho ou a filha raramente, talvez nunca, são o personagem central. Marisela (Maria Elena Marqués), a filha adolescente em *Doña Bárbara* (1944), de

Fernando de Fuentes, possui um papel mais destacado que o habitual apenas por causa de o enredo ser sobre a rivalidade, entre ela e sua mãe (María Félix), pelo amor do latifundiário Santos Luzardo (Juan Soler). Em *Armiño negro*, o filho (Néstor Zavarce) igualmente possui um papel maior que o habitual apenas para estabelecer a singular relação afetiva entre ele e sua mãe (Laura Hidalgo). Duas cenas do trecho apresentado são dignas de nota: durante a visita de sua mãe à escola particular onde o rapaz estuda, este tira foto dela na escadaria do edifício. Enquanto prepara a câmera, olha para sua mãe na escada transformada em improvisado pedestal e, como um ardoroso pretendente, afirma quão bela ela é. Em uma segunda cena, ele observa, por entre o corrimão da escadaria, sua mãe adentrar a casa com um de seus amantes, que a abraça e beija efusivamente. Tais cenas de inspiração edipiana são cruciais para o trágico desfecho do filme, com o suicídio do filho em seu quarto.

Na narrativa que emoldura *Cinema de lágrimas*, a mãe é a motivação para a busca cinematográfica na qual o protagonista regressa à sua condição infantil. Quando a câmera passeia pelo quarto no sonho de Rodrigo, observamos os confortos de uma infância de alguém da classe média, que inclui brinquedos, bichos de pelúcia, livros e, mais importante que todos, uma fotografia distintamente enquadrada dele próprio e de sua mãe em uma mesa de cabeceira. O filme enfatiza a relação entre Rodrigo e seu "onírico" ego juvenil no momento em que ele acorda, aparentemente no mesmo aposento e em uma cama igualmente confortável; enquanto os brinquedos e o animal de pelúcia não se encontram mais em evidência, a fotografia de sua mãe ao lado da cama ainda compõe o bom gosto da decoração. No entanto, em vez das poderosas figuras femininas habituais na maioria dos melodramas, a mãe de Rodrigo é presente somente nos sonhos, ainda que evidentemente seja a figura que determine todos os trechos de filmes vistos por Rodrigo e que esses trechos respondam de diferentes maneiras à sua obsessão pela figura materna. Quando finalmente assiste a *Armiño negro*, é como se ele e o garoto do filme se fundissem e observassem em silêncio e crescente desânimo a transformação da mãe em prostituta. Essa imagem não apenas contradiz à da mãe-princesa, conto de fadas que o rapaz endeusa ao fotografar, mas igualmente à imagem maternal que Rodrigo cultua ao lado da cama. O horror do rapaz do filme ao espetáculo de erotismo materno proporcionado o impulsiona ao suicídio. Rodrigo, já adulto, reage mais tranquilamente, mesmo chorando com a revelação. O suicídio de sua mãe é a essência do momento melodramático no qual a mãe realiza seu último sacrifício para proteger sua criança de uma vida de sofrimento.

O drama emocional que se desenrola entre Rodrigo e Yves na história-moldura, por sua vez, envolve o popular motivo melodramático da doença incurável. Em uma de suas teorizações, Yves alude à sua própria situação, ao comentar as complicações criadas sobre doenças como a tuberculose ou o câncer nos relacionamentos amorosos; Rodrigo, porém, se equivoca em sua interpretação.

Pensando que Yves está se referindo a ele próprio, afirma sua sanidade e se predispõe a fazer o teste de HIV. Aqui, como noutros momentos, ocorre uma interessante relação entre o drama menor e pessoal, vivenciado sob a chave realista da narrativa-moldura e os dramas mais intensos projetados na tela da cinemateca. Por exemplo, enquanto a bela, porém tuberculosa Camille (María Félix) desiste de seu jovem amante para poupá-lo da dor e de acompanhar sua decadência física e morte, o terminal Yves, que se torna crescentemente pálido e debilitado ao longo do filme, põe em xeque a crescente paixão e os apelos de Rodrigo. Na verdade, apesar de Rodrigo saber que algo está errado, encontra-se completamente ignorante a respeito da condição de Yves até receber uma carta dele, escrita em seu leito de morte, no Rio.

Ao contrário dos filmes vagamente próximos aos realizados nos Estados Unidos, os melodramas latino-americanos frequentemente envolviam números musicais vinculados apenas eventualmente ao enredo, sendo que outras vezes proporcionavam simplesmente alívio dramático para a tensão gerada pelos momentos de forte emoção. Um dos mais frequentemente citados exemplos da primeira aproximação surge em *Aventurera*, na recepção dos recém-casados Elena (Ninón Sevilla) e Mario (Rubén Rojo). Elena, para se vingar de sua nova sogra, Rosaura (Andrea Palma) – matrona da sociedade, porém, sem que o filho saiba, também proprietária do bordel onde Elena trabalhava –, ostenta sua sexualidade, apresentando um número apimentado de rumba, que choca o elitizado grupo. Sevilla apresenta um número de dança mais longo e extravagante em *Víctimas del pecado*, mas muito menos importante para o enredo que o de *Aventurera*, e proporciona principalmente um deleitoso adiamento para os igualmente sensacionalistas, ainda que mais sórdidos, aspectos da vida em um cabaré.

Para manter um vínculo com essa convenção, Nelson Pereira, em *Cinema de lágrimas*, inclui uma *performance* musical, ainda que de tipo diverso. Em duas diferentes ocasiões, a câmera foca em um grupo de jovens vestidos em trajes pré-colombianos, que apresentam uma antiga dança tribal do lado de fora da Cinemateca. A cena não possui qualquer relação aparente com o enredo e à primeira vista parece ser uma tentativa de apresentar um pouco de cor local no momento em que Rodrigo e Yves retrospectivamente atravessam a universidade e entram nela. Abstendo-se da rumba do melodrama, que se originou em Cuba e foi importada pelo México, Nelson Pereira opta por música e dança indígenas, porém os mesmos dançarinos reaparecem posteriormente no filme enquanto Rodrigo sai da Unam, e nesse caso eles funcionam menos como exemplo de cor realista local do que como uma "atração", no mesmo sentido da rumba. Nesse caso, a dança dos bailarinos semidespidos não possui relação com mulheres ou o desejo heterossexual, tampouco se conecta à relação entre Rodrigo e Yves. Ao utilizar dançarinos masculinos e não femininos, Nelson Pereira mantém o foco no olhar homossexual de Rodrigo, por meio do qual é representada a maior parte do que se vê no filme.

Em razão de ocorrerem no contexto de uma paisagem moderna, as sequências de danças indígenas também sugerem as várias formas mediante as quais o passado é sempre mesclado ao presente como forma de criar um novo sentido ao primeiro. *Cinema de lágrimas* torna essa ideia mais explícita por meio de suas várias referências ao Cinema Novo latino-americano, que frequentemente é justaposto aos melodramas. Ao longo de todo o filme, Nelson Pereira aponta de diversas maneiras para a coexistência das duas formas: incorporando trechos de diferentes cursos de professores da Unam sobre Glauber Rocha e o "cinema imperfeito" cubano; uma lenta panorâmica descobre corredores decorados com cartazes dos antigos melodramas e de produções do Cinema Novo; de volta ao Rio, ele visita a Cinemateca cujos corredores são decorados com cartazes do Cinema Novo brasileiro e onde, em um típico toque de ironia de Nelson Pereira, um festival celebrando os "cem anos do cinema" se encontra entre as próximas atrações.[16]

Poder-se-ia afirmar que Rodrigo e Yves personificam o ainda nada fácil relacionamento entre o cinema velho e o Cinema Novo. Na qualidade de autor de uma peça chamada *Amor* e de um homem romântico, Rodrigo é nitidamente mobilizado pelos enredos emocionais que apresentam mulheres em perigo ou mulheres perigosas. Há uma semelhança entre os primeiros planos de seu rosto entusiasmado, iluminado pelo brilho proveniente da tela, e os meticulosos primeiros planos das estrelas femininas dos melodramas produzidos pelos estúdios, cujas faces cuidadosamente iluminadas frequentemente registram um tipo semelhante de olhar. Yves, por sua vez, sentado ao fundo da sala de projeção em uma mesa de trabalho, mantém uma distância analítica enquanto anota comentários sobre os filmes e ocasionalmente pontua suas motivações e sentidos. Ele representa a versão "sofisticada" da crescente teoria crítica que visava ao melodrama quando um movimento por um novo cinema latino-americano ainda estava em curso. Ao contrário de Rodrigo, ele não é emocionalmente capturado pelo que observa na tela, e, quando ocasionalmente o percebemos em primeiro plano, a única iluminação presente em sua face é o da luminária da sua mesa de estudo.

Na última cena do filme, Rodrigo passa da exibição de *Armiño negro*, o filme associado com a sua mãe, à exibição de *Deus e o Diabo na terra do sol* (1964), de Glauber Rocha, ao qual assiste com estudantes em um amplo auditório. Líder proeminente do Cinema Novo, Glauber fez filmes que unem atuações grandemente

16. Outra justaposição de gênero transnacional surge na sala de projeção da Unam. Existe um grande cartaz com Marilyn Monroe em primeiro plano, em um revelador vestido cavado, posicionado ao lado de outro enorme cartaz de Pedro Armendáriz vestido em traje completo revolucionário, sombreiro, arma e cartucheiras. Mesmo Marilyn sendo um conhecido objeto do desejo heterossexual, ela também era um dos "corpos celestes" cuja sexualidade foi escrutinada minuciosamente por Richard Dyer. Armendáriz é tão *sexy* quanto Marilyn e suspeito que sua beleza morena adornada pela indumentária revolucionária fosse tão desejada pelos homens *gays* quanto pelas mulheres heterossexuais.

teatrais à crítica social brechtiana, em uma tentativa de criar um cinema do Terceiro Mundo politicamente radical. De acordo com seu famoso manifesto de 1965, a premissa estética para esse novo cinema eram a fome que existia ao longo de todo o mundo em desenvolvimento e a violência que tal fome disseminada, em última instância, gerava.[17] *Deus e o Diabo na terra do sol*, assim como *Vidas secas*, de Nelson Pereira, trouxeram para a tela de modo incomparável a medida completa e o impacto dessa fome e dessa violência, principalmente por intermédio de histórias sobre os pobres que vivem nos sertões nordestinos. Fome e violência retornam como temas centrais na "sequência" de *Deus e o Diabo*, *O dragão da maldade contra o santo guerreiro* (1969). Nelson Pereira também retrabalharia esses temas em *Como era gostoso o meu francês*, sua ode satírico-alegórica ao canibalismo.

Em *Cinema de lágrimas*, esse cinema radical dos anos 1960 e 1970 serve como um contraponto para os diversos melodramas. De fato, o filme de Nelson Pereira é uma tentativa de compreender o cinema latino-americano com base em uma dialética entre dois momentos diferenciados da história do cinema e dois tipos de filmes bastante distintos, um deles (o melodrama) muito bem-sucedido nas plateias locais, e o outro (o Cinema Novo), mais popular com o público de cinema de arte e festivais no estrangeiro. O filme não parece privilegiar um sobre o outro, sugerindo pontos em comum entre as duas formas.

A homenagem de Nelson Pereira a Glauber Rocha ao final do filme é particularmente interessante nesse sentido. O trecho selecionado de *Deus e o Diabo*, no qual Corisco (Othon Bastos), o cangaceiro, e Rosa (Yoná Magalhães), a mulher do trabalhador agrícola, são flagrados em um longo, intenso e comovente abraço, num raro primeiro plano mais longo que, belamente fotografado por Waldemar Lima, permite a câmera rodopiar lentamente em torno do casal. A trilha não diegética altamente emocional de Sérgio Ricardo presente nesse primeiro plano é bastante semelhante à que se escuta nos melodramas mais antigos. O plano seguinte é o de um pistoleiro contratado, Antônio das Mortes (Maurício do Vale), atirando no messiânico Corisco, enquanto marido e mulher, Manuel (Geraldo del Rey) e Rosa correm através do sertão até alcançar o mar. Como em toda a obra de Rocha, a ação aqui é glamorosamente estilizada, mesmo não possuindo o visual lustroso e artificial das antigas produções. Ao escolher essas cenas, Nelson Pereira nos convida exatamente a indagar como o plano do abraço do casal ou da morte de Corisco nas mãos de Antônio das Mortes difere em gênero dos primeiros planos dos amantes apaixonados em *Cornelia* ou da cena de morte dramática em *Escravos do rancor*, de Buñuel, no qual o apaixonado e louco Alejandro (Jorge Mistral) é baleado no olho enquanto se inclina contra o caixão aberto de sua amada. A corrida do casal para longe do vilão Antônio das Mortes e através do sertão é tão melodramática quanto

17. Ver seu "Uma estética da fome" de 1965.

qualquer fuga dos filmes mais antigos. A trilha sonora que é combustível para a cena erótica do beijo prolongado no filme de Glauber Rocha é tão convincentemente sensual quanto *Tristão e Isolda*, de Wagner, que no filme de Buñuel ela acompanha o beijo de Alejandro no corpo de sua amada em decomposição.

O filme de Glauber não apenas fortalece a emoção como igualmente proporciona o alívio ou a catarse com sua última cena, na qual o casal chega ao mar. Como no melodrama, a catarse aqui é bastante dependente da trilha sonora que, nesse caso, é uma vibrante balada e que, cantada com vigor e em ritmo frenético, anima ainda mais a corrida do casal. O ponto de contato entre o melodrama e o Cinema Novo parece ainda mais evidente e passa a compreender Rodrigo, enquanto este assiste a *Deus e o Diabo na terra do sol*. Sua reação chorosa, mas ao mesmo tempo satisfeita, é em parte nostálgica e não muito diversa de sua resposta ao melodrama. A fusão entre as duas formas se dá na cena do auditório. O amor não correspondido de Rodrigo por seu jovem assistente vem à tona quando observa o beijo entre Corisco e Rosa; dominado pela emoção, ele toca no ombro do jovem que se encontra à sua frente na fila. Quando percebe que o jovem não é Yves, ele tenta contornar o seu desapontamento e seu embaraço sorrindo, enquanto as lágrimas descem por seu rosto.

Figura 19. Paixão no sertão em *Deus e o Diabo na terra do sol*.

Cinema de lágrimas oferece ao espectador a possibilidade de assistir a uma coleção de trechos da Época de Ouro do melodrama (assim como a alguns exemplos do Cinema Novo), apresentando, através de seu enredo melodramático, uma parcial reavaliação de um gênero que caiu no gosto da crítica a partir do final dos anos 1950 e do início da década seguinte. O filme também proporciona uma nova leitura do Cinema Novo latino-americano à luz dos filmes mais antigos, demonstrando que a dramatização da emoção, o tratamento sentimental do romance e o interesse nos excessos visuais e musicais nunca estão completamente ausentes do cinema radical. Por fim, *Cinema de lágrimas* expressa o prazer de assistir a ambos os tipos de filmes, os quais, cada um a seu modo, evocam o orgulho e uma espécie de nostalgia histórica.

Figura 20. Raul Cortez como Rodrigo assistindo a *Deus e o Diabo na terra do sol* de Glauber Rocha em *Cinema de lágrimas*. (Arquivo Museum of Modern Art/Film Stills)

A realização seguinte de Nelson Pereira, *Brasília 18%* (2006), é um *neonoir* que alude conscientemente às convenções hollywoodianas dos anos 1940 e 1950. Seu título se refere à falta de umidade de Brasília, mas igualmente aponta para o filme de estreia de Nelson, *Rio, 40 graus*, o qual serve ao mesmo tempo de interlocutor e de referência fortemente contrastante. Em boa parte de sua carreira, o realizador havia sido um cronista das megalópoles brasileiras, centrando-se no que Jean-Paul Sartre havia chamado de "situações extremas", indicadas de forma metafórica pelos extremos barométricos de seus dois títulos. Como vimos, *Rio, 40 graus* concentra-se no enorme abismo que separa, na sociedade carioca, aqueles que têm posses daqueles que não as têm, enfatizando as diferenças entre a vida na favela do morro e a vida em moradias confortáveis à beira-mar. A montagem paralela induz a alguns dos momentos mais dramáticos do filme quando de uma eufórica e vibrante multidão no Maracanã somos levados ao atropelamento de uma criança por um caminhão. Uma contraposição semelhante ocorre em *Rio, Zona*

Norte, que contrasta a pobreza dos compositores de samba negros e os empresários brancos que compram suas composições e angariam lucros, assim como fama, sem quase nenhum custo. Em *Boca de Ouro*, a ênfase é menos na condição social que nos extremos conflitos emocionais e contraposições de tom ou humor em certo segmento da vida urbana. *Cinema de lágrimas* também lida com contrastes agudos, porém nesse caso a ênfase se desloca; o filme apresenta mais diferenças de gênero, de sexualidade e idade do que de classe ou raças, possuindo um tom maduro, um tanto nostálgico.

Como *Cinema de lágrimas*, *Brasília 18%* volta-se para filmes antigos e destaca um estilo mais tradicional de contraposições melodramáticas. O filme apresenta um bem-intencionado médico (Carlos Alberto Riccelli), recentemente viúvo, contra a poderosa e corrupta máquina política em Brasília. O enredo complexo envolve intriga, assassinato, chantagem e uma *femme fatale*. A atmosfera criada é algo reminiscente do *noir*, tal como a de *Boca de Ouro*, com a diferença de que as forças maléficas apresentadas pelo filme de 1963 eram representadas por um único indivíduo da zona norte, ao passo que *Brasília 18%* apresenta uma ampla rede que atinge os mais altos escalões do governo, apresentando vários servidores, incluindo um senador federal, apanhados em barganhas e atos ilegais e vivendo de forma nababesca em Brasília. Ao contrário de Boca, que é basicamente um trapaceiro amador, os astutos funcionários do governo encontram diversas maneiras para se protegerem de recriminações ou retaliações, como se todos fossem abençoados por uma espécie de corpo fechado político.

Brasília 18% é tanto sobre mulheres quanto homens e aqui, como nos outros filmes de Nelson, as mulheres tendem a ser mais fortes, joviais e independentes. Entre as muitas interpretações admiráveis, o diretor nos brinda com uma refrescante e esplêndida: a da jovem atriz Mônica Keiko, que vive uma jovem prostituta (segundo Nelson Pereira, Keiko, filha de um nipo-brasileiro e uma baiana, tinha 14 anos quando as filmagens se iniciaram). Além de Bruna Lombardi, como a recém-falecida esposa do legista, o filme destaca vários dos atores que já haviam trabalhado previamente com Nelson Pereira, incluindo Nildo Parente, Carlos Vereza e Ney Sant'Anna. Quem também participa é Othon Bastos, que se tornou internacionalmente conhecido como o Corisco de *Deus e o Diabo na terra do sol* e o ciumento Paulo Honório na adaptação de Leon Hirzsman para *São Bernardo*, de Graciliano Ramos.

Nelson Pereira tem frequentemente homenageado alguns dos escritores brasileiros mais notáveis, sendo que em *Brasilia 18%* ele criou uma atmosfera literária nomeando seus personagens, ao estilo de Jean-Luc Godard, como autores do final do século XIX e idos do seguinte. Logo ao início do filme um funcionário senegalês é apresentado como Jean-Paul Sartre. O legista que viaja para Brasília para identificar o corpo feminino no centro do escândalo político se chama Olavo Bilac, e a suposta vítima de assassinato é Eugênia Câmara (Karine Carvalho), cujo nome é o mesmo de uma atriz que fora alvo do interesse amoroso de Castro Alves no século XIX. Eugênia desaparece após abandonar um comitê político federal corrupto, e os líderes políticos desse comitê, Sílvio Romero (Carlos Vereza) e Gonçalves Dias (Nildo Parente), acusam o namorado dela, Augusto dos Anjos (Michel Melamed), por seu suposto assassinato. A jovem prostituta é Marília de Dirceu, nome derivado de um livro de poemas amorosos de Tomás Antônio Gonzaga; e a *femme fatale* se chama Georgesand. O único personagem relevante sem um nome literário é o da falecida mulher do legista, Laura, evocativo de um famoso filme *noir* hollywoodiano. Todas essas alusões divertidas e irônicas são reminiscentes de *Azyllo muito louco*, que também efetua uma crítica ao governo brasileiro; porém *Brasília 18%* é bem mais explícito e realista na sua exposição de funcionários "ensandecidos" e fora de controle. Seu uso paródico dos nomes é uma deliberada estratégia de estranhamento correndo contra o realismo, e algo de seu humor negro provavelmente se perde aos olhos dos espectadores norte-americanos não familiarizados com a literatura brasileira.

O protagonista, Bilac, move-se de um lado para o outro, entre o mundo público da intriga política e as fantasias sexuais privadas, nas quais Laura e Eugênia subitamente aparecem e desaparecem diante de seus olhos. Homem taciturno, sua investigação do crime parece suscitar o desejo por sua mulher morta e pela supostamente assassinada Eugênia, ambas inexplicavelmente materializadas em sua cama. Nessas cenas o filme é imbuído de uma sutil atmosfera necrófila semelhante à de *Laura* (1944), de Otto Preminger, ou à de *Um corpo que cai* (1958), de Alfred Hitchcock, ambos envolvendo apatetados detetives obcecados por uma mulher presumivelmente morta. No filme de Nelson Pereira, Laura morre em um acidente de asa-delta e o paradeiro da desaparecida Eugênia é inicialmente desconhecido. Em sequências fantasiosas, as duas mulheres aparecem nuas, provocando não só o desejo sexual de Bilac, mas igualmente tristeza e culpa: a última visão de sua mulher foi a de seu corpo nu durante uma autópsia realizada por ele próprio, e ele viu Eugênia nua em um vídeo doméstico que estava entre os materiais a serem analisados para ajudá-lo a identificar o seu presumido corpo no necrotério.

A nudez das duas mulheres contrasta com personagens sinistros que tentam ocultar sua cumplicidade e seus crimes por trás de uma fachada elegante e bem-vestida. Como muitos dos filmes anteriores de Nelson Pereira, *Brasília 18%* contrapõe aqueles que vivem bem no centro da capital dos pobres e trabalhadores na periferia. Encantadora e otimista, a prostituta Marília cruza de um lado para o outro desses dois espaços, e percebemos que sua sobrevivência e seu bem-estar se encontram dependentes dessa relativa mobilidade. Nelson Pereira é particularmente feliz em mapear a distância entre esses dois estratos econômicos. Sua sequência dos créditos iniciais, com uma longa panorâmica das autoestradas de

Figura 21. Laura e Olavo Bilac em *Brasília 18%.*

Brasília e de sua arquitetura moderna, é reminiscente dos planos aéreos de marcos turísticos do início de *Rio, 40 graus*. Como no filme anterior, paisagens empolgantes, com um fundo sonoro de uma animada trilha musical, enfatizam o dinamismo da cidade grande, porém a visão aérea de locais emblemáticos é rapidamente seguida por cenas que destacam a cruel realidade gerada pela pobreza, pela ganância e pela corrupção. O vívido senso do contraste social se torna especialmente evidente mais à frente, quando a congressista Georgesand leva Bilac para um passeio pelos pontos turísticos do que ela chama "Brasília *by night*", iluminados pelo luar. O passeio panorâmico é uma atração, completado com sexo no carro e com uma tentativa de aliciar o legista com aqueles que se encontram no poder. A todo momento, porém, o filme vem expondo a miséria urbana, incluindo corpos não identificados que, escondidos anteriormente pelos luxuosos *outdoors*, surgem quando a seca e a queda na umidade ocorrem.

A ideia de *Brasília 18%* remonta ao momento em que Nelson Pereira estava em Brasília para a filmagem de *A terceira margem do rio*. O filme também é produto de sua paixão pelo cinema *noir* – gênero sempre considerado popular no Brasil, mas que, até recentemente, possuía poucos praticantes. Como Nelson Pereira explicou:

> O cinema *noir* foi parte da minha formação, já que eu cresci nos cineclubes do pós-guerra. O roteiro de *Brasília 18%* foi concebido em Brasília, em 1993, quando vivia do outro lado da rua onde se encontrava a casa de Fernando Collor, que renunciava para não sofrer um processo de *impeachment*. Ele foi acusado de ser o líder de uma gangue poderosa e corrupta que beneficiara em sua administração. Minha ideia para o filme se originou desse evento. Escrevi um terço do roteiro

> nesse ano e somente retomei-o em 2003, quando retornei para realizar um ainda incompleto documentário sobre o governo Lula (...). Filmar um *noir* foi uma experiência enriquecedora para mim – em termos de tema. Especialmente aqui no Brasil.[18]

Com o retorno político de Collor no outono de 2006 como senador eleito por Alagoas e a epidemia de corrupção que se tornou uma verdadeira praga na administração de Lula e que ocasionalmente retorna à vida como os mortos no filme, *Brasília 18%* é, talvez, mais atual agora do que quando foi lançado nos cinemas.

A recepção calorosa e notoriamente publicizada com que Collor foi saudado por Lula, seu antigo rival na campanha presidencial, no Palácio do Planalto foi um lembrete de que, se o alto nível de corrupção pode gerar desprezo e mesmo um *impeachment*, também pode ser perdoado. Como *Brasília 18%* não indica nada em termos de política, o filme torna-se tão extremo ou fantástico para ser crível.

Brasília 18% é um bom exemplo da consciência de Nelson Pereira em relação à importância do uso da música. Entre as composições utilizadas na trilha sonora, encontra-se *Sinfonia de Brasília*, de Antônio Carlos Jobim, que acrescenta exuberância aos planos iniciais da paisagem urbana da cidade. A alegre sinfonia retorna ao final, com a súbita e inesperada aparição da brincalhona Georgesand, no mesmo voo que leva Bilac aos Estados Unidos. Ao longo dos anos, Nelson Pereira tem trabalhado com alguns dos maiores talentos musicais brasileiros, incluindo Zé Kéti, Gilberto Gil, Milton Nascimento e Paulo Jobim, que foi o diretor musical de *Brasília 18%*. Nesse contexto, poderíamos lembrar que o Cinema Novo surgiu no mesmo momento em que a bossa nova se tornou sensação internacional. Apesar de os interesses sociais e políticos dos dois movimentos artísticos aparentarem ter pouca coisa em comum, estes dois últimos foram produtos de uma nova geração, igualmente modernistas em sua inspiração e igualmente apreciados como inovações radicais. A batida "dissonante" em oposição ao dedilhado das cordas do violão e as suaves e minimalistas letras da bossa nova soavam parcialmente inspiradas pelos poetas concretistas dos anos 1950; o Cinema Novo, por sua vez, expressava protesto social na forma crua e barata de filmar, ideologicamente próxima da esquerda, descrita por Glauber Rocha em "Uma estética da fome" como triste, desesperada e feia.

Tanto a nova música como os novos filmes foram endereçados à classe média: a intenção tanto de Nelson Pereira quanto de outros realizadores do Cinema Novo era a de forjar uma consciência sobre as condições vividas pelos pobres em regiões como o Nordeste brasileiro; os compositores da bossa-nova, ao contrário, cantavam suavemente sobre os prazeres da vida carioca, as garotas de Ipanema, as praias, o sol, o amor e o Corcovado. A música sertaneja de *Na estrada da vida*, de Nelson Pereira,

18. Correspondência por *e-mail* com a autora, em 3 de março de 2007.

encontra-se tão distante da bossa-nova quanto a valsa do *rap*. Não é surpreendente, no entanto, que um admirador de música e carioca adotado, como Nelson, fosse um admirador de Antônio Carlos Jobim, cuja obra se tornou tema de um documentário realizado por ele e Dora Jobim em 2011, *A música segundo Tom Jobim*.

Esse documentário é o terceiro, e mais bem-sucedido, tributo do realizador à obra de uma relevante personalidade cultural. Sua minissérie em quatro partes, *Casa-grande e senzala* (2000), homenageando Gilberto Freyre é, sem dúvida, o documentário que explora de forma mais historicamente rica o Nordeste, região que formou suas raízes artísticas e continuou a fomentar seu interesse em filmes envolvendo questões relacionadas à raça e a classes sociais.[19] O maior valor de ambos os documentários é seu caráter pedagógico, e seus temas vão ao encontro de um duradouro interesse de Nelson Pereira em trazer grandes escritores e suas obras para as telas. Nesse caso, os temas a serem esclarecidos dizem respeito à evolução de dois dos mais destacados intelectuais brasileiros contemporâneos, que viveram em diferentes regiões do país. Suas formações pessoais – uma no Recife, outra em São Paulo – proporcionaram estudos únicos, com marca pessoal, provocativos, que revelam a complexidade do significado de ser brasileiro.

Ao passo que os projetos a respeito de Freyre e Sérgio Buarque são sobre a palavra escrita, *A música segundo Tom Jobim* é sobre as palavras cantadas pelas músicas. Os filmes anteriores são repletos de entrevistas e comentários, mas esse é dedicado inteiramente à arte de Jobim. Uma das mais importantes e bem-sucedidas escolhas formais foi a de abandonar as habituais entrevistas no estilo *talking heads** assim como qualquer tipo de narração *over*. O filme é um tributo musical que consiste, nada mais nada menos, em uma notável colagem de material de arquivo de vários intérpretes que foram inspirados pela bossa-nova de Tom Jobim. Ao mesmo tempo, a família de Jobim é onipresente: Dora Jobim, neta do compositor e codiretora do filme, selecionou filmagens de arquivo do rico acervo disponível no Instituto Tom Jobim e na internet, trabalhando próximo de Nelson Pereira e Luelane Corrêa em sua edição. Paulo Jobim, filho do compositor com outra esposa, Ana, e pai de Dora, por si só um talentoso compositor e músico, é o diretor musical do filme. Fotografias de Jobim com Ana e outros membros da família e amigos – incluindo

19. Nelson Pereira credita ao poeta francês Blaise Cendrars, que viveu um período no Brasil e se tornou familiarizado com a obra de Freyre, a ideia do projeto; de acordo com o diretor, uma edição de *Casa-grande e senzala* possui uma nota promocional de Cendrars comentando ser o livro perfeito para uma adaptação cinematográfica, particularmente na forma de documentário (ver Barbosa s.d.). Filmado no Recife e em Olinda, inclui igualmente cenas filmadas na Universidade de Colúmbia, onde Freyre foi estudante de pós-graduação, e em Lisboa e Coimbra, onde continuaria seus estudos sobre o Brasil.

* Termo habitual nos estudos de comunicação, na crítica e na produção audiovisual, que significa literalmente "cabeças falantes" e faz menção – por vezes associada a uma conotação pejorativa por ter se tornado uma figura de linguagem demasiado habitual do documentário contemporâneo – ao estilo de entrevista com planos incisivamente próximos de seus entrevistados. (N.T.)

seu parceiro musical por um longo tempo, Vinicius de Moraes, assim como Chico Buarque de Holanda –, aparecem ao longo do filme.

Figura 22. Cartaz do filme *A música segundo Tom Jobim*.

A decisão não foi a de realizar uma biografia convencional, e centrar-se na música foi uma escolha feliz. Há uma cronologia na obra, mas ela é baseada no grande apelo da música e nas interpretações tanto no Brasil quanto no exterior. Cenas de concertos de Jobim são intercaladas com trechos de programas de televisão, que incluem os famosos duetos em 1967 com Frank Sinatra, sendo o violão de Jobim acompanhado pela orquestra de Nelson Riddle. Nessa e em outras imagens, podemos observar a ascensão de Jobim como um dos mais reconhecidos compositores de *jazz* no mundo, criador de inúmeros clássicos do gênero que resistiram ao tempo como "Desafinado", "Corcovado", "Felicidade" e a celebrada "Garota de Ipanema", sendo que a última atingiu as paradas de sucesso internacionais em 1964, quando Astrud Gilberto surgiu com uma versão em inglês no hipnótico álbum *Getz/Gilberto*. *A música segundo Tom Jobim* documenta o apelo do músico diante de diversas gerações, mostrando como ele une intérpretes jovens e veteranos no Brasil, no Japão, nos Estados Unidos, na Itália e na Alemanha. A mescla de clipes desses lugares também sugere como a música de Jobim se tornou um importante produto de exportação e um dos maiores trunfos na diplomacia internacional.

É difícil fazer uma escolha dentre as inúmeras interpretações extraordinárias da música de Jobim no filme, que incluem vocalizações de estrelas do naipe de Elis Regina, Nara Leão, Ella Fitzgerald e Sinatra. Ainda assim, acredito ser particularmente fascinante a entrega de Judy Garland à "Insensatez". Sua voz frágil transmite *pathos* e intensidade emocional. Como em alguns outros clipes, dos quais

Nelson Pereira não alterou digitalmente os riscos e a granulação, essa interpretação é igual e visualmente imperfeita, fazendo-a parecer perecível e ainda mais vulnerável. O brilho enevoado da imagem também evoca sutilmente o fato de que, nesse ponto da vida, Garland não era mais do que uma pálida sombra de sua exuberância passada e que estaria morta em um ano.

Nelson Pereira evita o risco do sentimentalismo excessivo ao justapor sinceras entregas à música como a de Garland a versões movimentadas e mesmo em ritmo *funk*. A sexualidade da música está presente no bem-humorado desafio entre Elis Regina e Jobim, no estilo lânguido de Elizeth Cardoso e na sedutora versão de Diana Krall em português. O público dentro e fora do Brasil pode não reconhecer os mais de 40 intérpretes que surgem no documentário.[20] Felizmente, Nelson Pereira incorpora seus nomes e suas faces aos créditos finais. A imagem final de Jobim de pé e acenando do alto de uma plataforma de um carro alegórico no sambódromo carioca sugere que o compositor já havia se transformado em ícone nacional ainda em vida. É um final suave e gracioso, bem de acordo com o espírito da bossa nova, e uma homenagem afetuosa por um diretor para quem o ritmo, felizmente, segue adiante.

20. O filme foi sucesso de crítica no Festival de Nova York, em 2011; seu apelo internacional foi confirmado por sua recente seleção para o Festival de Cannes de 2012.

2
ENTREVISTA DE NELSON PEREIRA DOS SANTOS A GERALD O'GRADY (1995)

Gerald O'Grady: O cinema nos proporciona o poder intenso de registrar e capturar exteriores. Mesmo assim, do exterior, você tem se interessado em explorar o interior, a mente, e eu gostaria de lhe indagar em relação a esse impulso e às dificuldades que você tem encontrado.

Nelson Pereira: Meu jeito de fazer cinema é uma tentativa de me comunicar com o que há de interior nos personagens... o pensamento, o sentimento. Nasceu de uma mudança provocada pela literatura. Sou muito apaixonado por literatura, compreenda. Então, eu pensei que poderia tentar o mesmo com os filmes. O cinema era limitado ao concreto. Havia uma dificuldade de se chegar ao aspecto psicológico, ao interior, exceto por artifícios como o da voz *over*... Eu acreditava que esse era um artifício literário, um retorno à época do rádio. A ação dependente das palavras faladas. Evitar esse artifício é realmente uma mudança.

Eu penso que tive dois grandes ensinamentos da literatura: o primeiro veio de uma obra que me inspirou muito. Quando fazíamos *Rio, 40 graus* (1956), eu me apropriei da construção narrativa do *Ulisses* (1922), de James Joyce, e criei um dia no Rio de Janeiro com muitos personagens e crianças circulando ao redor da cidade. Porém, não pretendia dominar o nível de desejo consciente do interior deles. É tudo como um mosaico, um mosaico da cidade, de seus habitantes, do que eles podem estar pensando ou sonhando. Há um pouco de interioridade, sim, mas não tanto quanto em *Rio, Zona Norte* (1957), porque este último se concentra somente em um personagem, o compositor de samba que sofre um acidente que o deixa próximo da morte. Como consequência, nós o vemos relembrar os momentos mais significantes de sua vida e pensar o que ele poderia ter decidido em termos de projeto de vida. Por causa disso, tornou-se mais fácil reproduzir o estado interior do personagem. Existe somente um personagem, e esse facilitava a construção do filme.

A outra grande lição foi um desafio literário e de uma obra bem conhecida: *Vidas secas* (1963). Quando propus adaptar o romance, eu recebi diversas advertências: "Você não será capaz de fazer a cena com a Baleia (a cachorra), porque ela não é um ser humano consciente. Como você vai adaptar o que Graciliano Ramos escreveu?". Ele atribui uma psicologia ao animal, a danada da Baleia. Em cada momento que ela participa da vida da família, ela possui seu próprio universo e sua própria visão, que o escritor descreve com grande precisão e afeto. E eu me senti obrigado a fazer o mesmo no filme. E foi de fato uma grande adaptação. Baleia existe como um personagem de vida interior e não somente como um animal que se desloca de uma cena para outra. E sua presença é sentida no clímax do filme - sua morte. Ela vive essa cena como se fosse humana.

Em uma situação em que os personagens tentam expressar seus sentimentos, eu fiquei preocupado com o discurso do pensamento. Quando um filme tem algo a dizer, o conflito dramático ocorre no nível das ideias, do pensamento. Não somente nas relações humanas, amor, conflitos de interesses, conflitos sociais, conflitos morais, mas também no nível das ideias, como as ideias se relacionam, como elas entram em conflito com outras ideias; por exemplo o filme *Memórias do cárcere* é um trabalho realizado mais sobre o pensamento dos personagens que sobre as relações que eles constroem dentro da prisão. As relações que eles travam na prisão são as mais triviais da vida cotidiana de um prisioneiro. A relação do protagonista com sua esposa é limitada. Quase lugar-comum. Porém, seu processo de pensamento é como se ele estivesse participando de uma grande jornada ou participando de uma grande história. É semelhante ao tipo de viagem arriscada ao inferno, passando por lugares que são impressionantes para o personagem, e essa sensação se reflete na sua percepção dos prisioneiros que chegam e vão. Do ponto de vista subjetivo, ele é como Ulisses. O personagem é um homem do interior. Na prisão ele vai encarar e conhecer revolucionários falsos e verdadeiros. Ele vai conhecer o que nunca havia visto antes, e tudo o que se passa em seu próprio interior; ele analisa os eventos dos quais participa de acordo com essa primeira visão, que é a visão original e primeira de um homem do interior. Essa é a ideia de *Memórias do cárcere*: uma viagem na dimensão subjetiva.

Gerald O'Grady: Eu gostaria de ir além agora e perguntar sobre os elementos que compõem seus filmes. Você é quase único, como grande realizador, em seu envolvimento em quase todas as fases do processo de filmagem: escrevendo e desenhando seus próprios roteiros e desenvolvendo novas direções para a câmera, a luz e o som. Você poderia começar falando sobre a relação entre roteiro e filmagem?

Nelson Pereira: Todos os meus filmes são 50% de um roteiro que eu já havia escrito, imaginado, roteirizado etc. e outros 50% de improvisação. Penso que a improvisação sempre acontece em meus filmes, desde que de partida eu tenha tido um roteiro bem rigoroso, como o roteiro sólido de René Clair. Mesmo com esse roteiro, eu ainda continuo com o improviso. A improvisação está presente no meu trabalho por causa da minha educação; nesta inclui-se o documentário, no qual você também tem que inventar bastante. O documentário não possui roteiro; então, você tem muita liberdade, e também muita espontaneidade na localização da câmera. Essa foi a experiência que eu aprendi com os documentários e com *Rio, 40 graus*, meu primeiro filme, que tem uma forte faceta documental e que foi, com raras exceções, basicamente filmado em locações. Muitas vezes a filmagem necessitava de soluções rápidas em virtude da luz; então, eu sempre fui obrigado a improvisar.

Fome de amor [1967] é um exemplo de improvisação total, um exagero de improvisação. Na realidade, não havia um roteiro. Era uma história de que eu não gostava e na qual o produtor me deu carta branca para que eu fizesse o melhor. Quando começou o primeiro dia de filmagem, eu não sabia o que iria filmar. Eu filmei uma tomada com um piano em cima de um barco no meio do oceano. Não precisava filmar essa imagem. Durante *Fome de amor*, eu fiz minha primeira viagem aos Estados Unidos e tive contato com a produção *underground*. O ano era 1966. Tudo estava em grande agitação – a Guerra do Vietnã, pessoas queimando seus certificados militares, drogas, protestos nas universidades e jovens preparados para a luta. Foi um momento no qual foi necessário romper com as convenções e provocar um rompimento definitivo. Então, *Fome de amor* é o meu filme mais livre.

O que eu fazia todo dia era escrever para os atores. Não havia um roteiro para o filme. Eu fazia a história no momento em que estava sendo filmada. [Alexandre] Astruc disse que a câmera é como uma caneta. Escrever com a câmera foi o que eu fiz em *Fome de amor*. Havia diversas condições que eu tinha que respeitar, entre elas, os atores – Leila [Diniz], Arduíno [Colassanti], Irene Stefânia, Paulo Porto – que já haviam sido contratados – e também as locações – Angra dos Reis, o mar, as ilhas. Eu tinha que combinar o que viesse à minha imaginação com esses elementos fixos. As variáveis vinham da minha imaginação, as constantes eram os atores.

O mesmo pode ser dito das canções populares – os cantores, improvisações – em que alguém começava com um tema e o cantor tinha que trabalhar aquele tema, inventar, imaginar, porém tinha que respeitar que o tema já estava lá. *Fome de amor* foi uma improvisação. A história do livro é a de uma pianista que vai a Paris e encontra um professor lá. Ela quer conhecê-lo, e isso é uma história totalmente diferente – é romântica, é música e amor, e coisas assim. Existe o piano que o produtor havia enviado, uma casa em uma ilha, esses atores, porém eu criei o resto. Eu mudei as locações de Paris para Nova York; eu disse "não, ela vive em Nova York...". Eu mudei tudo completamente, inclusive a essência da história. O livro é parte de um tema, naturalmente, já que foi por causa do livro que o produtor contratou os atores e enviou o piano.

Memórias do cárcere levou bastante tempo para ser feito, porque havia uma grande e importante relação com a própria vida do país, com os políticos do Brasil, com o momento que nós estávamos vivendo, e, por causa disso, o roteiro tinha que ser bastante burilado. Foi um longo tempo de produção. Eu levei anos trabalhando na adaptação, no roteiro.

O roteiro de *A terceira margem do rio* [1994] não acompanha o filme inteiramente. O filme segue um longo caminho do roteiro a sua elaboração e adaptação. Eu gosto de ambos esses filmes porque são consequências de minha relação com a literatura. É como se eu tivesse a responsabilidade de fazer uma apropriação de um autor. É como se quem escreveu *Memórias do cárcere* ou *Vidas secas* não fosse Graciliano. Eu me apropriei desses livros por minha admiração pela obra do escritor; por minha profunda relação com eles, eu descobri que era o proprietário das histórias. Eu penso nisso quando realizo qualquer adaptação. Houve uma época em que eu recebia muitas propostas de fazer filmes baseados em obras literárias de que eu não gostava tanto, e recusei muitas delas, porque deve haver uma relação forte, antes de tudo, entre o que vivo e penso e o que proponho fazer com um livro e um autor.

Gerald O'Grady: Eu espero que agora você possa se deslocar para a sua "camerização" de alguns roteiros, como se a sua própria câmera pudesse ser um personagem que assumisse diferentes formas.

Nelson Pereira: Bem, o que precede meu trabalho com a câmera é a montagem. Quando estou escrevendo, é comum pensar a respeito da montagem, porque, enquanto estou filmando, também estou trabalhando em meu projeto de montagem. Todo o meu trabalho de câmera é realizado pensando sobre o que seria possível, enquanto eu monto, e que mudanças na linguagem, na expressão, e na narrativa podem ser feitas. Eu também filmo pensando sobre as alterações possíveis na estrutura e no enredo. Então, eu filmo com grande liberdade. Minha câmera é bastante livre. Eu filmo um movimento e, então, apago esse movimento. Ele não vai se encontrar lá quando for feita a montagem. Eu trabalho com uma estrutura muito burilada para cada sequência, porém sempre penso em outras soluções possíveis.

Eu comecei a trabalhar quando não havia qualquer vídeo. Hoje é possível visualizar imediatamente o resultado de um plano, o que a câmera está vendo. Em meu treinamento como diretor, nós mal podíamos aguardar o resultado do que a câmera havia visto, do que fora filmado e registrado. E, então, havia dúvidas com relação a muitas outras opções, porque nós não sabíamos exatamente se o olhar do ator estava realmente impresso no negativo. Em poucos filmes, eu pude acompanhar o que a câmera estava filmando a distância. Nesse caso, o processo de trabalho é bastante diferente... Eu crio uma realidade com os atores, e minha câmera a filma como se fosse verdadeira, como se toda a ação fosse real. A câmera possui uma distância quase documental. Foi o caso de *Como era gostoso o meu francês* [1972]. Então, muitas pessoas pensaram que os índios fossem reais, que o forte e tudo fosse real, porque a câmera possuía a distância do estrangeiro, de alguém que havia chegado para observar, de um antropólogo, de um etnólogo, de um repórter, de um jornalista, de um espectador. Durante a filmagem, quando nós inventamos tudo isso, construímos tudo isso, eu queria que essa sensação ocorresse. Quando tudo se aproxima do que consideramos ser o real, então eu filmo. *Rio, Zona Norte* não é desse jeito. Ele possui essa dualidade documental quando a polícia chega e o personagem cai do trem; são os intervalos entre os *flashbacks* do herói, que se encontra em coma. Então, a câmera possui seus heróis. Quando o filme segue o protagonista, é uma câmera íntima; vivenciando todo seu universo psicológico.

Em *O amuleto de Ogum* [1975], a câmera é crédula. Ela crê, não é uma câmera documental. Isso está de completo acordo com todo o universo da religião popular, do herói, do corpo fechado. Ela é cúmplice. Ela acredita nisso, acredita em tudo, não possui uma visão distanciada. Em *Estrada da vida* [1981], ela é tanto grandemente distanciada quanto muito carinhosa – quero dizer que há um ponto de vista bastante carinhoso. Ela é muito simpática; ela aceita o que acontece, mas não chega ao ponto de ser cúmplice. Há, porém, um ponto de vista que é muito importante. *A Estrada da vida* não tem nada de documentário, mas a câmera está no lugar em que os personagens deveriam – ou em que eu imagino que deveriam – estar. Eu dou concretude aos personagens. Eu sirvo a eles nesse sentido; então, eles podem contar suas próprias histórias. *Memórias do cárcere* não é um documentário, a câmera se relaciona com a inteligência do(s) personagem(ns), posta em relação a ele(s). É sempre algo muito ágil, muito interessante e curioso observar muitos personagens e fatos que são simbólicos para o protagonista. A posição da câmera é determinada pelo que o personagem pensa. No prólogo, Graciliano afirma o seguinte: "Eu me vi forçado diversas vezes a utilizar esse pronome abominável, que é a primeira pessoa do singular, porém eu prometo ao leitor que eu me esconderei por trás dele para melhor observar os outros". Então, essa é a condição básica para realizar *Memórias do cárcere*. Eu vou lhe contar a verdade. Até compreender isso, eu não pude fazer o filme. Eu não pude escrever o roteiro, porém, quando descobri isso, eu disse: "Ah, aqui está". Porque essa é uma história que necessita de câmera subjetiva. Poucos filmes foram feitos integralmente com uma câmera subjetiva. E existe também a voz *over* nos explicando e informando sobre o que está acontecendo na imagem. Graciliano me deu essa grande ideia, porque o filme todo é desse jeito. Ele está sempre presente, porém a câmera é ele e, ao mesmo tempo, não é. O que eu quero dizer é que ele está se escondendo por trás desse "eu" e que ele enxerga muitas coisas fora dele com grande liberdade, e os outros personagens são apresentados à câmera, que não é ele. É ele, na posição do narrador, porque o livro todo é narrado na primeira pessoa, porém a câmera não é a primeira pessoa. É a mediação do protagonista com os outros, com o Outro.

Gerald O'Grady: A iluminação é um dos seus principais elementos de composição, sendo frequentemente comentada de modo breve e inadequado; eu gostaria de perguntar se você poderia nos contar alguma informação muito específica sobre seu uso, por exemplo, em *Vidas secas*?

Nelson Pereira: Bem, para lhe ser sincero, em meus filmes, meus primeiros filmes, a luz foi tão simples quanto o possível. Nós fomos ao Corcovado e havia neblina, e tivemos que esperar por um dia de sol para que qualquer filmagem fosse possível, porque nessas locações é impossível controlar as coisas e estabelecer um estilo de luz apropriado. O resultado técnico foi aceitável, porém nós ainda não tínhamos condições de pensar claramente sobre como se daria a iluminação.

A primeira vez que eu me senti apto a empregar uma ideia clara sobre iluminação foi com *Vidas secas*. Essa foi a contribuição de [Luiz Carlos] Barreto. Ele era discípulo da escola de pensamento de [Henri] Cartier-Bresson, assim como Zé Medeiros. Ambos haviam saído da revista *O Cruzeiro*, e haviam trazido com eles uma grande contribuição da fotografia europeia para o cinema brasileiro, que até então tinha sido predominantemente influenciado pelo cinema americano. Evidentemente, existia a escola do mexicano [Gabriel] Figueroa, as nuvens e coisa e tal. Luiz Carlos Barreto trouxe a luz de Cartier-Bresson para *Vidas secas*. Foi uma experiência chocante, revolucionária, radical filmar sem filtros, com lentes nuas, com a luz do sol iluminando diretamente o rosto dos atores. Foi uma grande experiência, já que a forte luz nordestina demandava que todo fotógrafo trabalhasse com um filtro para amenizar essa luz, para reduzir a luz em geral, sobre o rosto do ator. O que, por sua vez, requeria que o rosto do ator fosse iluminado artificialmente. E, em razão de não existirem geradores fortes que fizessem 5K, 10K, refletores e tudo o mais, nós utilizamos refletores portáteis, que são um retângulo com papel prateado que reflete não só a luz do sol, mas também a luz prateada, e nenhum ator pode pensar em abrir os olhos (risos), e, então, as nuvens surgiam, o que de fato fazia o trabalho retroceder. Em uma situação como essa, o melhor lugar para se filmar é onde existe menos luz no rosto do ator, que é o que você está fotografando, e o resto acabará se ajustando. Nessas circunstâncias, o diretor é forçado a pensar na *mise-en-scène* em relação à fotografia; a luz determina onde os atores devem ficar, onde os personagens se colocam, dentro de uma grande escala de sombras do preto ao branco, tudo se encaminhando para um branco ofuscante ao fundo. Alguém precisa ver se uma cena particular podia ser feita com as árvores lá, a mata, os arbustos, esses obstáculos que refletem luz. Isso dá ao filme, à fotografia, como uma xilogravura, momentos muito belos, dentro do preto e do branco – do preto total ao branco total, essa combinação de preto e branco, os admiráveis cinzas –, muito trabalho teve que ser feito. Ele não foi feito com uma luz artificial; ele foi feito com a luz de Deus. Os interiores das casas, todos os interiores foram feitos com luz natural, a luz que vinha das janelas, das portas. A luz de uma prisão à noite, o fogo, a fogueirinha que ilumina as faces dos personagens... tudo foi feito com a própria iluminação, que é essencial para a expressividade final do filme. Eu não acredito que nada como esse filme tivesse sido feito até então.

Gerald O'Grady: Talvez *Vidas secas* também seja um bom filme para lhe perguntar sobre seu uso do som.

Nelson Pereira: Eu penso que *Vidas secas* é um exemplo de bom trabalho com o som. Eu gosto dele. Eu gosto de trabalhar com o som direto. Existem poucos filmes que eu dublei posteriormente. Quando estou trabalhando, eu trabalho com os ouvidos também, não apenas com os olhos. Eu trabalho escutando o que está acontecendo, quais ruídos podem ser incluídos como fundo para os diálogos, nesse momento e nessa cena. Trabalhando com locações, no campo, existem os pássaros que cantam distantes e há sempre uma combinação, uma relação entre o ruído de fundo e o texto. Para mim, o som direto é fundamental. Assim como a imagem, eu tenho o som. Naturalmente, todo esse som será trabalhado posteriormente. Nós sempre gravamos mais; então, podemos adicioná-lo, mesclar com o som direto. Em *Memórias do cárcere*, em que não possuíamos uma única palavra dublada, tudo foi som direto e de fundo, e, então, chega a hora de se pôr alguma música. Nós não sabemos ainda que música – para mim, o som no filme já está completo, porém temos que acrescentar a música. Nós tivemos o mesmo problema com *Vidas secas*. Em *Vidas secas* – que possuía alguma dublagem – era som direto, mas havia uns poucos diálogos que foram dublados, ainda que todo o som ambiente, dos sertões, tivesse sido gravado. Eu nunca pensei sobre música para *Vidas secas*. Para sua música, eu utilizei o som de um carro de boi, que é um som que se integra à imagem. Eu não pensei em música para esse filme.

Gerald O'Grady: Ainda que tenhamos falado sobre as qualidades composicionais e artísticas do cinema, em todos os casos, porém, e particularmente no seu próprio, essas formas são sempre, para dizer o mínimo, condicionadas pelos recursos disponíveis para a produção. Portanto, seu próprio esforço possui uma grande significação para o mundo do cinema, eu penso, e gostaria de lhe pedir para que nos contasse sobre os detalhes desse esforço.

Nelson Pereira: Nos 16 filmes que eu fiz, existem inúmeras diferenças no tipo de produção de um filme para o seguinte. Por exemplo, os dois primeiros, *Rio, 40 graus* e *Rio, Zona Norte*, foram produzidos sem qualquer auxílio, sem nenhum dinheiro do governo, nada. Foi uma inovação. Eu apliquei uma fórmula que havia no cinema carioca, que era a cooperativa, na qual os atores e os técnicos trabalhavam para receber uma porcentagem, que lhes dava o direito de receber o lucro em proporção ao valor de seus trabalhos, em relação ao custo total da produção. Então, vamos dizer que um filme custasse 100, o valor do diretor é calculado em 10; então, o diretor receberia 10% das receitas do filme e o restante, parte do que cobriria os custos laboratoriais, era coberto pelas cotas que eram vendidas. Essas cotas eram vendidas a amigos, a parentes etc. para serem investidas no filme. Então, *Rio, 40 graus* foi feito desse jeito, assim como *Rio, Zona Norte*. Este também foi auxiliado pelos prêmios em dinheiro que eu recebi por *Rio, 40 graus* e que ajudaram também a produzir o filme de Roberto Santos, *O grande momento*. Era toda uma economia, metade voluntária, metade de investimentos em cotas. O que aconteceu é que tanto *Rio, Zona Norte* quanto *O grande momento* foram fracassos de bilheteria, e a experiência morreu por aí. Então, eu acabei perdendo bastante dinheiro e foi difícil recuperá-lo.

Em meu terceiro filme, que deveria ser *Vidas secas*, mas acabou sendo *Mandacaru Vermelho* [1961], o ponto de partida era o chamado dinheiro privado. Não havia apoio. Não havia órgão governamental. A maior parte do dinheiro foi investida por Danilo Trelles, um produtor uruguaio, que investia algum dinheiro em produções cinematográficas. Eu tinha a película virgem da companhia alemã Defa [Deutsche Film-AktielGesellschaft] e, em troca, deveria entregar algo filmado sobre o Brasil para integrar um documentário internacional sobre a fome. Depois disso, tudo o que eu possuía era o meu desejo pessoal e o de cada membro da equipe. A aventura terminou porque choveu muito e eu não pude fazer *Vidas secas*. Acabei fazendo *Mandacaru Vermelho*, um filme totalmente indigente.

A experiência seguinte foi *Boca de Ouro* [1963], que foi uma produção da Herbert Richers, produtora e distribuidora bem renomada do Rio. Herbert decidiu produzir esse filme e me convidou para dirigi-lo. Eu fiz *Boca de Ouro* como diretor contratado; então, depois disso, voltei para o projeto de *Vidas secas*, no qual Herbert trabalhou como produtor. Luiz Carlos Barreto e eu conseguimos crédito do Banco Nacional, um banco privado que ainda hoje investe em cinema. Então, o Banco Nacional financiou dois terços do filme e Herbert um terço. Essa foi a economia de *Vidas secas*.

Depois de *Vidas secas*, fiz um filme chamado *El justicero* [1967]. O filme foi feito com dinheiro do governo, que vinha de uma taxa que era cobrada dos lucros de companhias que distribuíam filmes estrangeiros no Brasil. Parte desse lucro foi apropriada para produzir filmes brasileiros. Eu fiz *El justicero* com um investimento da Condor Filmes, uma distribuidora de filmes europeus no Brasil. Depois de *El justicero*, fiz outro filme, *Fome de amor*, também produzido por Herbert Richers e Paulo Porto, uma produção independente sem dinheiro do governo. Depois de *Azyllo muito louco*, também uma produção independente, eu utilizei as cotas das distribuidoras de filmes estrangeiros para realizar *Como era gostoso o meu francês*.

Depois de *Como era gostoso o meu francês*, eu fiz um filme coproduzido pela França, *Quem é Beta?* [1973], que foi produzido privadamente por Gérard [Léclery] sem dinheiro do governo francês.

O amuleto de Ogum foi o primeiro filme que fiz com dinheiro da Embrafilme. A Embrafilme iniciou como distribuidora e depois passou a fazer investimentos, quer dizer, adiantamentos nos lucros dos filmes. Eles financiaram 40% desse filme. Após *O amuleto de Ogum* fiz *Tenda dos Milagres* [1977], com financiamento totalmente privado de Ronald Levinson, um banqueiro, um homem de finanças que, no final das contas, acabou produzindo o filme como um patrono das artes. Depois de *Tenda dos Milagres*, fiz *A estrada da vida*, outro filme produzido pela iniciativa privada, por uma companhia de São Paulo, a Vidafilmes, que se separou por completo da Embrafilme. A Embrafilme também distribuiu *Tenda dos Milagres* e *A estrada da vida*, porque era a única distribuidora de filmes brasileiros que existia. Bem, após *Estrada da vida*, fiz um filme que foi totalmente produzido pela Embrafilme – *Memórias do cárcere*, e depois *Jubiabá* [1987], também coproduzido pela Embrafilme, juntamente com a Societé Française de Production e a televisão francesa. Agora [1995], há *A terceira margem do rio*, filme produzido pela televisão francesa. Toda a minha carreira tem se alternado entre produções independentes, subsídios governamentais, produções conjuntas, todos esses diferentes métodos.

Gerald O'Grady: Gostaria agora de mudar do ambiente de produção e econômico para o contexto ideológico e cultural no qual seus filmes foram feitos. Parece-me que a atenção dada às ideias políticas e filosóficas e o confronto de várias correntes do pensamento contemporâneo pelos realizadores brasileiros de sua geração eram inteiramente diferentes dos vividos pelos nossos diretores, e, portanto, um testemunho sobre cada detalhe poderia ser útil para o público norte americano. Resumindo, como sua "mentalidade" foi construída?

Nelson Pereira: Vou começar uma vez mais me referindo à obra de Joyce como ponto de partida, no sentido de que ele escreve sobre a família. Qual o tipo de consciência que emerge das famílias? A consciência do núcleo familiar posteriormente se combinará com outras experiências como batismo, vida cotidiana, psicologia e história social. Sendo esse o caso, eu vou primeiro resumir o que acontece dentro de uma família de classe média, com metade de ascendência italiana, no norte do estado de São Paulo. Recebi muita influência da cultura italiana por parte de minha mãe, que tinha um modo de pensar bastante claro, do qual a religião não fazia parte. Na vida cotidiana, não havia pensamentos religiosos. Nem por parte do meu pai. Ele era um homem solitário, de uma família bem pequena; órfão, fora criado pelos maçons. Por conta disso, meus irmãos e eu sempre tivemos grande liberdade de pensamento. Não havia nenhuma sistematização no nível do pensamento, mas existia um código no nível do comportamento – digamos que era uma visão pragmática do comportamento; não havia uma explicação religiosa para ele. O único padrão de comportamento a ser seguido era aquele que meus pais proporcionavam, de forma que, desde meu primeiro contato com a literatura na escola e ao longo de todo o secundário, o pensamento político que podia influenciar os jovens era sempre uma livre escolha. Eu estava aberto a receber influências e aceitá-las ou não. O exemplo de meu pai é o de um belo pensador. Nessa época, durante os anos 1930, havia muita pressão dos partidos políticos, como o Partido Fascista, que fazia bastante sucesso no Brasil. Boa parte dos militares aderiu ao Partido Fascista, do qual o racismo fazia parte. Meu pai era inimigo de toda tendência fascista, de todo o movimento.

Começando daí, portanto, houve várias viagens no trem da história. A mais importante delas foi a do marxismo, particularmente depois da guerra de 1945. Eu estava na escola me preparando para a universidade. Pouco depois da guerra, o Partido Comunista Brasileiro possuía grande popularidade. Todos os intelectuais brasileiros e mesmo os homens de negócios estavam aderindo ao partido comunista. Os jovens também. Um estudante que estivesse se preparando para entrar na universidade possuía uma atitude totalmente favorável em relação ao partido comunista. Era muito comum entre os jovens a vontade de participar nas atividades públicas do partido comunista. Era um pouco da tendência.

Na realidade, o pensamento marxista não era muito conhecido no Brasil. A literatura marxista era simplificada. Era traduzida do espanhol, e mesmo hoje os textos são muito divertidos, repletos de expressões da língua hispânica. Essa fase marxista foi, na realidade, uma segunda universidade para jovens como eu, conscientizando-os de temas que lhes haviam escapado, especialmente a questão econômica, da história econômica do país e de seu completo desenvolvimento desde a colônia. Na escola e na universidade, uma visão mais conservadora foi ensinada; o tema das relações de poder entre as nações não era tocado. Uma consequência para aqueles que se tornaram familiarizados com o pensamento marxista é a visão histórica, na qual todo o processo histórico de crescimento se encontra relacionado com a história. Uma função "quase universitária" que o partido possuía foi utilizada na época em que suas contradições começaram a surgir. Enquanto a história avançava, a organização do partido se tornava mais fechada. Entretanto, por volta de 1956, eu já me encontrava fora do partido.

Porém, o evento mais importante que provocou a ruptura entre os jovens intelectuais e o partido comunista foi a invenção do chamado realismo socialista. Ele não foi aceito. Não foi aceito por conta da liderança exercida contra esse pensamento, esse dogma, por Graciliano Ramos, autor de *Vidas secas* e *Memórias do cárcere*. Ele oficialmente pertencia ao partido comunista, mas intelectualmente estava muito distante do dogmatismo, desse aspecto fechado. Graciliano era contra isso e se tornou conhecido seu posicionamento contra o "realismo socialista". Eu não conheci Graciliano. Os jovens de São Paulo também pensavam que era inaceitável impor essas ideias estreitas sobre a criação artística e literária. E foi então que o movimento em busca de liberdade teve início. Você concordava com os programas de transformação da sociedade, de defesa dos interesses nacionais etc., mas, na questão cultural, havia grandes desavenças. E, quando a revolução na Hungria e sua posterior invasão pela União Soviética ocorreram, foi um evento moral que me fez abandonar o partido. Depois de 1956, eu não mais participei nas atividades vinculadas ao partido comunista, mesmo que fosse rotulado como marxista. Graciliano foi muito importante nesse ponto porque fez uma viagem à União Soviética e a outros países da região, as chamadas democracias socialistas etc. e por aí vai. Ele observou o que existia, como em *Memórias do cárcere*, em que narra como enfrentou o desconhecido, utilizando os mesmos métodos de observação que usara em suas obras. Obviamente não era exatamente o livro de propaganda que as lideranças do partido esperavam. Esse livro foi banido pelo partido, que possuía uma enorme influência sobre os intelectuais, a ponto de dar uma *nihil obstat* [certificação oficial] à publicação do escritor. *Memórias do cárcere*, que criticava o comportamento de verdadeiros e falsos revolucionários com muito humor, foi banido e publicado postumamente.

Quando terminei *Rio, 40 graus*, fui a Paris com o filme em 1956. Em maio desse ano, houve um encontro internacional de cineastas, onde apresentei o filme, e, então, fui convidado ao Festival de Cinema de Karlovy Vary na Tchecoslováquia. Na época que deixei o Brasil, havia muita repercussão internacional sobre o XX Congresso do Partido Comunista, que denunciou os crimes de Stalin e o sistema político soviético. Ainda que o mesmo tenha sido noticiado em dois jornais brasileiros, o Partido Comunista Brasileiro insistia que era mentira, que era invenção da imprensa burguesa. E a liderança do partido possuía tanto poder que os militantes realmente acreditaram que as reportagens fossem falsas e que tudo fosse mentira. No meio de tantas mentiras, viajei à Europa, e quando cheguei à França, o próprio Partido Comunista Francês estava discutindo a veracidade da reportagem.

Quando cheguei à Tchecoslováquia, encontrei um clima de euforia por conta do fato de as coisas estarem afrouxando. Já existia um movimento antissoviético, um enorme movimento antissoviético. Muitas brincadeiras, muitas piadas a respeito do partido comunista, sobre os realizadores, roteiristas e particularmente da parte de Jan Kadar, que estava começando a filmar, após anos de ostracismo. Quando retornei ao Brasil, em agosto, fui entrevistado por uma revista que mantinha laços com o partido comunista. Quando comecei a contar as histórias sobre Kadar, sobre o sentimento antissoviético e sobre a libertação, o jornalista interrompeu a entrevista e me acusou de ser traidor. "Você está divulgando as ideias do inimigo." Eu disse: "é verdade, eu fui testemunha, como alguém que retorna da guerra".

Pouco depois disso, houve a invasão da Hungria. Percebi que os jornalistas e os outros militantes eram completamente sujeitos à manipulação pelos líderes do partido. Eles realmente acreditavam que a reportagem fosse falsa. Eu também continuaria acreditando se não tivesse viajado. Então, nesse momento, minha fase marxista acabou. Na realidade, o que aconteceu comigo foi que esses eventos abriram meu pensamento para outras questões: o aspecto humanitário. Não humanitário, mas humanista. Esse aspecto do pensamento humanista, que não é proveniente do marxismo, mas de alguns marxistas, especialmente no Brasil, que possuem tradição humanista, foi o lado positivo da viagem.

A outra coisa que penso que teve mais influência em meu desenvolvimento que o marxismo foi o existencialismo. Logo depois da guerra, esse movimento foi discutido nos suplementos literários. O teatro de Sartre era sua manifestação mais conhecida, a mais divulgada. O pensamento existencial foi muito importante, pois me proporcionou a chave para a minha obra, como desenvolver ideias no cinema. Isso me deu um instrumento para o meu trabalho; sugeriu um método de trabalho para mim. O teatro de Sartre foi incrivelmente importante em minha educação e para minha geração. Em 1949, eu fui para a Europa com uma bolsa de estudo, mas, na verdade, queria aprender sobre o cinema, sobre a cinemateca francesa. E esse foi o momento do grande debate entre os marxistas franceses e os existencialistas. Participei como espectador desse debate. Porém, meu coração pendia mais para o lado existencial. Eu simpatizava com ele. Não sei por que sinto que na criação que recebi de meu avô, de meus pais, eu tinha mais interesse sobre o indivíduo, uma visão que sempre começou com o indivíduo, para a qual a filosofia existencial deu mais espaço para a ação, juntamente com seu espírito livre, quase anarquista, embora a organização do partido comunista, seu dogmatismo pesasse bastante sobre minha cabeça, sobre minha educação. Sempre tive a tendência a me livrar disso tudo, de jogar tudo fora.

Outra coisa que não posso deixar de reconhecer também em minha educação foi a Faculdade de Direito de São Paulo. É uma escola tradicional, uma das primeiras do Brasil, porém com uma tendência bastante pragmática. É uma verdadeira escola da sociedade brasileira, onde se tomava consciência de como uma sociedade se organizava, como seu sistema legal e judicial é estruturado, como é manipulado, gerido, manuseado e moldado de acordo com a história. A atmosfera da Faculdade de Direito espelhava a sociedade de São Paulo, a sociedade brasileira. Quando estudei lá, a faculdade era bem complexa. Por exemplo, o Departamento de Economia estava apenas começando. Havia um Departamento de Sociologia Política, onde eu estudei, ao lado da Faculdade de Direito. Eu não concluí o programa de ciências sociais e humanas, sociologia e antropologia francesas. Havia sociologia política somente na escola americana. A Faculdade de Direito, baseada nas experiências da política brasileira, da política de São Paulo, surgiu da experiência da elite governante do país. Na verdade, todos os departamentos eram políticos. Essa escola sempre teve uma grande influência, e o presidente do Brasil hoje, Fernando Henrique Cardoso, foi educado na escola francesa.

Outra influência foi uma bastante superficial, mas muito interessante, leitura da obra de Freud. Por conta de ter amigos psicólogos, eu li Freud. A tradução era em espanhol. Não havia tradução em português. Não sei por que um livro permaneceu em minha mente, *Os chistes e sua relação com o inconsciente* [1905]. Estava muito interessado nesse tema.

Gerald O'Grady: Por causa de sua relação com o ambiente intelectual, você tem sido amplamente conhecido por seu comprometimento com a comunidade, com o coletivo e, embora isso não seja falso, a expressão da alienação tem sido uma ameaça constante ao longo de sua obra e parece valer a pena pedir que você comente a respeito.

Nelson Pereira: Esses dois temas estão ligados à questão da identidade, da identificação. Quando [um homem] não pode encontrar uma identidade para si próprio, ele se torna alienado. Ou melhor, ele se torna alienado porque não encontrou uma identidade. Quando ele encontrar uma identidade, ele encontrará suas raízes, que considera pobres, feias, frágeis. A única solução que evitará essa sensação de ser inferior ao se tornar alienado é buscar uma identidade em outro lugar. Em *Fome de amor*, por exemplo, esse personagem é solitário.

No livro de Guilherme de Figueiredo, com o qual o filme se inicia, a personagem feminina diz que ela é americana, mas não é. Ela é uma rica brasileira que se tornou alienada e foi viver nos Estados Unidos, deixando o Brasil para trás. A mulher se torna ainda mais alienada porque passa a acreditar em um guru indiano. Ela está fugindo da realidade que não pode compreender e se torna presa fácil para um aventureiro, que a faz convencer-se a si mesma de muitas coisas; ele a leva a espaços desconhecidos de alienação, para a revolução permanente, que proporciona a ela duas qualidades: uma científica e outra maoista. Eu estava tentando pôr em perspectiva crítica o desespero existencial que a juventude estava vivenciando durante a ditadura militar. No cinema, eu lidei com outro ponto de alienação, a condição racial, como alguém que pretendia fazer a psicanálise da sociedade, tornando possível, para o público, refletir um pouco sobre a condição deles. Naturalmente eu sabia que a alienação também se encontra vinculada às condições gerais do país, da sociedade. A alienação se origina de uma sociedade que é injusta, desigual, onde uma série de questões é evitada. Essas questões existem porque no Brasil há uma enorme injustiça social, com pouca possibilidade de mudança, onde poucas famílias possuem toda a terra, onde as leis são antiquadas. Uma questão básica é a da reforma agrária, que vem sendo falada desde o século passado; porém até o momento nada tem sido posto em prática. Uma discussão sobre a propriedade de terras no Brasil é inevitável. E todas essas questões sobre o direito ao voto foram discutidas antes e depois do golpe militar que aconteceu em 1963-1964.

Outra coisa que acho básica no Brasil é a questão rural, porque, quando uma justa distribuição de terras ocorrer, será possível o avanço no campo da educação.

Então, nesse ponto deveria existir uma profunda relação entre as questões sociais e a alienação, pois não haveria alienação se esses problemas sociais não existissem.

Gerald O'Grady: Sua vinculação da alienação à identidade para mim é crítica, e eu gostaria de lhe pedir para ponderar a questão bastante complexa na formação de sua própria identidade, especialmente em relação ao país, à raça, à classe e ao gênero – como alguns desses elementos entraram em sua consciência, foram modificados, descartados e assim por diante.

Nelson Pereira: Por conta da minha educação, minha situação social, a situação social da minha família, desde pequeno tive contato com todas aquelas pessoas que são hoje chamadas de "as rejeitadas", as mais pobres do Brasil, incluindo a população negra. Dada a atitude independente dos meus pais, ao fato de que não eram absolutamente preconceituosos, eu nunca fui impedido de quaisquer amizades com outras crianças, tendo amigos que eram pobres e negros ou japoneses. Eu cresci tendo bastante abertura para me relacionar. Isso era normal e era como as coisas eram feitas no interior da minha casa. É muito diferente da classe branca brasileira que ostenta o poder, dos brasileiros ricos, que separam a si próprios da realidade e inventam uma realidade imaginária, como se fossem americanos ou europeus. O Brasil oficial sempre buscou apresentar um Brasil educado, rico, e por aí vai. A despeito da minha educação, penso que eu também tinha essa visão. Quando retornei da Europa e da viagem de 1949, nosso navio permaneceu atracado em Dakar, Senegal, e eu estava viajando na terceira classe. Eu não podia permanecer no barco porque estava muito quente; então, saí para nadar e havia várias pessoas jogando futebol. Um dia eles decidiram formar um time de brancos e outro de negros. Brancos contra negros. Havia vários imigrantes no navio. Italianos, alemães e, naturalmente, eu estava do lado branco. Então, um rapaz negro do Senegal, onde se fala português, gritou para mim: "Ei, brasileiro, para onde você está indo? Desde quando um brasileiro é branco? Você tem que jogar do nosso lado". Então, realmente percebi que estava me comparando aos alemães, aos italianos, certo? Como se não houvesse diferença, e realmente compreendi o sentido de ser branco. Acho que fui racista pela primeira vez na minha vida quando me posicionei contra os brancos. Tenho um amigo que trabalhou comigo em *O amuleto de Ogum* e, depois do filme, disse: "Nelson, eu chorei durante o filme, porque fui ensinado a me olhar no espelho e ver um branco".

No caso brasileiro, essa mistura racial cria uma necessidade para a existência de um personagem que é o brasileiro. E isso traz um grande problema – o da identidade racial. Na verdade, não havia necessidade dessa identidade, porque o que realmente aconteceu foi uma combinação, uma mistura de raças. Estou falando sobre identidade em um nível bem básico, porém penso que esse é um problema sério. Não sei se, no Brasil, algum dia fosse possível que as diferenças sociais acabassem, quando todos tivessem o mesmo padrão de vida, as mesmas oportunidades na sociedade, não sei se a questão racial seria eliminada. Acho que isso é básico... Na realidade, essa questão não é tocada no Brasil; não há muita discussão sobre ela. Não se dá muita atenção à questão. É uma pequena perda. Evidentemente, hoje existem grupos de negros que lideram a luta contra a discriminação. Eles estão lançando as sementes. Existem diversos estudos sobre o tema, que vão contribuir para a busca de uma solução, um modo – porém a situação é realmente séria, porque é omitida, e ninguém tem a coragem de enfrentá-la.

Esse é um problema social; como fiz muitas viagens no reino das ideias, acho que ainda estou no meio da viagem. É muito difícil, para mim, me identificar com isto ou aquilo, porém, eu tenho essa forma de pensamento, essa visão filosófica das coisas. Penso que tudo poderia ser verdadeiramente aberto, a fim de encontrar o caminho tão longo quanto for necessário. Minha identidade é uma identidade em progresso, mesmo tendo 66 anos. É tão em progresso que penso que encontrarei a liberdade dessa forma. Porque para mim, a busca para encontrar uma identidade significa um processo de imitar ou criar uma identidade imaginária em mim mesmo. É o desejo muito, muito forte de ser alguém próximo da perfeição, não é? E essa perfeição é abertamente admitida, incluída nas várias linhas do pensamento contemporâneo. A dificuldade realmente é com o pensamento patriarcal. Então, estou chegando à conclusão de que posso agir sem ter que me preocupar a respeito de criar um personagem. Talvez eu queira mesmo existir como identidade fragmentada, da minha formação, da minha educação, toda essa influência trazida de casa. Basicamente, sou produto de uma família italiana que veio do norte da Itália para se instalar no interior de São Paulo. Sou um caipira paulista. Ao mesmo tempo existem outras influências. Uma deliciosa mistura racial, bastante rica, bastante complexa, certo? Então, para mim é muito difícil buscar essa identidade, senão através de uma construção idealizada. Penso que todo o processo é o de aceitar sua identidade fragmentada com plena liberdade, com todas as suas influências. Tornei-me apto para fazer filmes sobre religião, influências africanas, candomblé na Bahia. Ainda busco incorporar esse pensamento religioso em meu mundo. Minha formação é católica. Tive um contato com essa religião através de meus avós, de minha mãe. A despeito de toda a influência católica no Brasil, não me sinto apto a ser católico, isso não se enquadra no meu sistema de pensamento, mesmo meu comportamento sendo próximo ao cristão... Porém, eu não preciso ser católico, ter um modo de pensar católico, reduzir-me ao pensamento católico.

Gerald O'Grady: Você se interessou pelos maiores problemas do nosso século – racismo, pobreza, desigualdade, imperialismo – e eu lhe perguntaria se você reflete sobre o seu próprio processo de engajamento nessas questões ao longo dos anos.

Nelson Pereira: Como eu disse, raça é um tema que, por conta de minha formação, incorporei em minha existência. Desde o meu primeiro filme, essa questão se encontra bem evidente. Esse filme [*Rio, 40 graus*] tornou a posição dos negros bem clara, assim como a dos brancos ou daqueles que se consideravam brancos, os não negros, e essa é uma identificação entre os negros e os pobres que é bastante característica da sociedade brasileira e também de outras sociedades da América Latina.

Não há muita diferença no núcleo familiar de homens, mulheres, crianças, propriedade, seja ela de classe média ou sua reprodução em outra escala, em outra sociedade. Existe uma discriminação nos relacionamentos porque algumas pessoas são negras ou pobres. Essa questão, como disse, existia em minha cabeça antes de começar a fazer filmes. Então, por volta dessa época, eu já tinha duas influências bem definidas, uma proveniente da literatura brasileira e outra da pintura brasileira. Jorge Amado era um autor bastante lido, e, quando eu era jovem, admirava muito seus livros pelo fato de que haviam puxado a cortina para apresentar um Brasil diferente do que eu conhecia, que estava restrito à cidade de São Paulo. Ele abriu a paisagem da Bahia para mim, os costumes do povo da Bahia, a religião. Jorge Amado também chamou a atenção, como fez [John] Steinbeck e [William] Faulkner, para o homem do povo, como o marinheiro, o trabalhador, o operário de fábrica.

Outra influência em minha vida, quando eu desejava fazer filmes, foi do neorrealismo. Os neorrealistas mostraram que era possível fazer filmes em um país como o Brasil com equipamento bem simples, sem muitos recursos. Essas duas influências são bem evidentes em meus filmes. A questão racial se desenvolve juntamente com a da classe social, um diferente espaço social, porém outros elementos entram: religião, pensamento religioso, o universo místico, que é parte da realidade do homem, mas não é comentado o suficiente porque se encontra na vida cotidiana das pessoas, nas roupas que as pessoas vestem. Considero a questão racial básica, bastante influente e importante para a sociedade brasileira. Meus olhos estavam abertos para aceitar a democratização, a coexistência de todos e eu penso que isso ocorrerá em nossa sociedade algum dia...

Outra grande questão, a pobreza, que é bastante vinculada à raça, é um tema permanente em todos os meus filmes; não é possível pensar a identidade nacional sem incluir o problema bastante sério da pobreza absoluta de algumas partes do Brasil. É inadmissível para um homem do século XX viver ao lado da pobreza, e o ponto fundamental na luta de qualquer um que queira participar de um movimento social no Brasil é a eliminação da pobreza. No Brasil existe um esforço permanente para eliminá-la. Obviamente, a pobreza no Brasil é uma questão política, porque as elites brasileiras, "os senhores do poder", têm que estar cientes da ameaça da pobreza, pois há uma combinação de interesses para que a situação se torne permanente. Não é a primeira vez que falo sobre isso. Muitos autores e movimentos têm claramente condenado a supressão dessa questão. Existem muitas medidas efetivas a serem tomadas no sentido de neutralizar a situação política e a exploração do trabalho, que mudou pouca coisa desde a época da escravidão. Obviamente, isso depende da região do país. Em São Paulo, por exemplo, a situação social é mais progressista. Em Santa Catarina, no sul do Brasil, as relações entre trabalho e capital são bastante modernas, porém, se formos para o Nordeste, as relações são muito antiquadas e difíceis. Existe um Brasil arcaico produzindo uma quantidade de pessoas que não têm onde viver. Questões como a da reforma agrária, que é a grande mensagem do livro *Vidas secas*, e consequentemente do meu filme, que conta a história de uma família sem posses e que vende seu trabalho quando a terra é fértil. Se há chuva, há trabalho; se não chove, eles vão para outro lugar e como trabalhadores migrantes se tornam dependentes dos proprietários de terras. Eles levam uma existência nômade até que têm a ideia de viver na cidade. Na cidade não existe mais a necessidade de depender da chuva; na cidade, chovendo ou não, estarão aptos para encontrar um lugar para viver e uma escola para as crianças. Esse livro, escrito em 1938, antecipa os estudos e as pesquisas em economia e ciências sociais que não foram realizados senão depois da guerra. A visão do autor possui a qualidade de uma observação próxima da realidade.

Então, eu estou sempre preocupado, como no caso de *Azyllo muito louco*, sobre o papel dos pobres na sociedade brasileira e a crescente consciência dos ricos de que possuem todas as vantagens, por conta do modo como o sistema é constituído. O cientista [nesse filme] é como um padre: ele possui bastante poder, assim como o clérigo é o senhor da religião naquele espaço. Ele se propõe a ajudar e acredita que [os humanos] estão sempre sofrendo de doença mental, e que [os] ajudará na cura com os princípios bíblicos católicos de São Paulo. Para uma pessoa que não trabalha, e vai para o asilo ter abrigo e comida, esse é o melhor momento da vida. E assim vai. Isso destrói a visão hegemônica em razão de não existirem mais classes profissionais. E os proprietários de terras terminam por dizer não, esse tipo de tratamento não pode existir porque ele destrói a economia e afeta seus interesses. O tom do filme é cômico; não é um filme realista sobre a alienação total de todos os personagens; mas no filme a relação entre as duas sociedades, os pobres e os ricos, é clara.

O relacionamento entre os ricos e os pobres é universal, e a razão para isso é chamada imperialismo, existindo dentro das relações internacionais. Em meu filme *Como era gostoso o meu francês*, tal questão é posta no nível cultural. Nesse filme, os nativos brasileiros possuem grande admiração pelos franceses, mais do que pelos portugueses, os líderes indígenas sonham até mesmo em se tornar capazes de guerrear e conquistar os portugueses para se vingar de tudo que estes haviam feito com seu povo. Obviamente, o processo cultural exigia que eles obtivessem poder em sua própria cultura; é a única que conhecem e a única que podem seguir. Portanto, é um processo cultural complexo e potente. Eles devem preparar o prisioneiro que vão comer para receber sua energia e força. O prisioneiro deve se desenvolver como um grande guerreiro; deve demonstrar que possui coragem, vivendo nove meses, nove luas, intervalo de tempo que favorece os portugueses.

Essas grandes questões do século, e meu interesse nelas, penso que herdei dos grandes escritores brasileiros, especialmente porque o Brasil tem uma literatura totalmente envolvida com estas questões, em favor daqueles que sofrem; quer dizer, a questão do racismo e da pobreza. Tudo isso se encontra em Jorge Amado, Graciliano Ramos e todos os escritores dos anos 1930 que lidaram com a questão do imperialismo, a questão da relação entre as culturas. E tem também minha origem paulista, há Oswald de Andrade e toda a visão antropofágica que ele estabeleceu. Os escritores brasileiros desse período foram influenciados pela literatura americana, particularmente por Faulkner e Steinbeck. Esse universo de pensadores, escritores que se preocupava com essas questões, foi o universo que me moldou. E o cinema também se encontra nele, um cinema que se posiciona a favor dos seres humanos, dos indivíduos, das liberdades. Questões como o racismo foram também enfrentadas e atacadas de uma forma bastante evidente, porque o cinema é a arte, por excelência, para o povo. Muitas vezes eu tive problemas criticando as massas porque elas são heterogêneas. Também fui moldado pelos filmes americanos. A primeira parte de minha formação foi toda influenciada pelo cinema americano, especialmente por John Ford. Os filmes da minha juventude eram bastante engajados em questões étnicas. Eram bastante maniqueístas. O bem contra o mal. Toda a estrutura se encontrava do lado do bem, valores, religião, família e, do lado do mal, caos, destruição, egoísmo – bem, essa foi basicamente a influência dos filmes americanos. Também o modo de filmar... essa forma clássica, com o enquadramento bastante definido, tudo muito claro, sem distrações e ideias bastante definidas.

Toda a segunda parte da minha formação foi neorrealista, na época em que estava interessado no cinema como forma de expressão porque dos filmes americanos eu era somente espectador. Eu ia ao cinema e me envolvia com os filmes. Durante a segunda fase, porém, eu já era membro de um cineclube. Estava me tornando consciente da história do cinema – realismo francês, cinema russo etc. E o neorrealismo apareceu em São Paulo logo após a guerra. Então, havia chegado a época de fazer filmes. Eu me sentia completamente pronto para fazer filmes, para discutir essa possibilidade. Estava bastante claro que filmes poderiam ser feitos no Brasil, em virtude da lição neorrealista – a lição que nos ensinou como fazer filmes, que Glauber Rocha condensou em uma única frase: "Uma câmera na mão e uma ideia na cabeça". O neorrealismo nos influenciou mais por causa disso que por seus temas; nós não éramos próximos de [Cesare] Zavattini ou [Roberto] Rossellini por conta de seus temas. Eu disse certa vez que a situação social no Brasil em relação à Itália era a seguinte: o Brasil vivia em permanente pós-guerra. O neorrealismo abordava as questões sociais, porém a explicação para os distúrbios sociais era a de que não eram questões essenciais à sociedade. Problemas com a família, as crianças abandonadas – tudo era por conta da guerra. A guerra havia gerado essas questões sociais, enquanto no Brasil, mesmo sem uma guerra, sem conflitos bélicos, vivíamos permanentemente uma situação muito semelhante, tornando-se mais e mais crítica todo o tempo e continua piorando. E em relação às crianças abandonadas, a situação é tão ruim que o que se pode dizer? A família é também desajustada, confusa, caindo aos pedaços. E existe um fato continuado em nossa sociedade, especialmente entre os pobres: a fome. A fome é ainda mais prevalente em nossa sociedade. Então, é basicamente isso: o neorrealismo foi uma lição em termos de produção, não uma influência temática. Ao contrário, o neorrealismo foi algo que nos deu coragem para sair e filmar – vamos filmar nas ruas, você não precisa ser um ator profissional, não precisa ser uma estrela, não precisa de um estúdio, ter grandes equipamentos, você não precisa de grandes fontes de financiamento ou uma fortuna para fazer um filme. Como John Huston disse, entre o roteiro e o filme concluído, você passa pelo mundo das altas finanças; então, no caso do neorrealismo, essa foi uma grande lição. Na realidade, os filmes de Hollywood e os soviéticos foram feitos pelo Estado, produzidos pelo Estado. O neorrealismo foi somente uma nova forma de produção que apareceu no mundo e que influenciou toda a produção independente, todo o Terceiro Mundo, todos os países que, como nós, sonhavam em fazer filmes. A *Nouvelle Vague* também influenciou grandemente outra geração, a dos meus colegas cinema-novistas. Quando a *Nouvelle Vague* chegou ao Brasil, eu já tinha minha trajetória. A *Nouvelle Vague* e o *underground* americano fizeram escola aqui no Brasil, uma combinação de *underground* e *Nouvelle Vague*.

Há [Joris] Ivens e também [John] Grierson, dois grandes personagens que conheci e com quem tive contato. Pouco tempo atrás, escrevi um estudo sobre Grierson no qual eu o chamo de cometa. Havia realmente algo como um cometa nele. Por onde passava, deixava um rastro visível, e deixava esse rastro na mente de muitos diretores. Ele foi do Rio para Montevidéu. Já Ivens, com quem encontrei diversas vezes na Europa, era bem diferente. Ele era um realizador internacional de grande coragem, presente em todos os grandes conflitos mundiais. Sempre ao lado da esquerda – a guerra na Espanha, na China, na América Latina, no Chile –, sempre presente nesses movimentos. Porém, esse aspecto da militância não tinha muito a ver comigo. Não como realizador, não... Grierson, apesar de ter algo bastante efêmero, ligeiro, influenciou-me bastante. De fato, existe um livro dele que precisei ler na época: *Film and reality*. Ele fez um único filme, porém comandou muitos filmes e era alguém político. Ele dava grande ênfase à necessidade de o realizador ser político. O cinema não progredirá, acreditava, se os realizadores não tiverem uma boa dose de política.

3
PRIMEIRA ENTREVISTA DE NELSON PEREIRA DOS SANTOS À AUTORA (2001)

Darlene Sadlier: Você poderia falar a respeito da história da sua produtora, a Regina Filmes, e como ela opera?

Nelson Pereira: A Regina Filmes foi criada por Regina [Rosemburgo] Léclery no início dos anos 1970 para a realização do filme *Quem é Beta?* [1973], em que ela faria o papel principal. Posteriormente, eu assumi o controle da companhia com meus filhos. É um negócio de família, quase exclusivamente focado na produção de meus próprios filmes, com algumas exceções. Desde meu primeiro trabalho [*Rio, 40 graus*, 1956], eu tenho produzido meus próprios filmes – uma prática comum a todos os diretores que desejam preservar a integridade de seus projetos.

Darlene Sadlier: Quais são alguns dos maiores desafios de ser um cineasta no Brasil hoje e como comparar esses desafios com aqueles do passado?

Nelson Pereira: Os desafios são muitos e variados. O principal continua a ser o de fazer um bom filme – um desafio comum aos diretores do mundo inteiro. Porém, eu gostaria de comentar sobre outro desafio, que julgo ser básico no processo de realizar um filme: como encontrar recursos materiais para tornar real o que pode ser considerado meramente um sonho.

Nos anos 1950 e 1960, não havia um órgão do governo – com exceção da censura – que se preocupasse com o cinema brasileiro. Portanto, os recursos, o dinheiro e os serviços eram provenientes do próprio mercado, das distribuidoras comerciais de filmes brasileiros que existiam então, dos laboratórios e das companhias que alugavam equipamento técnico. Nessa época, nós começamos a praticar a busca por empréstimos bancários que, a despeito da inflação galopante, eram miraculosamente pagos na data do vencimento fiscal.

Então, o governo passou a participar na produção de filmes. Primeiro, o Instituto Nacional de Cinema foi criado, depois a Embrafilme, poderosa empresa estatal que bancava 100% da produção brasileira de cinema. Quando a Embrafilme fechou, o cinema brasileiro subitamente se tornou órfão. Foi quando o sistema que se encontra hoje em vigor foi criado, baseado nas leis de incentivo fiscal. É necessário bater na porta de companhias, tanto privadas quanto públicas, para tentar vender os projetos de filmes para executivos de *marketing*.

Estamos no momento vivenciando a transição para um apoio indireto do Estado, por meio de leis de incentivo fiscal, para uma ação governamental direta, através de uma agência ligada ao presidente da República. Espero que sem censura.

Darlene Sadlier: Você vai ao cinema? A que tipos de filme gosta de assistir?

Nelson Pereira: Eu vou ao cinema, mas não tão frequentemente quanto dez anos atrás, quando tentava assistir a todos os filmes no primeiro dia de sua exibição. Hoje, bem... Ainda gosto de assistir a filmes no cinema, manter-me informado dos comentários dos críticos, amigos, colegas e faço o possível para não perder nenhum filme brasileiro.

Darlene Sadlier: Quais problemas especiais você encontrou com locações? Como lidou com eles?

Nelson Pereira: Eu filmei a maior parte dos meus trabalhos em locações por razões econômicas. Quando iniciei, era muito difícil – e caro – filmar em estúdio. Por exemplo, como filmar uma externa de uma favela do Rio senão na própria favela? A dificuldade, que posteriormente se tornou um prazer, tinha a ver com se relacionar com a comunidade local, quase se incorporando a ela, e isso demandava uma abertura cultural e psicológica considerável para toda a equipe técnica.

Darlene Sadlier: Você poderia falar sobre a mudança da realização de filmes em preto e branco para filmes em cores? Como isso afetou seu modo de fazer filmes?

Nelson Pereira: Quando eu estava quase aprendendo a fazer filmes em preto e branco, fui forçado a começar a filmar em cores, já que o mercado assim exigia. Eu sou dependente do diretor de fotografia; ele é quem tem a última palavra. Como uma consequência das condições técnicas ao nosso alcance, sempre trabalhamos a partir da cor disponível ou existente, nas externas com a ajuda de Deus, e nas internas com a criatividade dos cenógrafos.

Darlene Sadlier: O que você quer dizer quando afirma "que estava quase aprendendo a fazer filmes em preto e branco" quando foi obrigado a fazer filmes em cores? Você estava tentando conquistar algo em particular com os filmes em preto e branco?

Nelson Pereira: Estava tentando ser engraçado... Posso afirmar que "aprendi" a fazer filmes em preto e branco com *Vidas secas* [1963] – uma experiência fotográfica inovadora com Luiz Carlos Barreto. Eu fiz mais dois filmes em preto e branco com os diretores de fotografia Hélio Silva e Dib Lutfi (*El justicero* [1967] e *Fome de amor*

[1967]) nos quais pretendia trabalhar na fotografia como um pintor em uma pintura. Quando o mercado brasileiro optou definitivamente pela cor (nenhum exibidor queria apresentar filmes em preto e branco), fui "obrigado" a filmar em cores e tive que me sujeitar às normas técnicas impostas pelo laboratório.

Darlene Sadlier: Você trabalhou várias vezes com cinegrafistas como Hélio Silva e Dib Lutfi. Como você procede para escolher seus diretores de fotografia para filmes específicos e como descreveria sua relação de trabalho com eles?

Nelson Pereira: Hélio Silva e eu começamos juntos. Nos fomos parceiros – ele como cinegrafista e eu como diretor – quando decidimos organizar uma equipe independente para fazer *Rio, 40 graus*. Fizemos meia dúzia de filmes juntos. O mesmo aconteceu com Dib Lutfi, um cinegrafista excelente, que é famoso por seu uso magistral da câmera na mão. Eu fiz *Vidas secas*, experimento radical com fotografia em preto e branco, com Luiz Carlos Barreto. Também devo mencionar o nome de José Medeiros, experiente diretor de fotografia que me ajudou a fazer *Memórias do cárcere* [1984] e *Jubiabá* [1987]. Minha relação de trabalho com eles foi sempre baseada no estabelecimento de uma parceria para a realização de um filme.

Darlene Sadlier: Você tem sido montador em vários filmes. Como é o seu trabalho com seus próprios montadores?

Nelson Pereira: O mesmo pode ser dito em relação aos montadores com quem trabalhei. Uma parceria conjunta com divisão do trabalho. Eu participo do primeiro corte e deixo a parte técnica dos toques finais da edição para o montador. Eu tenho uma parceria com ele que lhe dá o direito do corte final.

Darlene Sadlier: Em que base você tem selecionado certas obras de outras mídias (romances, contos, teatro) para adaptar ao cinema? Você tende a escolher os seus próprios escritores preferidos, ou a escolha é determinada por outros fatores? E quais são seus escritores preferidos?

Nelson Pereira: A escolha de uma obra literária – e eu adaptei vários romances e uma peça – deriva diretamente da escolha do tema que pretendo abordar. *Vidas Secas*, por exemplo, foi escolhido porque é um livro sobre a seca e suas consequências – tema que me havia levado a escrever um roteiro original. Após muitas tentativas, acabei chegando à conclusão de que o livro, que até então era somente "para consulta", era o filme que pretendia escrever.

Evidentemente sou bastante orgulhoso dos escritores brasileiros, aqueles que me ajudaram a conhecer a mim mesmo e a conhecer o Brasil. Eles pertencem a períodos diferentes, são mestres de estilos que também são diferentes e, por razões inexplicáveis, permaneceram na minha cabeça. Talvez isso tenha a ver com o desejo de retribuir o que eles me proporcionaram tornando suas obras mais conhecidas por meio do cinema.

Darlene Sadlier: Qual o papel da música em seus filmes? Você pensa sobre a música quando escreve ou roda um filme?

Nelson Pereira: A música é a última coisa que penso em um filme. Ela somente entra quando finalizo a montagem. Temo que a música possa perturbar ou dominar a linguagem do filme, que é algumas vezes bastante semelhante a um arranjo musical. Prefiro "ouvir" primeiro o filme e, então, fazer uso da música de forma que a respeite como manifestação artística. Não gosto da música subordinada à imagem ou à montagem: desse modo ela perde sua importância e originalidade.

Darlene Sadlier: Sua filmagem para a TV é diferente da do cinema?

Nelson Pereira: Filmar para a TV é como escrever um artigo para um jornal (fui jornalista por alguns anos), ao passo que filmar para o cinema é como escrever um livro.

Darlene Sadlier: Quais são alguns de seus projetos futuros?

Nelson Pereira: Sempre tenho muitas ideias na cabeça. Tão logo eu tenha dinheiro no bolso, eu gostaria de fazer um filme sobre as aventuras de um escravo em busca de sua liberdade durante a Guerra do Paraguai. O título é "Guerra e liberdade". Não se trata de um épico com cenas de batalhas, movimentos de tropas etc., mas simplesmente uma tentativa de reproduzir esse movimento ascendente dos afro-brasileiros, esboçado após *O amuleto de Ogum* [1975].

Darlene Sadlier: Você poderia comentar sobre seu trabalho com atores não profissionais? Como você escolhe pessoas sem experiência em atuação para seus filmes? Você os dirige de forma diferente?

Nelson Pereira: Escolhi atores não profissionais nos primeiros filmes porque havia um número insuficiente de profissionais para completar meu elenco. Dado o forte preconceito racial então (nos anos 1950), os atores negros não participavam dos filmes (ou do teatro), com exceção de Grande Otelo. Durante esse período, lancei vários atores, negros ou não, sendo que alguns deles continuam até hoje na profissão. Desde *Rio, 40 graus* até *Casa-grande e senzala,* há atores não profissionais em segundo plano como atores profissionais participando dos diálogos.

Darlene Sadlier: Como foi trabalhar com Grande Otelo nos anos 1950 e novamente nos anos 1980?

Nelson Pereira: Em *Rio, Zona Norte*, inicialmente foi uma experiência terrível: trabalhar com Grande Otelo era um desafio para um diretor estreante! Porém, uma relação de amizade e respeito logo se estabeleceu e durou até sua morte. Grande Otelo sempre foi um dos meus guias, na minha vida e no meu trabalho.

Darlene Sadlier: Os atores o buscam para orientações sobre como interpretar uma cena ou você conta com que os atores criem seus próprios modos de interação com o personagem?

Nelson Pereira: Antes de tudo, conto com eles. Mantenho meu coração e mente abertos para o que eles possuem e desejam oferecer ao filme. Eles são os senhores do pedaço. Depois, eles contam comigo para aplaudi-los e celebrar a filmagem de cada cena. Eles gostam quando, ao final de uma tomada, eu digo: "Essa vai para a lata!".

Darlene Sadlier: Em sua edição de maio de 2001, a *Cahiers du Cinéma* colocou várias questões para um grupo de diretores. Eu gostaria de saber de suas respostas a algumas das questões feitas. Que filmes recentes você viu no cinema no Brasil?

Nelson Pereira: *Abril despedaçado*, de Walter Salles, por exemplo.

Darlene Sadlier: Você sabe qual a porcentagem de filmes nacionais em relação aos filmes americanos exibidos nos cinemas brasileiros? Poderia comentar como essa situação tem se modificado nos últimos dez anos?

Nelson Pereira: Eu não sei os números exatos, porém sei que existem muito mais filmes americanos sendo exibidos que brasileiros.

Darlene Sadlier: Qual o modo mais fácil de assistir a filmes no Brasil?

Nelson Pereira: Os cinemas tradicionais estão sendo substituídos por complexos com várias salas mais confortáveis e seguros. Sempre existe, porém, uma videolocadora na esquina, onde podemos pegar os filmes que não vimos quando estrearam.

Darlene Sadlier: A globalização afetou as filmagens no Brasil?

Nelson Pereira: Isso ainda é bastante difícil de analisar nesse estágio do jogo. Existem teóricos que dizem que o principal efeito da globalização é o de provocar uma produção cultural mais aproximadamente identificada com nossas raízes. Eu não sei.

Darlene Sadlier: Em recente [julho de 2001] entrevista à *Gazeta Mercantil*, você mencionou que *Fome de amor* era seu filme favorito porque você estava mais livre que nunca com a linguagem cinematográfica. Você poderia descrever o que essa liberdade implicava e se/como foi traduzida em seus filmes posteriores?

Nelson Pereira: Filmei *Fome de amor* com tanta liberdade que nem sequer roteiro existia. Ah, sim! Havia uma única condição: o elenco já estava contratado. Porém, eu nunca vi essa condição como uma imposição do produtor porque todos os membros do elenco eram amigos queridos: Leila Diniz, Irene Stefânia, Arduíno Colassanti... Posso dizer que escrevi o filme com a câmera. Mesmo hoje, mesmo com roteiros bem escritos, tento despertar o mesmo sentido de liberdade total na realização de meus filmes.

Darlene Sadlier: A carta-prólogo em *Como era gostoso o meu francês* [1972] nunca deixa de fascinar os espectadores. Como você chegou à ideia para esse particular momento do filme?

Nelson Pereira: Como uma peça de jornalismo, a carta de [Durand de] Villegaignon a [João] Calvino resume os eventos ao redor da instalação da colônia francesa no Rio de Janeiro, assim como as leis rigorosas do Cristianismo Europeu que é isolado no Novo Mundo em meio aos lúdicos e desnudos selvagens. O texto da carta foi lido por um locutor famoso que era o mesmo dos cinejornais franceses e bem conhecido no Rio desde a Segunda Guerra.

Darlene Sadlier: *Estrada da vida* [1981] foi um enorme sucesso de bilheteria, porém os críticos brasileiros parecem ter se entusiasmado menos que o público. Você vê uma tendência a uma divisão entre a reação de público e crítica aos filmes no Brasil?

Nelson Pereira: A crítica brasileira da época era bastante influenciada pelos preconceitos culturais que incluíam a aversão a esse gênero musical. Porém, sim, no Brasil existe essa divisão entre a recepção de crítica e público sobre qualquer tema.

Darlene Sadlier: *Cinema de lágrimas* [1995] é uma retrospectiva sobre os melodramas dos anos 1930, 1940 e 1950, e é também um filme sobre o Cinema Novo como parte do passado do cinema latino-americano. Você poderia comentar sobre a relação entre os dois gêneros de realização no filme? De todas as produções do Cinema Novo, por que você selecionou *Deus e o Diabo na terra do sol* [1963], de Glauber Rocha, para a cena final?

Nelson Pereira: Minha intenção com *Cinema de lágrimas* foi prestar uma homenagem ao cinema latino-americano. Portanto, escolhi a Época de Ouro do cinema mexicano como forma de lembrar os espectadores que, nesse período, o cinema mexicano não era um fenômeno exclusivamente circunscrito a esse país, mas sim um fenômeno aberto a todo o continente – incluindo o Brasil. Tentei mostrar [que] a memória do Cinema Novo latino-americano, venerado pelos jovens nas cinematecas, vive harmoniosa e integralmente com o melodrama que o precedeu na história do cinema latino-americano. A escolha de *Deus e o Diabo* surgiu porque o considero o filme mais representativo do Cinema Novo brasileiro.

Darlene Sadlier: Sua ideia sobre cinema popular mudou desde 1975, quando seu *Manifesto por um cinema popular* foi publicado?

Nelson Pereira: Devo confessar para você: esse manifesto não foi de minha autoria, não foi feito por mim. Foi um documento produzido pela Federação de Cineclubes [do Rio de Janeiro] na época. Apesar da intenção populista do "manifesto", o público de cinema na época em que ele surgiu era formado por cinéfilos.

Darlene Sadlier: Quando afirma que o manifesto não teve sua autoria nem foi efetivado por você, o que compreendo por isso é que a organização e a publicação do panfleto foram realizadas pelos cineclubes. Porém, o conteúdo ainda reflete suas ideias da época sobre a importância da cultura popular brasileira e as possibilidades de um cinema baseado nessa cultura. Correto? Vi *Estrada da vida* como um bom exemplo desse "novo" tipo de cinema que foca em aspectos da cultura popular que haviam sido ignorados ou mesmo desdenhados pelos setores privilegiados, sendo um grande sucesso com o público nas bilheterias.

Nelson Pereira: Sim, você tem razão. O conteúdo do referido manifesto, se relembro bem, é composto quase integralmente de declarações minhas à imprensa.

4
SEGUNDA ENTREVISTA DE NELSON PEREIRA DOS SANTOS À AUTORA (2012)

Darlene Sadlier: Vamos começar por seu filme mais recente. De onde veio a ideia de um filme sobre a música de Jobim? Vi no acervo do Instituto Tom Jobim um material extenso que você filmou sobre o compositor em 1984. Essa experiência o ajudou na conceituação e na estruturação do documentário que saiu agora?

Nelson Pereira: A ideia de fazer o filme foi do filho de Tom, Paulo Jobim, que compôs a música dos meus dois últimos filmes de ficção, *Cinema de lágrimas* e *Brasília 18%*. Tive também uma experiência de trabalho com o próprio Tom em 1985, quando realizamos um programa de TV com o mesmo título, *A música segundo Tom Jobim*. Em quatro episódios de 60 minutos, ele conta a história da música popular carioca, com a participação de convidados famosos, intérpretes e músicos, que ilustram a narrativa.

Darlene Sadlier: Poderia falar sobre a recepção de *A música segundo Tom Jobim* e se percebe qualquer diferença entre a recepção em Nova York e no Rio?

Nelson Pereira: O filme, depois da *première* mundial no Festival de Nova York em novembro passado, participou dos festivais de Copenhague, de Amsterdã e de Santa Rita da Feira (Portugal). A estreia no Brasil, em 20 de janeiro, foi precedida de pré-estreias nas principais cidades do país. Posso afirmar que não houve qualquer diferença entre a reação e a recepção por parte do público daqui e d'além-mar. Os espectadores de todos os lugares demonstraram enorme carinho por Tom Jobim e sua obra, com aplausos e testemunhos entusiasmados. É claro que, no Rio de Janeiro, as sessões sempre foram festivas e com fortes momentos de diálogo público/tela.

Darlene Sadlier: O filme começa com uma sequência extraordinária do Rio dos anos 1950. É dinâmica e exuberante. Qual é a fonte dessa filmagem em preto e branco? Foi difícil conseguir autorização das músicas e dos muitos programas locais e internacionais com artistas famosos como Elis Regina, Elizeth Cardoso, Frank Sinatra, Errol Garner e Diana Krall?

Nelson Pereira: As cenas iniciais pertencem ao acervo do fotógrafo e documentarista Jean Manzon, um dos principais personagens cariocas dos anos 1950. Tive a honra de trabalhar para ele, em 1956, depois de realizar *Rio, 40 graus.*

Os direitos autorais, bem como os de imagem, de propriedade e de reprodução representam a parte mais cara da obra, algo em torno de 70% do orçamento total.

Darlene Sadlier: É interessante pensar no fato de que o Cinema Novo e a bossa-nova convivem nos anos 1960. Você usou bossa-nova no filme *El justicero* (1967) e, se não me engano, Carlos Diegues a incorporou em *Ganga zumba* (1963). Houve muito contato entre os músicos como Jobim e Gilberto e os diretores associados com Cinema Novo? Há qualquer diferença na sua perspectiva dessa música desde os anos 1960?

Nelson Pereira: Cinema Novo e bossa-nova, um convívio que durou alguns anos, de grande proveito para o lado dos cineastas. Os filmes de Carlos Diegues, Paulo Cesar Saraceni, Joaquim Pedro de Andrade, Bruno Barreto e outros incorporam muito da criatividade musical do Tom Jobim.

Darlene Sadlier: Logo depois de ser eleito como membro da Academia Brasileira de Letras (ABL), você fez um filme sobre a língua portuguesa baseado em entrevistas com vários membros da ABL. Você iniciou então um ciclo de filmes na entidade. Poderia comentar esses projetos? Tem outros planos cinematográficos que envolvem a ABL?

Nelson Pereira: A linguística, em particular o estudo do *falar* dos brasileiros, foi tema que sempre me interessou, desde quando escrevia os diálogos de *Rio, 40 graus.* Trabalhava com personagens de diferentes camadas sociais e de diferentes procedências regionais, cada um com sua formação fonética própria. Mais tarde, em 1965, realizei com o professor Nelson Rossi, o filme *Fala Brasília*, um documentário sobre os falares dos habitantes de Brasília, oriundos dos quatro cantos do país. O projeto realizado na ABL, com a coautoria do acadêmico Domício Proença Filho, trata do mesmo tema, registrando inicialmente os falares dos acadêmicos, portadores de elite, dos seus falares de origem. Projeta-se continuar o trabalho em mais quatro filmes, cada um pesquisando os falares de acordo com condições sociais, regiões, faixas etárias e descendência cultural.

Darlene Sadlier: Muitos críticos escreveram sobre uma "retomada" do cinema brasileiro no fim da década de 1990. Até que ponto esse conceito lhe parece válido? Como descreveria a fase atual do cinema no país? Há qualquer coisa que define o cinema brasileiro no momento? Até que ponto a coprodução internacional está se tornando um requisito para fazer filmes no país?

Nelson Pereira: A "retomada" é mais um título de material jornalístico do que um conceito, assim como a expressão "Cinema Novo". Tanto este como o primeiro servem apenas para batizar os impulsos de produção cinematográfica no Brasil em dois momentos históricos. Ao examinar os filmes e seus autores, no caso do Cinema Novo, encontramos bem diversa formação social, cultural e política dos autores a serviço de uma única temática: a crítica ao subdesenvolvimento. No cinema atual, permanece a mesma diversa formação dos autores, mas viceja a pluralidade temática, predominando os títulos mais de "mercado", deixando os de "autor" em minoria.

Definir, hoje, o cinema brasileiro torna-se difícil, pelo exposto acima.

Darlene Sadlier: Você poderia falar um pouco sobre o projeto de restaurar toda sua obra cinematográfica em forma de DVD? Como começou esse projeto, quantos filmes estão prontos? Quais são alguns dos desafios enfrentados em um projeto desse tamanho?

Nelson Pereira: A restauração de meus filmes terminou. São 18 filmes de ficção longas-metragens, dois documentários longas-metragens, duas séries para televisão, quatro curtas, recuperados dos não sei quantos realizei. O maior desafio nessa área é, além de obter recursos financeiros, a precariedade das organizações destinadas a preservar os filmes. Muito som e imagem perdidos ou prejudicados em depósitos não apropriados para a conservação de películas cinematográficas.

Darlene Sadlier: Como começou a Regina Filmes e como se difere o trabalho da companhia desde seu início?

Nelson Pereira: A Regina Filmes, empresa familiar, começou a operar em 1972 e assumiu a propriedade dos filmes produzidos desde 1955 por mim, como empresa individual.

Sob a gerência de minha filha Márcia, a Regina Filmes dedica-se a produzir os filmes inventados por mim. Fez coproduções com empresa brasileiras e francesas, mas sempre em projetos independentes e/ou autorais.

Darlene Sadlier: Você filmou tantas adaptações de obras clássicas da literatura brasileira. Há um livro específico que ainda gostaria de adaptar?

Nelson Pereira: Há muitos livros que ainda gostaria de adaptar para o cinema. Um romance de Lima Barreto, por exemplo.

Darlene Sadlier: Tem planos imediatos para um novo projeto?

Nelson Pereira: Meu projeto em pauta: "D. Pedro II". Trata-se do retrato do segundo imperador do Brasil, com roteiro baseado no livro do historiador e acadêmico José Murilo de Carvalho.

5
FILMOGRAFIA

Longas-metragens

Rio, 40 graus (1956)

Brasil

Produção: Nelson Pereira dos Santos, Mário Barros, Ciro Freire Curi, Luis Jardim, Louis-Henri Guitton, Pedro Kosinski (equipe Moacir Fenelon)

Distribuição: Columbia Pictures do Brasil

Direção: Nelson Pereira dos Santos

Roteiro: Nelson Pereira dos Santos

Fotografia: Hélio Silva

Montagem: Rafael Justo Valverde

Música: Zé Kéti, Taú Silva, Moacir Soares Pereira, José dos Santos, Amado Régis

Elenco: Jece Valadão (Waldomiro), Glauce Rocha (a jovem empregada), Roberto Bataglin (artilheiro naval), Ana Beatriz (Maria Helena), Arinda Serafim (Dona Elvira), Cláudia Moreno (Alice), Antônio Novaes (Alberto), Modesto de Souza, Zé Kéti, Aloísio Costa, Domingos Páron, Al Ghiu, Jackson de Souza, Jorge Brandão, Geovam Ribeiro, Carlos Moutinho, Sady Cabral, Mauro Mendonça, Carlos de Souza, Renato Consorte, Walter Sequeira, Pedro Cavalcanti, Valdo César, Arthur Vargas Júnior, Elza Viany, Edson Vitoriano, Nílton Apolinário, José Carlos Araújo, Haroldo de Oliveira, Escola de Samba da Portela, Escola de Samba Unidos do Cabuçu

Preto e branco

100 minutos

Rio, Zona Norte (1957)

Brasil

Produção: Nelson Pereira dos Santos, Ciro Freire Curi

Distribuição: Lívio Bruni

Direção: Nelson Pereira dos Santos

Roteiro: Nelson Pereira dos Santos

Fotografia: Hélio Silva

Montagem: Mario del Río e Nelson Pereira dos Santos

Música: Alexandre Gnatalli e Zé Kéti

Elenco: Grande Otelo (Espírito da Luz Soares), Jece Valadão (Maurício), Malu (Adelaide), Paulo Goulart (Moacir), Washington Fernandes (Figueiredo), Arthur Vargas Júnior (Honório), Zé Kéti (Alaor Costa), Haroldo de Oliveira (Norival), Laurita Santos (enfermeira), Maria Petar, Ângela Maria (como ela própria)

Preto e branco

90 minutos

Mandacaru Vermelho (1961)

Brasil

Produção: Nelson Pereira dos Santos e Danilo Trelles

Direção: Nelson Pereira dos Santos

Roteiro: Nelson Pereira dos Santos

Fotografia: Hélio Silva

Montagem: Nelo Melli

Música: Remo Usai

Elenco: Nelson Pereira dos Santos (vaqueiro), Sônia Pereira (sobrinha), Jurema Penna (tia), Enéas Muniz, Ivan de Souza, Miguel Torres, José Teles, Luís Paulino dos Santos, Mozart Cintra, João Duarte, Mira

Preto e branco

78 minutos

Boca de Ouro (1963)

Brasil

Produção: Jarbas Barbosa, Gilberto Perrone, Copacabana Filmes Ltda

Produtores associados: Imbracine, Fama Filmes

Distribuição: Herbert Richers Produções Cinematográficas

Direção: Nelson Pereira dos Santos

Roteiro: Nelson Pereira dos Santos, baseado na peça de Nelson Rodrigues

Fotografia: Amleto Daissé e José Rosa

Montagem: Rafael Justo Valverde

Elenco: Jece Valadão (Boca de Ouro), Odete Lara (Guigui), Ivan Cândido (repórter), Daniel Filho (Leleco), Maria Lúcia Monteiro (Celeste), Adriano Lisboa (marido de Guigui), Geórgia Quental (Maria Luíza), Maria Pompeu, Shulamith Yaari, Wilson Grey

Preto e branco

102 minutos

Vidas secas (1963)

Brasil

Produção: Herbert Richers, Danilo Trelles e Luiz Carlos Barreto.

Distribuição: Sino Filmes

Direção: Nelson Pereira dos Santos

Roteiro: Nelson Pereira dos Santos, baseado no romance de Graciliano Ramos

Fotografia: José Rosa e Luiz Carlos Barreto

Montagem: Rafael Justo Valverde

Elenco: Átila Iório (Fabiano), Maria Ribeiro (Sinhá Vitória), Orlando Macedo (o soldado amarelo), Jofre Soares (proprietário), Gilvan e Genivaldo (as crianças), Baleia (a cachorra)

Preto e branco

105 minutos

El justicero (1967)

Brasil

Produção e distribuição: Condor Filmes

Direção: Nelson Pereira dos Santos

Roteiro: Nelson Pereira dos Santos, baseado no romance de João Bethencourt

Fotografia: Hélio Silva

Montagem: Nelo Melli

Música: Carlos Alberto Monteiro de Souza

Elenco: Arduíno Colassanti (Jorge, "El Justicero"), Emmanuel Cavalcanti (Lenine), Márcia Rodrigues (Araci), Adriana Prieto (Ana Maria), Álvaro Aguiar, Rosita Thomaz Lopes, Selma Caronezzi, Emilson Fróes, Thelma Reston, Olga Danitch, Octavio Bezerra

Preto e branco

80 minutos

Fome de amor: Você nunca tomou banho de sol inteiramente nua? (1967)

Brasil

Produção: Herbert Richers e Paulo Porto

Distribuição: Herbert Richers

Direção: Nelson Pereira dos Santos

Roteiro: Nelson Pereira dos Santos e Luís Carlos Ripper, livremente inspirado em "História para se ouvir de noite", conto de Guilherme de Figueiredo

Fotografia: Dib Lutfi

Montagem: Rafael Justo Valverde

Música: Guilherme Magalhães Vaz

Elenco: Leila Diniz (Ula), Arduíno Colassanti (Felipe), Irene Stefânia (Mariana), Paulo Porto (Alfredo), Manfredo Colassanti (psiquiatra do cachorro), Lia Rossi, Olga Danitch, Neville de Almeida

Preto e branco

76 minutos

Azyllo muito louco (1971)

Brasil

Produção: Nelson Pereira dos Santos Produções Cinematográficas, Luiz Carlos Barreto Produções Cinematográficas e Produções Cinematográficas Roberto Farias

Distribuição: Ipanema Filmes

Direção: Nelson Pereira dos Santos

Roteiro: Nelson Pereira dos Santos, livremente inspirado no romance *O alienista*, de Machado de Assis

Fotografia: Dib Lutfi

Montagem: Rafael Justo Valverde

Música: Guilherme Magalhães Vaz

Elenco: Nildo Parente (Simão Bacamarte), Isabel Ribeiro (Dona Evarista), Arduíno Colassanti (Porfírio), Irene Stefânia (Luzinha), Manfredo Colassanti (juiz de paz),

Nelson Dantas (sacristão), José Kleber (Crispim Soares), Ana Maria Magalhães (prima), Gabriel Arcanjo (capitão), Leila Diniz (Eudóxia)

Cor

83 minutos

Como era gostoso o meu francês (1972)

Brasil

Produção: Nelson Pereira dos Santos, K.M. Eckstein, L.C. Barreto Produções Cinematográficas e César Thedim

Distribuição: Condor Filmes

Direção: Nelson Pereira dos Santos

Roteiro: Nelson Pereira dos Santos

Diálogo em tupi: Humberto Mauro

Fotografia: Dib Lutfi

Montagem: Carlos Alberto Camuyrano

Música: José Rodrix

Elenco: Arduíno Colassanti (Jean), Ana Maria Magalhães (Seboipepe), Eduardo Imbassahy Filho (Cunhambebe), Manfredo Colassanti (comerciante francês), José Kleber, Gabriel Arcanjo, Luiz Carlos Lacerda, Janira Santiago, Ana Maria Miranda, João Amaro Batista, José Soares, Maria de Sousa Lima

Cor

83 minutos

Quem é Beta? (1973)

Brasil e França

Produção: Regina Filmes e Dhalia Film

Direção: Nelson Pereira dos Santos

Roteiro: Nelson Pereira dos Santos

Fotografia: Dib Lutfi

Montagem: André Delage

Elenco: Frédéric de Pasquale (Maurício), Sylvie Fennec (Beta), Regina Rosemburgo (Regina), Dominique Rhule (Gama), Noelle Adam, Nildo Parente, Isabel Ribeiro, Manfredo Colassanti, Arduíno Colassanti, Luiz Carlos Lacerda

Cor

92 minutos

O amuleto de Ogum (1975)

Brasil

Produção: Regina Filmes e Embrafilme

Distribuição: Embrafilme

Direção: Nelson Pereira dos Santos

Roteiro: Nelson Pereira dos Santos, baseado no conto "O amuleto da sorte", de Francisco Santos

Fotografia: Hélio Silva

Montagem: Severino Dadá e Paulo Pessoa

Música: Jards Macalé

Elenco: Ney Sant'Anna (Gabriel adulto), Anecy Rocha (Eneida), Jofre Soares (Severiano), Maria Ribeiro (mãe de Gabriel), Emmanuel Cavalcanti (Sr. Baraúna), Jards Macalé (Firmino), Erley José Freitas (Pai Erley), Francisco Santos (Chico), Antônio Carneira, Washington Fernandes (Gogó), Ilya Flaherty, Luiz Carlos Lacerda, Waldyr Onofre, Antônio Carlos Pereira, Flávio Santiago, Russo, Olney São Paulo, Clóvis Scarpino (Clóvis)

Cor

117 minutos

Tenda dos Milagres (1977)

Brasil

Produção: Regina Filmes e Ronald Levinson

Distribuição: Embrafilme

Direção: Nelson Pereira dos Santos

Roteiro: Jorge Amado e Nelson Pereira dos Santos, baseado no romance *Tenda dos Milagres*, de Jorge Amado

Fotografia: Hélio Silva

Montagem: Raimundo Higino e Severino Dadá

Música: Gilberto Gil

Elenco: Hugo Carvana (Fausto Pena), Sonia Dias (Ana Mercedes), Jards Macalé (Pedro Arcanjo jovem), Juarez Paraíso (Pedro Arcanjo adulto), Anecy Rocha (Dra. Edelweiss), Laurence R. Wilson (Dr. James D. Livingstone), Nildo Parente (Dr. Nilo Argolo), Jofre Soares (Coronel Gomes), Jorge Amorim (Tadeu Canhoto), Geraldo Freire (Gastão Simões), Severino Dadá (Dadá), Emmanuel Cavalcanti (Fernando Goés), Washington Fernandes (Pedrito Gordo), Nilda Spenser (a condessa), Jurema Penna (tia Eufrásia), Fernando Amado (Lu), Arildo Deda (Prof. Fontes), Geóva de Carvalho (Major

Damião), Álvaro Guimarães (Astério), Gildásio Leite (Prof. Fraga Neto), José Passos Neto (Prof. Silva Virajá), Manoel Bonfim (Lídio Corró), Maria Adélia (Dona Emília), Janete Ribeiro da Silva (Rosa de Oxalá), Ana Lúcia dos Santos Reis (Dorotéia), Liana Maria Graff (Kirsi), Luís da Muriçoca (Pai Procópio), Guido Araújo (Prof. Calozano); participações especiais de Mãe Menininha do Gantois e os seguidores de seu terreiro, Mirinha do Portão e os seguidores de seu terreiro, Mãe Ruinhó de Ogum e os seguidores de seu terreiro, os seguidores do terreiro de Opô Afonjá, Mestre Pastinha, Caribé, Prof. Cid Teixeira, Jenner Augusto, Calazans Neto, Santi Scaldaferri, Mirabeau Sampaio

Cor

142 minutos

Estrada da vida (1981)

Brasil

Produção: Vidafilmes Produções Cinematográficas Ltda.

Distribuição: Embrafilme

Direção: Nelson Pereira dos Santos

Roteiro: Francisco de Assis

Fotografia: Francisco Botelho

Montagem: Carlos Alberto Camuyrano

Música: Dooby Ghizzi

Elenco: Romeu J. Mattos (Milionário), José A. dos Santos (José Rico), Nádia Lippi (Madalena), Sílvia Leblon (Isabel), Raimundo Silva (Malaquias), José Raimundo (José Raimundo), Turíbio Ruiz (gerente do hotel), Marthus Mathias (Sr. Bráulio), José Marinho (Joaquim), José Reynaldo Cezaretto, Nestor Lima, Manfredo Bahia

Cor

104 minutos

Memórias do cárcere (1984)

Brasil e França

Produção: L.C. Barreto Produções Cinematográficas, Regina Filmes e Embrafilme

Distribuição: Embrafilme

Direção: Nelson Pereira dos Santos

Roteiro: Nelson Pereira dos Santos, baseado no livro *Memórias do cárcere*, de Graciliano Ramos

Fotografia: José Medeiros e Antônio Luiz Soares

Montagem: Carlos Alberto Camuyrano

Elenco: Carlos Vereza (Graciliano Ramos), Glória Pires (Heloísa), José Dumont (Mário Pinto), Tonico Pereira (Desidério), Lygia Diniz (Beatriz Bandeira), Ada Chaseliov (Olga Prestes), Waldyr Onofre (capataz cubano), Arruda (Jackson de Souza), Wilson Grey (Gaúcho), Jofre Soares (Soares), Nildo Parente (funcionário do governo), Ney Sant'Anna, Jorge Cherques, Marcus Vinícius, Fábio Barreto, Arduíno Colassanti, Tessy Callado, Stella Freitas, Ricardo Clementino, Antônio Amenjeiras, Jorge Coutinho, Procópio Mariano, Paschoal Villaboim, Waldir Seviotti, Denny Perrier, David Quintans, Marcos Palmeira, Jurandir Oliveira, Erley José, Fernando de Souza, José Kleber, Oswaldo Neiva, Mário Petraglia, Tião Ribas D'Avila, Rafael Ponzi, Cláudio Baltar, J. Barroso, Cachimbo, Herbert Júnior, Cícero Santos, Chico Santos, Newton Couto, Sávio Rolim, Jayme Del Cueto, Rubens Abreu, Sandro Solviati, André Villon, Paulo Porto, Monique Lafond, Nelson Dantas, Fábio Sabag, Sílvio de Abreu

Cor

197 minutos.

Jubiabá (1987)

Brasil e França

Produção: Regina Filmes, Embrafilme e Societé Française de Production

Distribuição: Embrafilme

Direção: Nelson Pereira dos Santos

Roteiro: Nelson Pereira dos Santos, baseado no romance homônimo de Jorge Amado

Fotografia: José Medeiros

Montagem: Yvon Lemière, Yves Charoy, Catherine Gabrielidis, Sylvie Lhermenier e Alain Fresnot

Música: Gilberto Gil, Batatinha, Jorge Amado, Armando Sá, Miguel Brito, Jairo Simões, Zezinha Baiana

Elenco: Grande Otelo (Jubiabá), Antônio José Santana (Baldo jovem), Charles Baiano (Baldo adulto), Luís Santos de Santana (Baldo adolescente), Tatiana Issa (Lindinalva jovem), Françoise Goussard (Lindinalva adulta), Romeu Evaristo (Gordo), Betty Faria (Madame Zaída), Ruth de Souza (Tia Luíza), Zezé Motta (Rosenda), Raymond Pellegrin (juiz), Henri Raillard (Gustavo), Julien Guiomar (Luigi), Jofre Soares (Mestre Manoel), Alexandre Marzo, Mário Gusmão, Lívia Machado, Carlos Alberto Santana, Manfredo Bahia, Wilson Mello, Elaine Ruas, Edney Santana, Yumara Rodrigues, Eliana Pittman, Oscar da Penha, Leonel Nunes, Jurema Penna, Márcia Sant'Anna

Cor

107 minutos

A terceira margem do rio (1994)

Brasil e França

Produção: Regina Filmes

Distribuição: Riofilme

Direção: Nelson Pereira dos Santos

Roteiro: Nelson Pereira dos Santos, baseado nos contos "A terceira margem do rio", "A menina de lá", "Os irmãos Dagobé", "Sequência", e "Fatalidade" da coletânea *Primeiras estórias*, de João Guimarães Rosa

Fotografia: Gilberto Azevedo e Fernando Duarte

Montagem: Carlos Alberto Camuyrano e Luelane Corrêa

Música: Milton Nascimento

Elenco: Ilya São Paulo (Liojorge), Sonia Saurin (Alva), Maria Ribeiro (a mãe), Bárbara Brandt (Nhinhinha), Jofre Soares (o homem bem-sucedido), Chico Diaz, Mariane Vicentine, Henrique Rovira, Waldyr Onofre, Gilson Moura, Mário Lute, Vanja Orico, Laura Lustosa

Cor

90 minutos

Cinema de lágrimas (1995)

Brasil e Inglaterra

Produção: Meta Produções e British Film Institute

Distribuição: Riofilme

Direção: Nelson Pereira dos Santos

Roteiro: Nelson Pereira dos Santos, baseado no livro *Melodrama: O cinema de lágrimas na América Latina*, de Sílvia Oroz

Fotografia: Walter Carvalho

Montagem: Luelane Corrêa

Música: Paulo Jobim

Elenco: Raul Cortez (Rodrigo), André Barros (o assistente Yves), Christiane Torloni (a mãe), Patrick Tannus, Cosme Alves Neto, Sílvia Oroz

Cor

93 minutos

Brasília 18% (2006)

Brasil

Produção: Regina Filmes

Distribuição: Columbia Tristar Films e Sony Films

Direção: Nelson Pereira dos Santos

Roteiro: Nelson Pereira dos Santos

Fotografia: Edgar Moura

Montagem: Alexandre Saggese

Música: Paulo Jobim

Elenco: Carlos Alberto Riccelli (Dr. Olavo Bilac), Bruna Lombardi (Laura), Malu Mader (Georgesand Romero), Carlos Vereza (Sílvio Romero), Nildo Parente (Gonçalves Dias), Othon Bastos (Martins Fontes), Mônica Keiko (Marília de Dirceu), Ney Sant'Anna (Gregório de Matos), Karine Carvalho (Eugênia), Laura Lustosa (Maria Bilac Fontes), Déo Garcez (Tobias Barreto), Anselmo Vasconcelos (Coelho Neto), Ilya São Paulo (Lima Barreto), Ludy Montes Claros (Machado de Assis), Michel Melamed (Augusto dos Anjos), Arnaldo Marques (Joaquim Manuel de Macedo), Camilo Beviláqua (Rui Barbosa), Otávio Augusto (João do Rio), Ada Chaseliov (Cacilda Becker), Isabella (Madame Dias), Bete Mendes (Francisca Gonzaga), Evandro Mesquita (Paula Ney), Tônico Pereira (Emílio de Menezes), Herbert Richers Jr. (Raimundo de Oliveira), Márcio Vito (estuprador)

Cor

90 minutos

Documentários e curtas-metragens

Juventude (1950)

Brasil

Direção: Nelson Pereira dos Santos

Preto e branco

45 minutos

Soldados do fogo (1958)

Brasil

Produção: Nelson Pereira dos Santos

Direção: Nelson Pereira dos Santos

Roteiro: Nelson Pereira dos Santos

Preto e branco

93 minutos

Um moço de 74 anos (1965)
Brasil
Produção: *Jornal do Brasil*
Direção: Nelson Pereira dos Santos
Fotografia: Luiz Carlos Saldanha e Hans Bantel
Narração: Alberto Cury
Preto e branco
11 minutos

O Rio de Machado de Assis (1965)
Brasil
Produção: *Jornal do Brasil*
Direção: Nelson Pereira dos Santos
Roteiro: Nelson Pereira dos Santos
Fotografia: Hélio Silva e Roberto Mirilli
Narração: Paulo Mendes Campos
Preto e branco
12 minutos

Cruzada ABC (1966)
Brasil
Produção: Alliance for Progress (Usis)
Direção: Nelson Pereira dos Santos
Preto e branco
9 minutos

Fala Brasília (1966)
Brasil
Produção: Ministério da Cultura e Instituto Nacional de Cinema Educativo
Direção: Nelson Pereira dos Santos
Fotografia: Dib Lutfi
Preto e branco
12 minutos

Alfabetização (1970)
Brasil
Direção: Nelson Pereira dos Santos

Cidade laboratório de Humboldt (1973)
Brasil
Produção: Universidade Federal de Mato Grosso e Regina Filmes
Direção: Nelson Pereira dos Santos
Fotografia: Nelson Pereira dos Santos
Montagem: Severino Dadá
Narração: Samantha Lomba
Música: George André Tavares, Aloysio Aguiar, Villa-Lobos
Documentário sobre a Floresta Amazônica

Nosso mundo (*Repórteres de TV*) (1978)
Brasil
Produção: Embrafilme
Direção: Nelson Pereira dos Santos
Roteiro: Nelly Moreira
Fotografia: Antônio Luiz Soares
Elenco: Nildo Parente, Helber Rangel, Waldyr Onofre, Washington Fernandes
Cor
História sobre dois garotos perdidos na Floresta da Tijuca, no Rio de Janeiro

Um ladrão (*Insônia*) (1981)
Brasil
Direção: Nelson Pereira dos Santos
Roteiro: Nelson Pereira dos Santos, baseado no conto "Insônia", de Graciliano Ramos
Fotografia: Jorge Monclar
Elenco: Ney Sant'Anna (o ladrão), Wilson Grey (Gaúcho, ladrão mais velho), Nádia Lippi (jovem mulher)
Cor
História sobre um jovem e inexperiente ladrão que rouba uma casa e permanece na cozinha para comer enquanto admira uma jovem mulher dormindo por perto

A arte fantástica de Mário Gruber (1982)
Brasil
Produção: Luce Filmes
Distribuição: O.M. Perez/Aurora Duarte Cinematográfica
Direção: Nelson Pereira dos Santos
Roteiro: Nelson Pereira dos Santos
Fotografia: G. Arjones Abril
Montagem: Carlos Alberto Camuyrano
Narração: Drausio de Oliveira
Cor
8 minutos

Missa do galo (1982)
Brasil
Produção: Regina Filmes
Coprodução: Embrafilme
Direção: Nelson Pereira dos Santos
Roteiro: Nelson Pereira dos Santos, baseado no conto homônimo de Machado de Assis
Fotografia: Hélio Silva e Walter Carvalho
Montagem: Carlos Alberto Camuyrano
Música: Glauco Velasques
Elenco: Isabel Ribeiro (Conceição), Nildo Parente (o marido), Olney São Paulo (o jovem), Elza Gomes
Cor
35 minutos
História sobre a suposta sedução de um jovem por uma mulher casada na noite de Natal

A música segundo Tom Jobim (1984)
Brasil
Produção: Rede Manchete e Regina Filmes
Direção: Nelson Pereira dos Santos
Roteiro: Cícero de Carvalho
Montagem: David Wasserman, Eduardo Mascarenhas, Marivaldo Kelsch

Fotografia: Paulo Corado, Marco Galvão, Amós de Oliveira

Música: Antônio Carlos Jobim

Cor

168 minutos

La drôle de guerre (1986)

França

Produção: Bertrand van Effenterre e Edwin Baily

Direção: Nelson Pereira dos Santos

Roteiro: Nelson Pereira dos Santos, livremente inspirado no diário de guerra de Raymond Queneau

Montagem: Christian Billette, Henri Herre e Anna Bertona

Cor

25 minutos

Casa-grande e senzala (2000-2001)

Brasil

Produção: Canal GNT, Regina Filmes, Videofilmes, Maurício Andrade Ramos e Márcia Pereira dos Santos

Distribuição: Riofilme

Direção: Nelson Pereira dos Santos

Roteiro: Edson Nery da Fonseca e Nelson Pereira dos Santos, baseado em *Casa-grande e senzala*, de Gilberto Freyre

Fotografia: José Guerra.

Montagem: Júlio Souto

Música: Villa-Lobos

Capítulo 1: "O moderno Cabral"

Elenco: Edson Nery da Fonseca (professor), Vânia Terra (estudante), Fernando de Melo Freyre Filho (Gilberto Freyre jovem), David Carvalho de Oliveira (Gilberto Freyre criança)

Cor

57 minutos

Capítulo 2: "A Cunhã, mãe da família brasileira"

Elenco: Edson Nery da Fonseca (professor), Gheuza Sena (estudante), Antônio Candengue (diretor), Cia. de Teatro Serafim

Cor

56 minutos

Capítulo 3: "O português, colonizador dos trópicos"

Elenco: Edson Nery da Fonseca (professor), Ellyne Peixoto (estudante), Antônio Candengue (diretor), Cia. de Teatro Serafim

Cor

55 minutos

Capítulo 4: "O escravo negro na vida sexual e de família do brasileiro"

Elenco: Edson Nery da Fonseca (professor), Helena Menezes (estudante), Antônio Candengue (diretor), Cia. de Teatro Serafim

Cor

58 minutos

Raízes do Brasil: Uma cinebiografia de Sérgio Buarque de Holanda (2004)

Brasil

Produção: Regina Filmes

Distribuição: Riofilme

Diretor: Nelson Pereira dos Santos

Roteiro: Nelson Pereira dos Santos e Miúcha

Fotografia: Reynaldo Zangrandi

Montagem: Júlio Souto

Elenco: Maria Amélia Alvim Buarque de Holanda (Memélia), Heloísa Maria Buarque de Holanda (Miúcha), Sérgio Buarque de Holanda Filho (Sergito), Teresa Paris Buarque, Irene Paris Buarque, João Paris Buarque, Chico Buarque de Holanda, Silvia Buarque, Luisa Severo Buarque de Holanda, Clara Buarque de Freitas, Helena Severo Buarque de Holanda, Carlinhos Brown, Francisco Buarque de Freitas (Chiquinho), Maria do Carmo Buarque de Holanda (Piií), Paulo Vanzolini, Ana de Hollanda (Baía), Theo Rubio Buarque Guimarães, Sergio Buarque Guimarães, Ruth Buarque Guimarães, Antonio Candido, Cristina Buarque, Zeca Buarque Ferreira, Paulo Buarque Ferreira, Antonio Buarque Ferreira, Ana Buarque Ferreira, Maria do Carmo Holanda Ferreira (Piiizinha), Álvaro Augusto Buarque de Holanda, Bebel Gilberto

Cor

148 minutos

Português: A língua do Brasil (2007)
Brasil
Produção: Regina Filmes
Diretor: Nelson Pereira dos Santos
Roteiro: Domício Proença Filho
Elenco: Membros da Academia Brasileira de Letras
Cor
72 minutos

A música segundo Tom Jobim (2011)
Brasil
Produção: Regina Filmes
Distribuição: Sony Pictures
Diretor: Nelson Pereira dos Santos e Dora Jobim
Roteiro: Miúcha Buarque de Holanda e Nelson Pereira dos Santos
Montagem: Luelane Corrêa
Música: Paulo Jobim e a música de Antônio Carlos Jobim
88 minutos

BIBLIOGRAFIA

AMÂNCIO, Tunico (1999). *Plano geral Nelson Pereira dos Santos: Catálogo* (mostra de filmes e vídeos). Rio de Janeiro: Centro Cultural Banco do Brasil.

AVELLAR, José Carlos (1995). "The Backlands" (Will it fall into the sea?). *In*: O'GRADY, Gerald (org.). *Nelson Pereira dos Santos: Cinema Novo's "spright of light"*. Nova York/Cambridge: Film Society of Lincoln Center/Harvard Film Archive, p. 36.

AZEREDO, Ely (1966). "O novo cinema brasileiro". *Filme e Cultura*, v. 7, pp. 5-13.

BARBOSA, Neusa (s.d.). "Nelson Pereira dos Santos filma o clássico *Casa-grande e senzala*". *Cineweb*. [Disponível na internet: http://www.cineweb.com.br/ent/ento501.html.]

BERABA, Marcelo (1975). "A hora da virada". *Manifesto por um cinema popular*. Rio de Janeiro: Edição da Federação dos Cineclubes do Rio de Janeiro/Cineclube Glauber Rocha/Cineclube Macunaíma, pp. 3-5.

BERGER, John (1972). *Ways of seeing*. Londres: Penguin Books.

BERNARDET, Jean-Claude (1975). "O amuleto mudou tudo". *Manifesto por um cinema popular*. Rio de Janeiro: Edição da Federação dos Cineclubes do Rio de Janeiro/Cineclube Glauber Rocha/Cineclube Macunaíma, pp. 11-12.

BOUCHER, Phillip P. (1992). *Cannibal encounters: European and islands Caribs 1492-1763*. Baltimore: Johns Hopkins University Press.

BURCH, Noel (1973). *Theory of film practice*. Nova York: Praeger. [No Brasil: ________ (1992). *Práxis do cinema*. São Paulo: Perspectiva]

CANBY, Vincent (1995). "Barren lives". *In*: O'GRADY, Gerald (org.). *Nelson Pereira dos Santos: Cinema Novo's "spright of light"*. Nova York/Cambridge: Film Society of Lincoln Center/Harvard Film Archive, p. 30.

CÁRDENAS, Federico de e TESSIER, Max (1972). "Entretien avec Nelson Pereira dos Santos". *Études Cinematographiques*, v. 93, n. 96, pp. 61-74.

DESSIN, Joe (1995). "The tent of miracles". *In*: O'GRADY, Gerald (org.). *Nelson Pereira dos Santos: Cinema Novo's "spright of light"*. Nova York/Cambridge: Film Society of Lincoln Center/Harvard Film Archive, pp. 37-38.

DYER, Richard (1981). "Entertainment and utopia". *In*: Altman, Rick (org.). *Genre: The musical*. Londres: Routledge and Kegan Paul, pp. 175-189.

FABRIS, Mariarosaria (1994). *Nelson Pereira dos Santos: Um olhar neo-realista?*. São Paulo: Edusp.

GALVÃO, Maria Rita (1995). "Vera Cruz: A Brazilian Hollywood". *In*: JOHNSON, Randal e STAM, Robert (orgs.). *Brazilian cinema*. Edição expandida. Nova York: Columbia University Press.

GOMES, Paulo Emílio Salles (1980). *Cinema: Trajetória no subdesenvolvimento*. Rio de Janeiro: Paz e Terra.

__________ (1981). "Rascunhos e exercícios". *In:* GOMES, Paulo Emílio Salles. *Crítica de cinema no suplemento literário*, v. 1. Rio de Janeiro: Paz e Terra, pp. 349-355.

JOHNSON, Randal (1981). "*Vidas secas* and the politics of filmic adaptation". *Ideologies and Literature*, v. 3, n. 15, pp. 4-18.

__________ (1984). *Cinema Novo x 5: Masters of contemporary Brazilian film*. Austin: University of Texas Press.

__________ (1987). *The film industry in Brazil: Culture and the state*. Pittsburgh: University of Pittsburgh Press.

__________ (1988). "*Toward a popular cinema*". *In*: BURTON, Julianne (org.). *Cinema and social change in Latin America: Conversations with filmmakers*. Austin: University of Texas Press, pp. 133-141.

__________ (1995). "An interview by Randal Johnson". *In*: O'GRADY, Gerald (org.). *Nelson Pereira dos Santos: Cinema Novo's "spright of light"*. Nova York/Cambridge: Film Society of Lincoln Center/Harvard Film Archive, pp. 12-15.

JOHNSON, Randal e STAM, Robert (orgs.) (1995). *Brazilian cinema*. Edição expandida. Nova York: Columbia University Press.

JONES, Patrice M. (2001). "Race issues in Brazil join spectacle of Carnival". *Chicago Tribune*, v. 15, 24 fev., p. 1.

KING, John (1990). *Magical reels: A history of cinema in Latin America*. Londres: Verso.

LÉVI-STRAUSS, Claude (1973). *Tristes Tropiques*. Londres: Cape. [No Brasil: ________ (2004). *Tristes Trópicos*. São Paulo: Cia. das Letras]

LISPECTOR, Clarice (1984). "De como evitar um homem nu". *In*: LISPECTOR, Clarice. *A descoberta do mundo*. 3ª ed. Rio de Janeiro: Livraria Francisco Alves, pp. 412-413.

MACHADO, Rubens (1987). "O cinema paulistano e os ciclos regionais Sul-Sudeste (1912-1933)". *In*: RAMOS, Fernão (org.). *História do cinema brasileiro*. São Paulo: Art Editora, pp. 97-127.

MANIFESTO POR UM CINEMA POPULAR (1975). Rio de Janeiro: Edição da Federação dos Cineclubes do Rio de Janeiro/Cineclube Glauber Rocha/Cineclube Macunaíma, pp. 11-12.

MARGARIDO, Orlando (2001). "A imagem do Brasil". *Gazeta Mercantil*, pp. 1-2.

MARTÍN-BARBERO, Jesús (2001). "The process from nationalism to transnationals". *In*: MEENAKISHI, Gigi Durham e KELLNER, Douglas (orgs.). *Media and cultural studies*. Oxford: Blackwell, pp. 351-381.

MERCADOR, Tonico (2000). "Nelson Pereira dos Santos". *Revista Palavra*, abr., pp. 10-19.

O'GRADY, Gerald (org.) (1995). "Interview by Gerald O'Grady". *In*: O'GRADY, Gerald (org.). *Nelson Pereira dos Santos: Cinema Novo's "spright of light"*. Nova York/Cambridge: Film Society of Lincoln Center/Harvard Film Archive, pp. 17-22.

_________ (1995). *Nelson Pereira dos Santos: Cinema Novo's "spright of light"*. Nova York/Cambridge: Film Society of Lincoln Center/Harvard Film Archive.

OROZ, Sílvia (1999). *Melodrama: O Cinema de lágrimas na América Latina*. 2ª ed. Rio de Janeiro: Funarte.

PAGE, Joseph A. (1995). *The Brazilians*. Nova York: Addison-Wesley.

PEÑA, Richard (1995). "How tasty was my little frenchmen". *In*: JOHNSON, Randal e STAM, Robert (orgs.). *Brazilian cinema*. Edição expandida. Nova York: Columbia University Press, pp. 191-199.

POPPINO, Rolli (1968). *Brazil: The land and the people*. Nova York: Oxford University Press.

RAMOS, Fernão (org.) (1987). *História do cinema brasileiro*. São Paulo: Art Editora.

RAMOS, Fernão e MIRANDA, Luís Felipe (org.) (2000). *Enciclopédia do cinema brasileiro*. São Paulo: Senac.

RAMOS, Graciliano (1938). *Vidas secas*. Rio de Janeiro: José Olympio.

RAMOS, José Mário Ortiz (1987). "O cinema brasileiro contemporâneo (1970-1987)". *In*: RAMOS, Fernão (org.). *História do cinema brasileiro*. São Paulo: Art Editora, pp. 399-454.

RAMOS, Paulo Roberto (2007). "Nelson Pereira dos Santos: Resistência e esperança de um cinema". Entrevista. *Estudos Avançados*, v. 21, n. 59, jan./abr., São Paulo. [Disponível na internet: http://www.scielo.br/scielo.php?pid=s0103-40142007000100026&script=sci_arttext.]

ROCHA, Glauber (1963). *Revisão crítica do cinema brasileiro*. Rio de Janeiro: Civilização Brasileira.

_________ (1965). "Uma estética da fome". *Revista Civilização Brasileira*, 3/7/1965, pp. 165-170.

_________ (1981). *Revolução do Cinema Novo*. Rio de Janeiro: Alhambra/Embrafilme.

ROSEMBAUM, Jonathan (2004). "International harvest: National film histories on video". *In: Essential cinema: On the necessity of film canons*. Baltimore/Londres: The John Hopkins University Press, pp. 210-215.

SALEM, Helena (1987). *Nelson Pereira dos Santos: O sonho possível do cinema brasileiro*. Rio de Janeiro: Nova Fronteira.

SAN MIGUEL, Heliodoro (2003). "Rio, 40 degrees". *In:* ELENA, Alberto e LÓPEZ, Marina Díaz (orgs.). *The cinema of Latin America*. Londres: Wallflower Press, pp. 71-80.

SKIDMORE, Thomas E. (1967). *Politics in Brazil, 1930-1964: An experiment in democracy*. Nova York: Oxford University Press.

__________ (1988). *The politics of military rule in Brazil, 1964-85*. Nova York: Oxford University Press.

SOUTO, Maria Generosa Ferreira (2011). "Representação dos monstros e monstruosidades na literatura e no cinema: Transformações em *A terceira margem do rio*, de Nelson Pereira dos Santos". *Letras de Hoje*, v. 46, n. 4, out./dez., Porto Alegre, pp. 97-102, [Disponível na internet: http://revistaseletronicas.pucrs.br/ojs/index.php/fale/article/viewFile/7215/7191.]

STADEN, Hans (1988). *Viagem ao Brasil*. Rio de Janeiro: Academia Brasileira de Letras. (Afrânio Peixoto)

STAM, Robert (1997). *Tropical multiculturalism: A comparative history of race in Brazilian cinema and culture*. Durham: Duke University Press. [No Brasil: ________ (2008). *Multiculturalismo tropical: Uma história comparativa da raça na cultura e no cinema Brasileiros*. São Paulo: Edusp.]

TAVARES, Ricardo (1995). "Land and democracy: Reconsidering the agrarian question". *Brazil: The Persistence of Inequality*, v. 27, n. 6, maio/jun., pp. 23-29.

VIANY, Alex (1965). "Cinema Novo: Origens, ambições, perspectivas". *Revista Civilização Brasileira*, 1, mar., pp. 185-196.

__________(1999). *O processo do Cinema Novo*. Org. José Carlos Avellar. Rio de Janeiro: Aeroplano.

WILLIAMS, Raymond (2001). *The long revolution*. Peterborough: Broadview Press.

WOLLEN, Peter (1999). "Godard and the counter cinema: Vent d'est". *In*: BAUDRY, Leo e COHEN, Marshall (orgs.). *Film theory and criticism: Introductory readings*. 5ª ed. Nova York: Oxford University Press, pp. 499-507.

XAVIER, Ismail (1993). *Alegorias do subdesenvolvimento*. São Paulo: Brasiliense.

__________(2002). "Golden mouth. The myth, the media, the domestic scene, and the city in the film by Nelson Pereira dos Santos". *In*: O' GRADY, Gerald (org.). *Nelson Pereira dos Santos*. Los Angeles: Latino International Film Festival, pp. 50-56.

__________(2003). "*Boca de Ouro*: O mito, a mídia, a cena doméstica e a cidade". *In*: XAVIER, Ismail. *O olhar e a cena*. São Paulo: Cosac & Naify, pp. 225-254.

ÍNDICE

Especificações técnicas

Fonte: Minion Pro 10,5 p
Entrelinha: 13 p
Papel (miolo): Offset 75 g
Papel (capa): Supremo 250 g
Impressão e acabamento: Paym